Über dieses Buch Alfred Edmund Brehm (1829–84) ist durch sein ›Tierleben‹ in die Geschichte und ins Bewußtsein der Menschen eingegangen. Doch Brehms wechselvolle Lebensgeschichte und seine Leistungen als Forschungsreisender, Zoologe, Tiergarten-Direktor, Ethnologe und Schriftsteller sind weitgehend unbekannt geblieben beziehungsweise in Vergessenheit geraten. In diesem Buch wird daher der Versuch unternommen, Leben und Werk dieses bedeutenden Forschers darzustellen. Zahlreiche Auszüge aus seinen Arbeiten mit Illustrationen aus der Erstausgabe des ›Tierlebens‹ bieten erstmals seit Jahrzehnten wieder die Möglichkeit, den »echten« Brehm kennenzulernen, der ein Erzähler von hohem Rang und unser erster zoologischer Sachbuchautor von großer Breitenwirkung war. Seine Reisen vom Nordkap bis in die Wüsten Afrikas und nach Sibirien, seine Arbeit als Tiergarten-Direktor in Hamburg und Berlin sowie seine bedeutenden zoologischen Forschungen lassen seine wichtige Rolle im Geistesleben des 19. Jahrhunderts erkennen, das ihm zahlreiche Anregungen verdankt. Der Name Brehm steht auch heute noch für Naturverbundenheit und Tierliebe und damit für eine humane Gesinnung, die eine starke Gegenkraft zur fortschreitenden Technisierung und Zerstörung unserer Umwelt darstellt.

Der Autor Dr. Siegfried Schmitz, geb. 1931, war nach dem Studium mehrere Jahre als Lektor und Redaktionsleiter tätig und arbeitet seit 1970 als freier Schriftsteller und Übersetzer. Sein Hauptinteresse gilt der Zoologie und der Kulturgeschichte des Mensch-Tier-Verhältnisses. Veröffentlichungen: ›Tiere kennen und verstehen‹ (1974), ›Die Schnecken- und Muschelsammlung‹ (1976), ›Charles Darwin – ein Leben‹ (1982), ›Große Entdecker‹ (1976), mehrere heimtierkundliche Bücher und sechs Anthologien.

Siegfried Schmitz

Tiervater Brehm

Seine Reisen, sein Leben, sein Werk

Mit 58 Illustrationen

Fischer Taschenbuch Verlag

Ungekürzte Ausgabe
Veröffentlicht im Fischer Taschenbuch Verlag GmbH,
Frankfurt am Main, Februar 1986

Lizenzausgabe mit freundlicher Genehmigung
des Harnack Verlags

Umschlaggestaltung: Jan Buchholz/Reni Hinsch
Umschlagabbildung: Archiv für Kunst und Geschichte, Berlin
Gesamtherstellung: Clausen & Bosse, Leck
Printed in Germany
1280-ISBN-3-596-25651-8

Inhalt

Vorwort 7

I. Vater und Sohn 9

II. Abenteuer Afrika 17
Der Winter in Ägypten, in ornithologischer Hinsicht 27
Der Urwald Innerafrikas und seine Tierwelt 35
Meine Löwin 75

III. Student, Lehrer und Schriftsteller 89
Ein Stierkampf in Murcia 92
Eine Rose des Morgenlandes 102
Lapplands Vogelberge 112
Der Vogel und die Dichtung 143
Über das Leben der Meerkatzen 157

IV. Als Zoodirektor in Hamburg 169
Der Edelhirsch 174

V. Das »Illustrierte Tierleben« 187
Das Nil- oder Flußpferd 194

VI. Die Gründung des Berliner Aquariums 221
Der Wellensittich 225

VII. Das letzte Jahrzehnt 233
Über den Kulan 236
Forscherfahrten auf der Donau 244

Zeittafel 275

Bibliographie 277

Bildnachweis 280

Vorwort

Vor mehr als hundert Jahren, am 11. November 1884, starb Alfred Edmund Brehm, der als »Tiervater Brehm« in die Geschichte und ins Bewußtsein des Volkes eingegangen ist. Dieser Ehrenname ist auch heute noch fast jedem ein Begriff, aber Brehms wechselvolle Lebensgeschichte und seine breitgefächerte Leistung als Forschungsreisender, Zoologe, Tiergärtner, Ethnologe und Schriftsteller sind weitgehend unbekannt geblieben, beziehungsweise in Vergessenheit geraten. Es gibt bis heute keine authentische, wissenschaftlich fundierte Biographie Brehms, und selbst sein Hauptwerk, das einst so ungeheuer populäre und einflußreiche *Tierleben*, ist in seiner ursprünglichen Gestalt kaum noch gegenwärtig. Es wurde schon bald nach dem Tode des Verfassers durch ungezählte Bearbeitungen, Verkürzungen, ja Verfälschungen bis zur Unkenntlichkeit entstellt.

Ein Jahrhundert nach Brehm scheint eine Wiedergutmachung an diesem bedeutenden Tierforscher und zoologischen Volkserzieher überfällig geworden zu sein. Sie wird hier versucht mit einem Buch, das durch die Kombination von Biographie, chronologisch angeordneter Werkanthologie und zeitgenössischen Illustrationen das Leben und Schaffen des Tiervaters dem heutigen Leser nahebringt.

Die Nachzeichnung von Brehms Leben kann und will zwar die noch ausstehende wissenschaftliche Biographie nicht ersetzen oder vorwegnehmen, bemüht sich aber um eine möglichst ausgewogene und zuverlässige Darstellung, die zahlreiche Selbstzeugnisse und andere Dokumente mit einbezieht. Manche Irrtümer der allzu summarischen älteren Lebensbeschreibungen konnten korrigiert, einige Lücken ausgefüllt werden. Wertvolle Hinweise verdanke ich dabei Herrn Klaus Fischer, dem Direktor der Brehm-Gedenkstätte in Renthendorf, der freundlicherweise auch die Vorlagen für die Abbildungen auf den Seiten 11, 12, 13, 95, 155, 171, 228, 273 zur Verfügung gestellt hat.

Die kontinuierliche biographische Schilderung wird aufgelockert durch mehrere längere Proben aus Brehms Werk (Berichte, Aufsätze und in sich geschlossene Auszüge aus seinen Büchern und Tagebuchaufzeichnungen). Diese sorgfältig ausgewählten Texte, die zum Teil seit ihrer Erstveröffentlichung nicht mehr greifbar waren, sind – im Gegensatz zur üblichen Praxis – in ihrer originalen Form wiedergegeben. Nur die Orthographie und Interpunktion wurden behutsam dem modernen Gebrauch angeglichen, und den veralteten wissenschaftlichen Tiernamen habe ich, soweit möglich, die heute gültigen Benennungen in eckigen Klammern beigefügt. Vereinzelte Auslassungen sind durch drei Punkte gekennzeichnet.

Der vorliegende Band bietet seit Jahrzehnten erstmals wieder die Möglichkeit, den »echten« Brehm kennenzulernen, der ein Erzähler von hohem Rang und unser erster zoologischer Sachbuchautor von großer Breitenwirkung war. Eine gewisse Patina, die sich in mehr als hundert Jahren auf seine Schriften gelegt hat, erhöht noch den Reiz der Lektüre.

Doch nicht nur Nostalgie, nicht nur die Sehnsucht nach einer heilen Tier- und Menschenwelt führt uns zu Brehm zurück, sondern auch die Erkenntnis, daß er zu Beginn des industriellen Zeitalters wie kein anderer den Sinn für die Schönheit der Natur und das liebevolle Verständnis für unsere tierischen Mitgeschöpfe lebendig erhalten hat. Der Name Brehm steht für Naturverbundenheit und Tierliebe und damit für eine humane Gesinnung, die eine starke Gegenkraft zur fortschreitenden Technisierung und Zerstörung unserer Umwelt darstellt. Und diese Kraft ist heute noch sehr viel notwendiger als damals.

Siegfried Schmitz

I
Vater und Sohn

Inmitten der waldreichen Hügellandschaft Ostthüringens liegt, versteckt im freundlichen Rodetal, das Dörfchen Renthendorf. Auf der Landkarte muß man lange suchen, bis man es endlich nordöstlich von Neustadt an der Orla entdeckt, etwa zehn Kilometer südlich der Linie, die Jena und Gera miteinander verbindet. Heute gehört es zum Kreis Stadtroda.

Im lutherischen Pfarrhaus von Renthendorf, im damaligen Ortsteil Unterrenthendorf, erblickte Alfred Edmund Brehm am 2. Februar 1829 das Licht der Welt. Es war ein höchst ungewöhnliches Pfarrhaus, denn die Zimmer des weitläufigen Gebäudes waren mit einer Unmenge von Vogelbälgen angefüllt – ein gutes Omen, wie sich herausstellen sollte.

Die Vogelbälge, deren Zahl sich am Ende auf mehr als 15 000 Exemplare belief, hatte der Vater, Pastor Christian Ludwig Brehm, gesammelt und zum größten Teil eigenhändig erlegt und präpariert. Es war eine Sammlung von hohem wissenschaftlichem Rang, die jedem Naturkundemuseum zur Ehre gereicht hätte. Und sie gelangte schließlich auch ins Museum: 1897 wurde sie von Lord Walter Rothschild für das Museum im englischen Städtchen Tring erworben und kam 1930 in ein New Yorker Museum. Genau 2714 Bälge kehrten später zur wissenschaftlichen Auswertung nach Deutschland zurück, in das Zoologische Forschungsinstitut und Museum A. Koenig in Bonn.

Wer die Lebensgeschichte Alfred Brehms (der zweite Vorname wurde und wird meist weggelassen) einigermaßen vollständig erzählen will, muß mit dessen Vater, dem »Vogelpastor«, anfangen. Christian Ludwig Brehm, am 24. Januar 1787 als Sohn und Enkel eines Pfarrers in Schönau vor dem Walde bei Gotha geboren, kam 1813 als Gemeindepastor nach Renthendorf und wohnte dort bis zu seinem Tode am 26. Juli 1864. Noch im selben Jahr 1813 heiratete er die Tochter eines angesehenen Renthendorfer Bürgers, die jedoch schon 1826 starb. In den dreizehn Jahren gebar sie acht Kinder, von denen sechs früh starben. 1827 heiratete der rüstige Witwer wieder, diesmal die erst achtzehnjährige Pfarrerstochter Berta Reiz, die neben dem Erstling Alfred noch fünf weitere Kinder zur Welt brachte.

Alfreds Mutter war eine lebensfrohe, liebenswerte Person, außerdem recht gebildet und belesen. Sie kannte die Werke der deutschen Klassiker – Goethe lebte ja damals noch im nahen Weimar –, und sie war eine gute

Vorleserin und phantasievolle Geschichtenerzählerin. Daß sie einen prägenden geistigen Einfluß auf den späteren Schriftsteller Alfred Brehm, auf seinen klaren, durchgeformten Stil, seine plastische Schilderungskunst und sein poetisches Talent ausgeübt hat, steht außer Zweifel.

Doch der stärkere Einfluß ging sicherlich vom Vater aus. Er war ein fürsorgliches Familienoberhaupt und ein guter Seelsorger, aber ein noch besserer Naturkenner. Seine ganze Liebe galt der Vogelkunde, der Ornithologie. Das Pfarrhaus von Renthendorf, in dem es von ausgestopften und lebenden Gefiederten wimmelte, wurde zu einem privaten Forschungszentrum, zu einem Mekka für Vogelfreunde und -forscher aus Deutschland und dem Ausland, die hier praktischen Rat, wissenschaftliche Anregungen und Anschauungs- und Vergleichsmaterial in seltener Vollständigkeit fanden.

Worin bestehen nun die besondere Leistung und Bedeutung des alten Brehm? Er gehört neben Johann Matthäus Bechstein (1757–1822), dem Onkel des berühmten Märchendichters, und Johann Friedrich Naumann (1780–1857) zu den frühesten deutschen Ornithologen, die im modernen Sinn Feldforschung betrieben und die heimische Vogelwelt in freier Natur gründlich studierten.

Bewaffnet mit Fernglas und Büchse, durchstreifte Vater Brehm, dem der theologische Hauptberuf offensichtlich sehr viel freie Zeit ließ, die thüringischen Wälder, um Vögel zu beobachten, zu belauschen und zu schießen. Der biedere Dorfpfarrer, der uns auf seinem Porträt so freundlich-weise entgegenblickt, muß ein hervorragender Schütze gewesen sein, wie seine überreiche Ausbeute bezeugt, und moralische Bedenken sind ihm anscheinend nie gekommen. Die Tierwelt war, so glaubte man damals noch allgemein, dem Menschen unterstellt und anheimgegeben, und er durfte nach Belieben in ihr schalten und walten. Nicht das Daseinsrecht der tierischen Mitgeschöpfe war maßgebend, und schon gar nicht der heute so selbstverständliche Naturschutzgedanke, sondern die Lehre der Bibel, die den Menschen als »Krone der Schöpfung« über alle Kreatur erhob und ihm einen gern akzeptierten Freibrief ausstellte. »Machet euch die Erde untertan und herrschet über die Fische im Meer und über die Vögel unter dem Himmel und über alles Getier, das auf Erden kriecht«, heißt es schon im allerersten Kapitel des Alten Testaments.

Sachkundig und gezielt erlegte Pastor Brehm »die Vögel unter dem Himmel« und trug sie nach Hause, um sie wissenschaftlich zu untersuchen, zu sezieren und kunstgerecht auszustopfen. Das hatte er immerhin den zahllosen schießwütigen Sportjägern voraus, die in vergangenen Jahrhunderten nicht wenige Tierarten überall in der Welt heillos dezimierten oder gar ausrotteten, nur aus Spaß am Töten. Und zu Vater Brehms Entschuldigung sei überdies vermerkt, daß durch seine Sammelleidenschaft die reichen Vogel-

Der »Vogelpastor« Christian Ludwig Brehm

So sah Brehms Geburtsort Renthendorf zu Beginn des 19. Jahrhunderts aus

bestände der Renthendorfer Wälder keinen ernsthaften Schaden genommen haben, wie spätere Ornithologen befriedigt feststellten.

Christian Ludwig Brehm legte seine Erkenntnisse und Forschungsergebnisse in vielbeachteten Büchern und Abhandlungen nieder. Mehr als 200 Einzeltitel umfaßt das Verzeichnis seiner Schriften. Bereits 1823/24 erschien sein zweibändiges *Lehrbuch der Naturgeschichte aller europäischen Vögel*, und als sein Sohn Alfred gerade zwei Jahre alt war, folgte eine zweite Gesamtdarstellung, *Handbuch der Naturgeschichte aller Vögel Deutschlands, worin nach den sorgfältigsten Untersuchungen und genauesten Beobachtungen mehr als 900 einheimische Vogelgattungen zur Begründung einer ganz neuen Ansicht und Behandlung ihrer Naturgeschichte vollständig beschrieben sind.*

Bei der »Begründung einer ganz neuen Ansicht« ging es Brehm vor allem darum, aufgrund exakt beobachteter Gefieder- und Gestaltmerkmale den starren Artbegriff der Schreibstubengelehrten aufzulösen und immer neue Unterarten oder Rassen einzuführen. Damit wurde er zu einem Vorläufer der neueren Formen- oder Rassenkreislehre und nahm in gewissem Sinne – und sicherlich ungewollt – sogar das Prinzip der Artdifferenzierung vorweg, das wenig später in Darwins Evolutionstheorie eine so große Bedeu-

Renthendorf heute. Unterhalb der Kirche Brehms Geburtshaus, links sein letzter Wohnsitz (jetzt Gedenkstätte)

tung erlangen sollte. Vater Brehm war eben ein Meister der Beobachtung, der die kleinsten Besonderheiten eines Vogelkleids wahrnahm und konkret zu deuten versuchte. »Sein scharfes Auge«, rühmte ein zeitgenössischer Ornithologe, »bemerkte Unterschiede, welche der großen Mehrzahl der Menschen entgingen.«

Schon sehr früh übertrug sich die Liebe zur Natur im allgemeinen und zu den Gefiederten im besonderen vom Vater auf den Sohn – wie übrigens auch die naive Jagdleidenschaft. Der kleine Alfred durfte seinen kundigen Papa regelmäßig auf dessen Pirschgängen in den thüringischen Wäldern begleiten, die damals noch fast unberührte Urwälder waren. Der Knirps erhielt dabei einen erstklassigen praktischen Naturkundeunterricht. Ständig wurde er, wie er später berichtete, von seinem Vater befragt und belehrt: »Hörst du den Vogel dort pfeifen, Alfred? Wie heißt er, wie sieht der Tonkünstler aus? Ein Mönch ist es, richtig, mit schwarzer Kopfplatte. Und woran erkennt man das Weibchen des Mönchs? An seinem rotbraunen Schnabel, jawohl. Hörst du? Jetzt lockt er: tack, tack, tack. Von welcher anderen Grasmückenart vernahmen wir gestern den gleichen Lockton? Vom Müllerchen, ja, von der Klappergrasmücke. Ganz ebenso lockt die

Nachtigall. Schau, Alfred, dort auf dem Birkenzweige – ein Zaunkönig mit einem Schnabel voll Futter. Wie machen wir's, um sein Nest zu finden? Wo baut er es, und wie sieht es aus?«

So lernte Alfred die Namen der meisten Tiere und Pflanzen kennen, noch ehe er richtig schreiben und lesen konnte. Er erfuhr, wie man die einzelnen Vogelarten anhand des Gefieders, des Gesangs oder des Geleges zuverlässig bestimmt und wie man gefangene Wildvögel sachgemäß pflegt und behandelt. Und er erhielt – moderne Väter und Pädagogen fassen sich an den Kopf ob solcher Unbedachtheit – zum achten Geburtstag vom Vater ein Gewehr geschenkt, mit dem er schon bald sehr gut umzugehen wußte.

Zaunkönige

Man sollte meinen, bei einem solchen Vater hätte es für den gelehrigsten Sohn und Schüler keine andere Berufswahl geben können als die Zoologie, allenfalls die Theologie, die in der Familie eine so lange Tradition hatte. Doch es kam anders. Alfred sollte oder wollte Architekt werden. Vielleicht reizte ihn dabei die Möglichkeit, seine künstlerische Begabung in die Praxis umsetzen zu können, vielleicht aber auch die Aussicht auf einen freien Beruf, der ihm genügend Zeit für seine naturkundlichen Liebhabereien lassen würde.

Wie dem auch sei: Nach dem Besuch der Grundschule in seinem Heimatdorf, von Michaelis 1833 bis Ostern 1843, kam er im Frühjahr 1844 zu dem

Maurer- und Baumeister Friedrich Sprenger in die Lehre, der im knapp 50 Kilometer entfernten Altenburg wohnte. Alfred lernte den Umgang mit Maurerkelle, Zollstock und Zeichenstift und absolvierte nebenher eine Art Gewerbeschule (kein Gymnasium, wie oft zu lesen ist). Das Abschlußzeugnis, ausgestellt in »Altenburg in Sachsen den 9. Sept. 1846«, hat sich erhalten: »Der Vorstand der hiesigen Kunst- und Handwerks-Schule bescheinigt hiermit der Wahrheit gemäß, daß der Maurerlehrling Alfred Edmund Brehm aus Unterrenthendorf diese Anstalt von Ostern 1844 bis heute ziemlich regelmäßig besucht hat. Seine Leistungen beim Eintritte in unsere Schule waren genügend, sein Fleiß erfreulich, seine Fortschritte ausgezeichnet, sein Betragen untadelhaft.«

Das gute Zeugnis war die Vorstufe zur nächsten Ausbildungsetappe, die allerdings ziemlich kurz geriet. Noch Ende 1846 übersiedelte Alfred Brehm nach Dresden, um sein Architekturstudium zu beginnen. Doch dann geschah etwas, was seinem Leben eine andere, die endgültige Wendung geben sollte. Bereits ein Jahr später war er nicht mehr am Ufer der Elbe, sondern am Ufer des Nils! Man denkt unwillkürlich an den jungen Charles Darwin, der als angehender Theologe eine ähnliche Fügung des Schicksals erlebte: Statt sich als Dorfgeistlicher irgendwo niederzulassen, nahm er, ein naturwissenschaftlicher Amateur wie Brehm, unverhofft an der berühmten Weltreise mit dem Forschungsschiff »Beagle« teil, deren Folge die revolutionäre Abstammungslehre war. Es gibt noch weitere Parallelen im Leben des Deutschen und des Engländers, wie wir sehen werden.

Doch berichten wir der Reihe nach. Irgendwann im Frühjahr 1847 tauchte im Pfarrhaus von Renthendorf ein junger württembergischer Baron namens Johann (oder John) Wilhelm von Müller auf. Dieser Sproß einer erst vor wenigen Jahren geadelten Kaufmannsfamilie, 1824 geboren und somit nur fünf Jahre älter als Alfred Brehm, hatte Naturwissenschaft studiert und gleich nach seiner (nicht eindeutig bezeugten) Promotion eine erste Afrikaexpedition unternommen, auf der er freilich nicht über Algerien hinausgekommen war. Aber er gab sein Ziel, den Dunklen Erdteil zu erforschen und möglichst sogar die geheimnisvollen Nilquellen zu entdecken, nicht auf. Jetzt plante er eine zweite Jagd- und Sammelexpedition in die Nilländer, die höchstens anderthalb Jahre dauern sollte, und kein anderer als der junge Alfred Brehm sollte ihn dabei als Sekretär und Gehilfe begleiten.

Warum der Baron gerade auf ihn verfiel, ist leicht zu erklären: Er schätzte den »Vogelpastor« als bedeutenden Wissenschaftler und kannte ihn wahrscheinlich auch schon persönlich, als er sein Anliegen in Renthendorf vorbrachte. Überdies wußte er, daß Brehm junior nicht nur ein kenntnisreicher Amateurzoologe mit praktischer Erfahrung im Bestimmen und Präparieren von Tieren war, sondern auch ein sportlicher, kerngesunder junger Mann und ein hervorragender Jäger. Das waren in seinen Augen wohl die wichtigsten Voraussetzungen für den Posten, den er ihm zugedacht hatte.

Vater Brehm war natürlich dagegen. »Solange ich zu entscheiden habe«, schrieb er an einen Freund, »geht Alfred nicht nach Afrika.« Aber Alfred ging schließlich doch. Für den väterlichen Sinneswandel gibt es vermutlich zwei Erklärungen: das beharrliche Drängen des unternehmungslustigen Sohnes und die Hoffnung des vogelnärrischen Vaters auf neues wissenschaftliches Belegmaterial; insgeheim überlegte sich der alte Herr, daß niemand besser als sein gründlich geschulter Sohn ihm interessante Vogelpräparate aus dem nördlichen Afrika beschaffen könnte, die ihm endlich genaueren Aufschluß über die dort vertretenen Arten und über die Winterquartiere der heimischen Zugvögel geben würden.

Schon nach wenigen Wochen war die Sache abgemacht. Das große Abenteuer konnte beginnen.

Nachtigall

II

Abenteuer Afrika

Am 31. Mai 1847 nahm der achtzehnjährige Alfred Brehm Abschied von Renthendorf und brach zu seinem afrikanischen Abenteuer auf, das nicht, wie geplant, nur zwölf bis sechzehn Monate dauerte, sondern sich über insgesamt fünf Jahre hinzog. Den Verlauf der Expedition hat Brehm selbst hervorragend dokumentiert, am unmittelbarsten in seinem (erst teilweise veröffentlichten) *Tagebuch*, das für einen jungen Menschen seines Alters eine erstaunliche Beobachtungsgabe und stilistische Sicherheit verrät, und nachträglich in dem breiter ausgeführten dreibändigen Bericht *Reiseskizzen aus Nordostafrika* (1855); beiden Quellen sind die nachfolgenden Zitate entnommen.

Nach einer Woche erreichte Brehm zu Fuß, per Eisenbahn und Donaudampfer Wien, wo er mit seinem dreiundzwanzigjährigen Dienstherrn Baron von Müller zusammentraf. Doch bevor die Reise weiterging, wurde Brehm noch standesgemäß ausstaffiert, wie er am 16. Juni in seinem Tagebuch vermerkt: »Wir hatten jetzt viel zu tun. Der Baron hatte eine Menge Einkäufe zu machen, wobei ich ihm natürlich half, so viel ich konnte. Da ich in Ägypten als sein Jägermeister erscheinen soll, läßt er mir eine Jägeruniform machen, er will mich dort, sagte er, für seinen Forstmeister ausgeben!!«

Am 5. Juli erblickte Brehm in Triest zum erstenmal in seinem Leben das Meer: »Unter uns flimmerten tausend und tausend Lichter, strahlte ein rotes großes wechselndes Licht und erschallte das Tosen der Brandung uns nur wie fernes Gemurmel vernehmbar, es war Triest, es war das Meer!«

Am nächsten Tag »lag der große Postdampfer ›Mahmudie‹ dicht am Molo grande Triests zur Abfahrt nach der Levante segelfertig«. Die erste wichtige Station der Seereise war Athen, wo man am 14. Juli die Akropolis besuchte, die Brehm mit dem geübten Blick des angehenden Architekten erfaßte:

»Unser erster Ausgang heute war auf die Akropolis, die zu sehen ich vor Begierde brannte.

Man geht nun durch die Propyläen, nach dem Parthenon, dem schönsten Gebäude in der schönsten Lage der Welt. Es macht einen mächtigen Eindruck, den die Meister der Baukunst, die alten Griechen, noch dadurch erhöhten, daß sie den Weg zu ihm nicht waagerecht, sondern unter einen Winkel von 25° in die Höhe führten, wodurch das edle Bauwerk sich in seiner ganzen Pracht dem Auge des Beschauers entfaltet. Wie klug hatten die Alten diese herrliche Lage benützt und die Verhältnisse des Tempels geordnet! So stehen die Säulen unter anderem nicht auf einer waagerechten Basis, sondern auf einem Kreisbogen, der zwar nur äußerst wenig über die Waagerechte erhaben, dem Tempel doch jenen klassischen Zauber verleiht, den alle neueren Baumeister vergeblich nachzuahmen versuchten.

So hatte ich also jene berühmten Trümmer gesehen, von denen ich so oft geträumt; meine Erwartungen waren auf das Höchste gespannt gewesen, und – waren übertroffen worden.«

Doch dann, nach der Überfahrt über das Mittelmeer, tat sich vor den Augen des jugendlichen Forschers eine ganz neue Welt auf: Afrika, in jenen Jahren das Ziel der Sehnsucht so vieler europäischer Entdecker und Abenteurer. Am 29. Juli heißt es im Tagebuch: »Nach einer außerordentlich guten Fahrt hörten wir heute vom Schiffsleutnant, daß wir wohl nach Verlauf einer Stunde Land sehen würden. Noch war sie nicht vergangen, als schon die Küste Afrikas aus dem blauen Meere tauchte; ein weißer Streifen, so weit das Auge reichte. Es war mir unbeschreiblich zumute, – es war ja ein anderer Erdteil, den ich zum ersten Male sah, und ich wandte daher meine Augen auch immer und immer wieder auf den weißen Punkt, der neblig vor uns lag.«

Der Dunkle Erdteil, den Brehm 1847 erstmals betrat, war damals noch weitgehend entdeckerisches Neuland. Zwar waren schon in den letzten Jahren des 18. Jahrhunderts der Schotte Mungo Park und der Deutsche Friedrich Konrad Hornemann von Norden aus tief in den Kontinent vorgestoßen, und in den ersten Jahrzehnten des neuen Jahrhunderts hatten sich die Expeditionen von Clapperton, Laing, Caillié und Lander angeschlossen, aber erst einige Jahre, ja Jahrzehnte nach Brehms Landung in Alexandria unternahmen Heinrich Barth, David Livingstone, Henry Morton Stanley, Georg Schweinfurth, Gustav Nachtigal und andere ihre berühmten Entdeckungsreisen ins Innere Schwarzafrikas. Afrika wurde also, obgleich es gleichsam vor Europas Haustür lag, erst verhältnismäßig spät systematisch erforscht. Das erklärt die ungeheure Faszination, die gerade dieser rätselhafte Kontinent im vorigen Jahrhundert ausübte.

Man kann sich unschwer vorstellen, wie diese Faszination auf den jungen Brehm gewirkt haben muß, obgleich er schon vorher wußte, daß die Region, die er mit Baron von Müller bereisen sollte, nämlich das Gebiet des heutigen Ägyptens und Sudans, keine *terra incognita* mehr war. In allen größeren Städten lebten bereits europäische Kaufleute, Diplomaten, Techniker und Missionare, die wichtigsten Verbindungswege waren längst bekannt und auf Landkarten verzeichnet, und schließlich hatte das Expe-

Der Tempel von Philae am Nil

ditionsheer Napoleons schon vor der Jahrhundertwende zumindest Oberägypten gründlich erschlossen.

Nach dem Abzug der Franzosen, seit 1805, herrschte Mehmed (oder Muhammad) Ali, ein gebürtiger Albaner, der nach 1799 mit seinen Soldaten entscheidend zum Sieg über die Invasoren beigetragen hatte, als Statthalter und Vizekönig über die Länder am Nil. Dieser kühne und oft rücksichtslose Herrscher, der 1849 achtzigjährig starb, unterstand zwar formell dem Osmanischen Reich, regierte aber praktisch uneingeschränkt – und erstaunlicherweise sehr fortschrittlich. »Er hat«, so schrieb sein Bewunderer, der Weltenbummler Fürst Pückler-Muskau, der wenige Jahre vor Brehm Ägypten bereiste, »mit bewunderungswürdigem Organisationstalent in einem der verwahrlosesten und verwildertsten Länder der Welt Ordnung und Sicherheit, die ersten Bedürfnisse eines zivilisierten Staates, herzustellen gewußt. Er hat in der Ausübung der Justiz und in der Verwaltung innerhalb seines Gebiets mehr Gerechtigkeit und feste Norm eingeführt, als in irgendeinem anderen orientalischen Staate noch existiert. Er hat den Fanatismus gebändigt, eine größere Toleranz in religiösen Dingen geübt, als in manchen christlichen Staaten stattfindet.... Er hat den Handel mit Europa nicht nur belebt, er hat ihn größtenteils neu geschaffen und durch die großartigsten Anlagen aller Art den in Ägypten gänzlich untergegangenen Sinn für Industrie wohltätig wiedererweckt.«

Gleichwohl mußten sich Brehm und der Baron auf Abenteuer und Gefahren aller Art gefaßt machen, denn so ganz friedlich und zivilisiert ging es im damaligen Ägypten und zumal im weit rückständigeren Sudan doch nicht zu. Kriegerische Stämme gab es allenthalben, der Sklavenhandel war noch längst nicht ausgerottet, die hygienischen Zustände und die medizinische Versorgung ließen viel zu wünschen übrig, das Klima war und ist vielfach mörderisch, und vor allem wollten die beiden Jungforscher ja nicht auf sicheren, ausgetretenen Pfaden wandeln, sondern möglichst weit in die noch unberührte Wildnis vordringen.

Doch zunächst ließ sich die Reise recht kultiviert an. Man fuhr nach Kairo und machte von dort aus am 17. September einen Abstecher zu den Pyramiden:

»Jetzt ging auch die Sonne auf, zuerst die Spitzen der Pyramiden und dann die ganze Landschaft vergoldend. Kaum hatten wir unsern Kaffee geschlürft, als sich auch schon Beduinen einstellten, deren Zahl ungefähr auf 20 stieg. Ihr Schech wählte vier von ihnen aus, die uns begleiten mußten. Nun hatten wir zuerst einen hohen Berg von Mauerschutt zu ersteigen, der bei jedem Tritte nachgab und uns manchen Schweißtropfen kostete. Mit Staunen sahen wir an der Eckkante gegen Nordost hinauf und konnten nun erst die ungeheure Größe des Baues erfassen. Nun ging's hier hinauf. Zwei Beduinen faßten uns bei unsern Armen, stiegen voran und zogen uns nach sich die bis 5 Fuß hohen Staffeln hinan. Fünf Minuten waren wir gestiegen, da mußten wir ausruhen und hatten die Hälfte des Weges zurückgelegt. Nach anderen 5 Minuten standen wir auf dem Gipfel der Pyramide Cheops. Erfreut und erstaunt sahen wir uns erst lange Zeit einander an, und dann erst schweiften unsere Blicke über die Gegend hin. Die Aussicht war schön. Die große Wasserfläche, aus der die Dörfer mit ihren Dattelhainen wie Inseln hervorragten, rechts der majestätische Strom mit seinen Städtchen und Dörfern, Bulak, Gizeh, Alt-Kairo und Schubva. Und hinter ihnen den ganzen Hintergrund ausfüllend die mächtige Kalifenstadt, deren Minaretts in der Sonne glühten, und unter uns unser kleines Lager nahmen die Vorderseite des Gemäldes ein grell gegen die Rückseite, denn da war nichts als die Wüste und die nebenan stehenden anderen Pyramiden. War die Aussicht erfreulich, so war es noch mehr das Gefühl, auf dem höchsten Gebäude der Welt gestanden zu haben ...

Wir stiegen auf derselben Seite herab, auf der wir heraufstiegen, und wandten uns dann links dem Eingange auf der Nordseite zu. Die Lichter wurden angezündet, und uns tief bückend folgten wir unseren Führern in dem steil abfallenden, staubigen engen Gange. Dieser lief dann einige Zeit waagerecht hin und ging, nachdem wir über einige Steine geklettert waren, ebenso steil aufwärts wie vorher abwärts. Er erweiterte sich bald, und wir kamen in die Kammer des Königs. Die Wände sind fein polierter Granit, ebenso der aus einem Stück gehauene Sarkophag, der beim Daraufschlagen den schönsten Glockenton von sich gab, der laut in dem weiten Raume widerhallte. Merkwürdig ist es, daß dieser weite Raum waagerecht überdeckt wurde, während die Gänge so überdacht wurden, daß ein Stein immer den anderen um 4 Zoll überragte. Noch eine zweite Kammer besuchten wir und traten dann eiligst den Rückweg an, zu dem uns der innen herrschende Staub und die fürchterliche Hitze zwangen.

Um die Pyramiden herum liegen viele Gräber und noch ganze Haufen von Muschelkalk, wie er zu den Riesenbauten verwendet worden sein mag. Einige halb fertige, aus Granit gehauene Bildsäulen lagen im Sande. Wir gingen zu der Sphinx und von dort aus, an den Katakomben vorüber, auf unser Lager zu. Ich hatte Kopfschmerzen und war sehr froh, unser Zelt zu erreichen, wo wir dann noch verschiedene Altertümer von den Beduinen kauften.«

Am 1. Oktober vermerkte Brehm in seinem Tagebuch: »Gestern erhielten wir unsere arabischen Namen: der Baron heißt Abd-el-Kader, ich Halil.« Dieser symbolische Taufakt erfolgte bereits an Bord der großen, bequemen Nilbarke, einer sogenannten Dahabije, auf der Brehm, der Baron und einige weitere Europäer gemächlich nilaufwärts segelten, dem fernen Sudan entgegen. Über Luxor, Karnak, Assuan, Philae und Abu Simbel – überall machte man natürlich Station, um die berühmten Altertümer zu besichtigen – erreichte die Reisegesellschaft Weihnachten 1847 die Südspitze der mächtigen Nilschleife im Nordsudan. »Wir befanden uns im Innern Afrikas, unsere Gedanken waren daheim. Der Abend stimmte uns weich; wir beschlossen, ihn wie im Vaterlande zu feiern. Uns selbst konnten wir gegenseitig nichts bescheren, darum beschenkten wir unsere Diener. Dann holten wir Wein herbei und tranken aufs Wohl der fernen Lieben. Und als es vollends Nacht geworden war, setzten wir uns hinaus in die helle Sternennacht und horchten still dem Schlage der murmelnden, vom Kiel des Schiffes gebrochenen Wellen; und während dieses langsam, feierlich den Strom durchfurchte, begingen wir ernst und ruhig das Fest der Weihenacht.«

Um den großen Umweg der Flußschleife abzukürzen, stieg die Expedition im Dörfchen Ambukol vom Schiff auf Kamele um und erreichte quer durch die teils wüstenartige Bajudasteppe am 7. Januar 1848 Chartum (Khartum), heute die Hauptstadt des Sudans mit rund 300000 Einwohnern, damals eine Kleinstadt mit einer bunt zusammengewürfelten Mischbevölkerung von 30000 Menschen und »die Residenz eines Pascha, welcher

Eine Fahrt durch die Stromschnellen des Nils

zur Verwaltung der Regierung des Ostsudan von Ägypten dahin geschickt wird«.

Brehm sah sich sehr gründlich in dieser häßlichen, schmutzigen, höchst ungesunden Stadt um und berichtete über seine Eindrücke fast wie ein studierter Soziologe und Völkerkundler. Am meisten stieß ihn ein verbrecherisches Geschäft ab, mit dem er hier zum erstenmal unmittelbar in Berührung kam: der Sklavenhandel, der im Sudan ganz offen und mit staatlicher Billigung betrieben wurde. Brehms Empörung drückt sich spontan in einer Tagebucheintragung vom 12. Januar aus: »Heute kam ein Transport Dingasklaven hier an. Gott! welch ein trauriger Anblick! Sie sangen, weil man sie dazu zwang; wie hätten sie wohl sonst singen können, die Hälse in Holzgabeln gepreßt. Die im Kreise sitzenden Männer und Weiber mochten bei sechzig sein; Kinder waren auch dabei, und unter ihnen ein Säugling, dessen Haut in großen Falten auf dem Knochengerippe lag; seine Mutter war krank, und mit Tränen in den Augen sah sie das arme zu sich herangekrochen kommen, das die Mutterbrust verlangte, die jetzt, ohne zu laben, schlaff am Körper herabhing. Viele der Männer, die man alle in Gabeln gepreßt hatte, waren verwundet und ihre Wunden nicht geheilt; – kurz, es war eine Szene des tiefsten schrecklichsten Elendes, die sich nicht beschreiben läßt ...«

Bis jetzt war der Ertrag der Fang- und Jagdexpedition bescheiden. Gewiß, Brehm hatte auf der weiten Fahrt vom Mittelmeer bis ins Innere des Sudans die vielfältigsten Natureindrücke gesammelt und in seinem Tagebuch festgehalten, er hatte bisher nie gesehene Vögel und anderes Getier in freier Wildbahn beobachtet, für seine Sammlung geschossen und säuberlich präpariert, er hatte Bekanntschaft mit gefährlichen Eingeborenen und noch gefährlicheren Krokodilen gemacht, aber erst hinter Chartum, im wilden Kordofan westlich des Weißen Nils, begann die eigentliche Arbeit.

In Begleitung eines englischen Majors brach die Expedition am 25. Februar 1848 von Chartum aus nach Südwesten auf, zuerst per Dahabije auf dem Weißen Nil, dann per Kamelkarawane über Land. Vier Monate lang durchstreiften die Männer, oft tagelang im Kamelsattel sitzend, die ausgedörrte und dennoch faszinierende Steppenlandschaft Kordofans. Für den jungen Brehm ging ein Traum in Erfüllung, der allerdings oft zu einem Fiebertraum, ja einem Alptraum wurde. Überall neue Naturerlebnisse, exotische Pflanzen, prachtvolle Vögel, die erlegt und in glühender Sonne rasch abgebalgt werden mußten, die ersten Gazellen und Antilopen, Schakale und Hyänen, dazu »schöne Männer und noch schönere Frauen«, für die der neunzehnjährige Brehm durchaus einen Blick hatte – aber auch Sandstürme, Durst, unerträgliche Hitze, Fieberanfälle und andere Krankheiten. »Ich unterlasse, um nicht zu ermüden, die Aufzählung von Krankheiten, welche uns ... von nun an unablässig quälten, und schicke voraus, daß wir während der vier Monate unseres Aufenthaltes in dem Steppenlande Kordofan das Fieber in seinen verschiedenen Gestalten und Arten gar nicht loswerden konnten. Mehr als dreißig Tage mußten wir auf elendem Schmerzenslager zubringen.«

Am schlimmsten erging es Brehm auf dem Rückweg nach Chartum: »Am 23. Juni zogen wir in der Frühe weiter und über eine staubige, baumleere Ebene dem Bahr el abiadt zu, auf welchem das scharfe Auge unserer Diener schwellende Segel bemerken wollte. Wir hatten den Anblick einer großen Hitze kündenden, aber prachtvollen Fata Morgana und trieben, um uns derselben zu entziehen, die Kamele zu rascherem Laufe an. Ich bekam leider wieder einen Fieberanfall und litt auf dem Kamel mehr als je. Die Hitze wurde gegen Mittag fürchterlich. Mir ihr nahm das Fieber in solcher Stärke zu, daß ich, um den Qualen unter der glühenden Sonne zu entgehen und auf Augenblicke der Kühlung zu genießen, bei jedem Baume abstieg. Flehentlich beschwor ich den Baron und die Bedienten, mir einige Tropfen Wasser zu übergeben, ›denn weiter bedürfe ich ja doch nichts mehr‹, und mich dann meinem Schicksale zu überlassen; nur solle man mich nicht fort und fort auf jene Folter, den Sattel, zurücktreiben. Ich erinnere mich nicht, mich jemals unglücklicher gefühlt zu haben. Wenn mich der Baron oder der alte ehrliche Giterendo von neuem zum Reiten zwangen, glaubte ich meine ärgsten Feinde vor mir zu sehen, und doch taten gerade sie alles, was in ihren Kräften stand, um mir meinen qualvollen Zustand zu erleichtern. Diesen beschreiben zu können, scheint mir unmöglich zu sein. Der Ärmste der Armen Europas findet unter ähnlichen Umständen wenigstens ein kühlendes Plätzchen, einen Ort, wo er sich ruhig hinlegen kann. Ich war der Hitze der afrikanischen Tropensonne ausgesetzt, während das fieberglühende Blut mir alle Adern zersprengen zu wollen schien; ich hing, kaum meiner selbst bewußt, auf dem Rücken des Kamels, mußte meine

Dromedare

ohnehin unsäglich geschwächten Kräfte noch zu sammeln streben, um nicht aus dem hohen Sattel zu stürzen, und der Fieberfrost, welcher derselben gluthauchenden Sonne Hohn zu sprechen schien, durchschüttelte mich! Für einen solchen Zustand, für die Qualen eines Fieberanfalls auf dem Kamel während der Mittagshitze in einer von der scheitelrecht stehenden Sonne durchglühten Einöde des innern Afrikas gibt es keine Worte.

Endlich, nach fünf martervollen Stunden, kamen wir zu einigen Hütten. Hier erst konnte ich mich ausgestreckt hinlegen, hier erst konnte ich auf Erleichterung meiner Schmerzen hoffen. Mein Zustand ließ gar nicht an eine Weiterreise denken. Der Baron versuchte, von den Bewohnern der Tokhahl Hühner zu erhalten, um für mich eine kräftige Suppe kochen zu lassen; man verweigerte ihm, eins von den vielen, welche um die Wohnungen herumliefen, zu geben. In solchen Fällen gab es nur ein Mittel, um zum Ziele zu gelangen: *Gewalt*. Das erstbeste Huhn wurde zusammengeschossen, gerupft und gekocht. Dann kam der Besitzer und bat um Bezahlung des Tieres, welche er auch regelmäßig von uns erhielt.«

Nach einem längeren Aufenthalt in Chartum, der zur Erholung und zur Vervollständigung der ohnehin schon ansehnlichen naturhistorischen Sammlung genutzt wurde, kehrten die Forscher Ende August 1848 nilabwärts nach Kairo zurück. Bis zum 28. Oktober dauerte die Fahrt auf dem teils gemächlich dahinfließenden, teils durch tückische Katarakte gefährlichen Strom. In Kairo »genossen wir ungestört der uns allen bedürftigen Ruhe«, aber auch die Jagdausflüge in die Umgebung kamen nicht zu kurz.

Dann trennten sich die beiden jugendlichen Forscher. »Mein Gefährte wollte mit den Sammlungen und ein paar schwarzen Bedienten auf dem nächsten direkten Lloyddampfer Ägypten verlassen und nach Deutschland zurückkehren; ich hatte mir vorgenommen, im Pharaonenlande zurückzubleiben, und sollte nach Wunsch und auf Rechnung des Baron Müller eine zweite Reise ins Innere mit den dazu nötigen Begleitern und Gehilfen antreten. ... Es tat mir weh, mich von dem Baron trennen zu müssen. Ich hatte mit ihm Deutschland verlassen und Nordostafrika bis zu den Negerländern bereist, Freud und Leid zwei Jahre lang mit ihm geteilt; wir hatten zusammen viel Schönes erlebt, viel Schweres ertragen, in einem Zelt gelebt, unter einer Decke geschlafen und mit einem Becher aus dem Brunnen der Wüste Wasser geschöpft. Obgleich er manchmal ungerecht gegen mich gewesen war, hatten wir doch im ganzen wie Brüder zusammen gelebt. Jetzt trennten sich unsere Wege: er eilte der lieben, teuren Heimat zu, ich sollte mich nach dem fernen Süden wenden. Ich drückte ihn noch einmal ans Herz, sagte ihm noch einmal Lebwohl – wir schieden.«

Das sind schöne Abschiedsworte für einen Mann, der sich bislang, wie Brehm vorsichtig andeutet, keineswegs immer als kameradschaftlicher Gefährte erwiesen hatte. Und es sollte noch schlimmer kommen. Alfred Brehm, nun zwanzig Jahre alt, saß allein in Ägypten und wartete auf die Rückkehr des Barons und auf dessen Geldsendungen. Er arbeitete einen soliden Kostenvoranschlag für die zweite Müllersche Expedition aus, die zu den Nilquellen und quer durch Afrika führen sollte, und erhielt schließlich vom Baron finanzielle Zusagen und die Nachricht, daß man sich spätestens am 1. Juli 1850 in Chartum wieder treffen wollte. So trat Brehm mit seiner Begleitung, zu der neben der üblichen Dienerschaft auch sein inzwischen angelangter älterer Stiefbruder Oskar und der Köthener Arzt Dr. Vierthaler gehörten, am 26. Februar 1850 zum zweiten Male die Reise nach Süden an – mit den bescheidenen Geldmitteln, die der Baron den beiden Landsleuten mitgegeben hatte.

»Zum zweitenmal stand ich im Begriff, nach ›dem Lande der Schwarzen‹ abzureisen, ungeachtet mir sein höllisches Klima bei meiner ersten Reise beinahe den Tod gebracht hatte. Ich trat meine Reise mit sehr gemischten Gefühlen an und konnte mir mannigfaltige Besorgnisse, welche sich mir immer und immer von neuem aufdrängten, nicht verhehlen. Als dirigierendes Mitglied der ›Expedition‹ hatte ich ernste Verpflichtungen gegen meine Reisegefährten übernommen. Ich sollte und mußte ihnen Führer und Ratgeber sein, denn hierzu berechtigten mich die auf der ersten Reise gesammelten Erfahrungen, und wenn ich auch nicht daran zweifelte, meine Stelle zur vollkommenen Zufriedenheit verwalten zu können, vor unvorhergesehenen Ereignissen bangte mir. Vor dem Klima fürchteten wir uns nicht; wir gingen mit ziemlicher Zuversicht den Gefahren desselben entgegen und hofften und vertrauten auf ein gütiges Walten unseres Schicksals. Aber wenn ich dann an das geheimnisvolle Wirken und Schaffen der heiligen Natur im tropischen Urwald dachte, wenn ich als eifriger Jäger und Naturfreund mich im Geiste dorthin versetzte, wo mir so hohe Genüsse bevorstanden, wo es auch für den Forscher noch ein weites Feld zum Sichten und Ordnen der zahlreichen Erzeugnisse der Natur gab, dann erwachte lebhafter als je der Drang zum Reisen in mir. Wir hegten schöne Hoffnungen. Noch völlig unbekannte Länder zu erforschen, zogen wir aus; wir wollten den oberen Lauf des weißen Flusses besuchen, wenn es möglich wäre, sogar quer durch Afrika gehen. Uns bot sich die schönste Gelegenheit, auch ein Scherflein auf dem Altare der Wissenschaft niederlegen zu können. Meine Gefährten freuten sich noch weit mehr auf die Erlebnisse der bevorstehenden Reise; sie kannten damals die Gefahren derselben nur vom Hörensagen. Keiner von ihnen mochte jetzt wohl ahnen, daß ihm in dem Lande, in welches ich sie führte, die letzte Ruhestätte bereitet werden würde; sie gingen voll Hoffnungen nach dem Sudan, und keiner kehrte wieder nach dem Vaterlande zurück! Wer vermag die Wege der Vorsehung zu erforschen?«

Selbstverständlich war der tatendurstige Brehm in den sechzehn Monaten, die er in Kairo und Umgebung zubringen mußte, nicht untätig gewesen. Er hatte die vogelreichen Binnenseen Unterägyptens erforscht, vor allem den riesigen Menzaleh-See (Manzala) zwischen Damietta und Port Said an der Mittelmeerküste, auf dem unabsehbare Zugvogelscharen auf dem Weg in ihre südlichen Winterquartiere Rast machten. Das war ein Fest für den Vogelfreund (und Vogeljäger) Alfred Brehm! Er begnügte sich jedoch nicht mit Schauen und Schießen, sondern faßte im Juni 1849 seine Beobachtungen in einer mit vielen lateinischen Namen gespickten Abhandlung zusammen, die noch im selben Jahr in der Zeitschrift *Naumannia* (so benannt nach dem bereits erwähnten großen Ornithologen J. Fr. Naumann) veröffentlicht wurde. Es ist die erste Arbeit Brehms, die im Druck erschien, doch sie verdient nicht nur deshalb, sondern auch als bedeutende Talentprobe eines gerade zwanzigjährigen Autors besondere Beachtung. Wahrscheinlich war sie zudem der Anlaß dafür, daß Brehm bereits am 5. Oktober 1849 in die »Leopoldina«, die älteste naturforschende Gesellschaft Deutschlands, aufgenommen wurde, als »der Gefährte Müllers bei der Erforschung von Innerafrika, berühmt durch unermüdliche ornithologische Studien«, wie es in der Laudatio hieß.

Der Text des Erstlingswerks soll hier in leicht gekürzter Fassung wiedergegeben werden:

Der Winter in Ägypten, in ornithologischer Hinsicht

Es dürfte vielleicht kein zweites Land auf Erden geben, wo die Natur so glücklich alles vereinigt hätte, um die im Herbste von Europa auswandernden gefiederten Flüchtlinge für den Winter zu beherbergen, als gerade Ägypten. Der einkehrende Vogel findet seinen Platz, wie er ihn sucht: er findet schroffe, steile und öde Gebirge an blühenden, bebauten und bewaldeten Ebenen sich hinziehend; er findet lachende, weite Fluren, von brennenden, sandigen Wüsten begrenzt; er findet den mächtigen Strom mit seinen unzähligen Kanälen, und findet die Küste des Meeres mit den neben ihr liegenden Salzseen und Lagunen, in die sich süßes Wasser verliert. Eines der glücklichsten Klimate der Erde, durch sechseinhalb Breitegrade reichend, setzt den der großen Heerstraße, dem Strome, nachziehenden Vogel in den Stand, sich seinen Aufenthalt in beliebiger Temperatur unter fast gleich glücklichen Verhältnissen zu wählen. Über den unzugänglichen Gebirgen, wo nur die Hyäne ihr

Wesen treibt und der Schakal haust, kreist noch der mächtige Geier in schwindelnder Höhe, mit scharfem Auge – nicht durch Geruch – das von Raben und kleineren Aasgeiern bedeckte Aas suchend.

Vorzüglich aber ist es das Delta, welches den Hauptanziehungspunkt für die von der strengen Kälte vertriebenen Gäste bildet. Wenn der Lebensfaden Ägyptenlands, der mächtige Nil, geschwellt durch die im Juni, Juli und August in Sudan und Abessinien herabstürzenden Gewitterregen, im September segenbringend seine trüben Fluten über das Delta ergießt, verwandelt er das ganze Land in einen großen See, aus dem nur die erhöhten, auf Mauerschutt gebauten Dörfer einzeln hervorragen. Beim Zurücktreten des Wassers bleiben alle Vertiefungen mit Wasser ausgefüllt; das junge Grün sproßt üppig empor, seit die Wasserdecke verschwand; das Schilf in den tieferen Stellen, die das ganze Jahr einen mehr oder weniger ausgedehnten Sumpf bilden, strotzt in üppiger Fülle. Die ungeheure Ausdehnung dieser trockengelegten Stellen drückt die Temperatur bedeutend herab, das Thermometer steht wie bei uns im April, und weder die Hitze des hiesigen Sommers noch die Kälte eines europäischen Winters stört das Wohlsein der Menschen und Tiere. Die jetzt vollen Kanäle verbreiten das Wasser in allen Richtungen durch das Land, das Delta ist der Hälfte seiner Ausdehnung nach ein unermeßlicher Sumpf, die Seen am Rande des Meeres sind in ihrem höchsten Wasserstande, und zahlreiche Adler und Edelfalken finden sich jetzt bei ihnen ein, denn reiche Beute wartet ihrer.

Diese Seen, deren größter der See Ménzaleh ist, sind selbst im höchsten Sommer an Vögeln unendlich reich. Von großer Ausdehnung ist dieser See nur in der Nähe des Meeres, von einer Tiefe von ungefähr acht Fuß, im übrigen aber so seicht, daß er fast überall durchwatet werden kann. Nach dem Lande zu endigt er in eine Menge Buchten von selten mehr als eineinhalb Fuß Tiefe, die sehr schlammig sind und eine ganz unzählbare Menge Fische beherbergen. Die neben ihnen liegenden Reisfelder sind überschwemmt und bilden ausgedehnte Sümpfe, denen es auch an Bewohnern nicht fehlt. Die herrlichsten Dattelwaldungen schließen das Ganze ein, das so für sich eine eigene Welt, ein wahres Paradies für die ankommenden Wanderer bildet …

Schmarotzermilan

Ruhig sitzt dagegen *Aquila albicilla* [= *Haliaeëtus albicilla*; Seeadler] hier und da am Strande, und klein und groß, selbst *Pandion haliaëtos* [Fischadler] scheut die Nähe des gefürchteten Räubers. Dieser sitzt oft ruhig unter den Enten, die keine Furcht vor ihm kennend, nicht auffliegen, selbst wenn er fußhoch über ihnen hinstreicht. Ihre größten Feinde sind jedoch *Falco peregrinus* und *lanarius* [Wander- und Lannerfalke]. Mit weitschauendem Auge erspäht schon von weitem der kühne Räuber die im seichten Wasser ruhig schnatternden und fressenden Enten. Wie der Blitz aus heiterm Himmel stürzt er unter sie, und eine von ihnen ist stets seine Beute. Die andern fliegen höchstens 100 Schritte weiter. Kaum hat der Räuber seine Beute erhoben, als auch schon der überall gegenwärtige und lauernde *Milvus parasiticus* [= *M. aegyptius*; Schmarotzermilan] erscheint und ihn schreiend verfolgt. Dieser überläßt augenblicklich seinem Verfolger den Raub, kehrt um und hat sich im nächsten Augenblicke eines andern bemächtigt. Ich sah *Falco peregrinus* in einem Zeitraum von fünf Minuten dreimal seine Beute nehmen, mit der vierten flog er davon. Die seichten Stellen wimmeln von *Recurvirostra avocetta* [Sä-

Flamingos

belschnäbler], die sich auf den Kopf stellend, kleine Fische und Wasserinsekten fängt; weiter hinein steht *Platalea leucorodia* [Löffler] in großen Herden, emsig hin und her laufend, und hinter ihm sieht man, einem Regimente gleich, eine lange Feuerlinie, tausend und abertausend *Phönicopterus antiquorum* [= *Phoenicopterus ruber*; Flamingo] scheinbar eine ungeheure Front bildend. Die Araber fangen ihn in Netzen, und bringen ihn auf den Markt. Ihre Fangarten sind sehr sonderbar. ...

Ich begreife daher auch nicht, daß sich manche Gelehrte wundern können, wie man zu den Gelagen eines Lucullus, ohne daß man Feuergewehre hatt, eine solche Menge Flamminge [Flamingos] erhalten konnte, deren Zungen die leckersten Gerichte bildeten. Gerade mit Schießgewehren wäre dies unmöglich gewesen ...

Auf kleinen Inseln läuft *Charadrius minor* [= *Ch. dubius;* Flußregenpfeifer] herum, und der überall häufige, unruhige *Vanellus spinosus* [Spornkiebitz] oft in Gesellschaft des ihm von weitem sehr ähnlichen *V.gregarius* [Herdenkiebitz]. *Charadrius spinosus* [= *V.spinosus*] wird dem Jäger unendlich hindernd. Sobald er denselben erblickt, umfliegt er ihn in engen Kreisen mit unaufhörlichem Geschrei und warnt dadurch die andern Vögel, die seiner Warnung sogleich Folge leisten. Er schreit Tag und Nacht, und da er, wie alle Regenpfeifer, auf das Geringste aufmerksam ist, hört man sein Geschrei immerwährend, was auch die Araber zu dem Glauben verleitet, der Vogel schlafe nicht. »Denn«, sagt man, »als einst die Vögel zu Ehren Allahs ein großes Fest hielten, kamen alle zusammen, nur er fehlte. Nach drei Tagen kam er endlich auch, und entschuldigte sein Ausbleiben dadurch, daß er sagte, er habe geschlafen. Nun, sprach Gott, weil du jetzt schliefst, wo alles sich zu meiner Ehre versammelte, sollst du künftig gar nicht mehr schlafen. Hierauf setzte er ihm die beiden Sporen in die Flügel. Sobald er nun schlafen will, stechen ihn diese in die Seiten, und so fliegt er fort mit kläglichem Geschrei, immer und immer umsonst die Ruhe suchend.« ...

Daß es in Ägypten noch viel zu entdecken gibt, ist wohl keinem Zweifel unterworfen, denn nur dann, wenn ein eifriger Naturforscher lange Zeit in Ägypten bliebe und dieses Land in allen Richtungen durchreist haben würde, könnte man einen Überblick der außerordentlich reichen Fauna dieses höchst interessanten Landes bekommen, was bei einem kurzen Aufenthalt ganz unmöglich ist.

Vorstehendes sollte nur dazu dienen, eine kurze Schilderung dieser reichen Seen zu geben.

Alexandrien, im Juni 1849 Alfred Edmund Brehm

Unterdessen sind unsere Reisenden im Frühjahr 1850 auf dem Weg nach Chartum. Die Fahrt auf dem Nil verlief zunächst heiter und unbeschwert. Man hoffte noch immer auf den Baron und das versprochene Geld zur Ausrüstung einer großen Expedition. Aber der Baron kam nicht; er war in finanziellen Schwierigkeiten und konnte nur noch eine kleine Summe schikken. Noch schwerer indes als die Aussicht, auf sich allein gestellt und auf die Zuwendungen fremder Wohltäter angewiesen zu sein, traf Brehm ein anderer Schicksalsschlag: der Tod seines Bruders Oskar, der im Mai bei Dongola in einer stillen Seitenbucht des Nils ertrank. Am 8. Mai berichtete Brehm über diesen tragischen Unglücksfall in seinem Tagebuch:

»Schon sind mehr als 16 Tage vorübergegangen seit jenem Tage, dessen Datum zuoberst geschrieben steht, und noch zittert mir die Hand, mit der ich die Feder ergreife, um das Ereignis jenes unglücksvollen Tages niederzuschreiben, zu dessen Schilderung das beklemmte Herz nicht Worte finden kann.

Wer hätte mir auch wohl sagen können, daß ein so schönes Glück brüderlichen Zusammenseins, ein so freundliches Bild brüderlicher Eintracht und Liebe so schnell zerstört werden könne!! Und doch ist die traurige Begebenheit, die mir wie ein schwerer Traum vor der Seele steht, nur leider zu wahr!! O! es ist ein köstlich Ding, wenn Brüder eins sind! einig in Tun und Handeln, Denken und Sprechen! Und so ein stilles Glück zerstörte das unerbittliche Geschick! – Ich bin allein in Afrika zurückgeblieben, allein – ohne Freund, ohne Vertrauten. Wer könnte den Jammer eines so großen Unglückes in seine Brust verschließen! ich kann es nicht, und dränge die Tränen nicht zurück, die mir aus den Augen perlen. – Es war am achten Mai, Mittwochs vor dem Himmelfahrtsfeste, als wir beiden, mein Bruder Oskar und ich, wie immer uns gegenseitig mit Rat und Tat unterstützend, infolge harter angestrengter Arbeit recht ermüdet, nach einem Bade im Nil verlangten. . . .

Und als wir dann frohgemut zum Bade eilten und zu einer Stelle des Nils gingen, wo Oskar früher noch nicht gebadet hatte, wurde er plötzlich leichenblaß und sagte: ›Ach Gott, ich werde doch nicht ertrinken, mir ist es zumute, als könne ich nicht eine Angst bezwingen, die mich überfallen hat; ich kann nicht schwimmen.‹ Mittlerweile hatte ich mich entkleidet und untersuchte die Tiefe des Flusses, und indem ich Oskar zurief: bleib hart am Ufer, hier habe ich schon keinen Grund mehr, eilte ich der Mitte des Wassers zu, das ruhig lag und durchaus keinen Strom hatte. Noch lange sah ich Oskar am Wasser stehen und nicht weiter als bis zur Brust hineingehen, und war schon auf dem Wege, um zurückzuschwimmen, als ich plötzlich einen Taubstummen, der alle Tage zu uns gekommen war, laut aufschreien hörte und mit Gebärden auf die Tiefe zeigen sah, die in mir keinem Zweifel mehr Raum ließen, daß ein Unglück geschehen sein müsse, dessen entsetzliche schaudervolle Wahrheit mein Geist nicht fassen konnte und wollte. Ich war bald am Ufer: Oskar! Oskar! Oskar! keine Antwort! Doch wo sollte er denn hin sein, da standen ja sogar seine Schuhe noch am Ufer, ich sah das Entsetzliche klar vor Augen. Aly-Aya kam herbei, ich sandte ihn nach Leuten, die auch schnell herbeikamen, während ich selbst versuchte in die Tiefe zu tauchen. Allein nicht den Grund erreichte ich, wie ein Luftball schleuderte mich das tückische Element in die Höhe zurück, und ich mußte das Suchen den herbeigekommenen Arabern und Nubiern überlassen. Da saß ich denn am Strande wie erstarrt an allen Gliedern, mir die bittersten Vorwürfe machend, daß ich den allein gelassen, den ich jetzt nicht einmal retten konnte!

Mittlerweile tauchten 15–20 Araber unermüdlich im Wasser herum, Aly-Aya hatte eine Barke herbeigeschafft, und von dieser aus wurden Stangen ins Wasser gesteckt, an welcher die Nubier hinabtauchten. – Endlich, endlich nach einer fürchterlichen halben Stunde brachte man den Körper auf die Barke und von da ans Ufer, wo ihn 6 von unseren Leuten zu uns ins Haus brachten. Mir war zumute wie einem, der verzweifeln will, ich hätte die versammelten Leute morden können, so reizbar war ich geworden, das geringste Wort brachte mich in die grimmigste Wut.

In unserem Zimmer angekommen, legten wir den Verunglückten auf wollene Tücher und fingen an zu reiben. Der Dr. öffnete zuerst am rechten Arm eine Vene, – kein Blut, dann am Bein, wo nur etwas dickes schwarzes Blut herausrann. Dabei setzten wir das Reiben unermüdlich fort, und nach ungefähr einer Stunde öffnete der Dr. auch die Luftröhre, um Luft in die Lungen zu blasen! – Es war zu spät! Wir beweinten einen Toten! Nie werde ich vergessen das stille verklärte ruhige Gesicht der teuren Leiche, die jetzt ohne alles Leben, regungslos auf dem Lager ruhete. Gott! Gott! es gehört ein ungeheurer Mut dazu, um bei solch fürchterlichem Unglück nicht zu verzagen. O! wie glücklich ist doch der, der wie der fromme Mohammedaner an ein unerbittliches Fatum glauben kann! wie leicht wird ihm so herber Verlust. ...

Mir kam kein Schlaf in die Augen, das Fürchterliche des Unglückes konnte ich noch nicht erfassen, und wenn ich von fern die Lichter sah, die man bei dem teuren Toten angezündet, traten mir die Tränen wieder und wieder in die Augen! – es war die traurigste Nacht meines bisherigen Lebens.«

Aber Brehm gab nicht auf, nachdem er seinen Bruder am Ufer des Nils begraben hatte. Man muß den Mut, die Entschlossenheit und das Organisationstalent des jugendlichen Forschers bewundern, der trotz ständig wiederkehrender Fieberanfälle seine kleine Reisegesellschaft sicher nach Chartum brachte und von dort aus eine Jagdexpedition zum Oberlauf des »blauen Flusses« (Blauer Nil) unternehmen wollte. Doch das war leichter geplant als getan. Das Geld war knapp geworden, vom Baron hatte man nichts mehr zu erwarten. In seiner Not wandte sich Brehm an einen Wucherer, der jedoch so maßlose Zinsen forderte, daß er zur Strafe tüchtig verprügelt wurde: »Da übermannte mich die Wut. Ich packte den Schurken an seinem Bart und prügelte mit der Nilpferdpeitsche so lange kräftig auf ihn ein, als ich den Arm noch rühren konnte, und das währte lange. Ali-Arha stand währenddessen mit der gespannten Pistole bereit, um dem nach Hilfe rufenden Gauner den Beistand der Diener abzuschneiden.«

Voller Verzweiflung schrieb Brehm ein Bittgesuch an Latief-Pascha, den Generalgouverneur des Sudans in Chartum, und erhielt noch am selben Tag ein zinsloses Darlehen von 5000 Piaster – eine beträchtliche Summe, die es ihm ermöglichte, seine Forscherarbeit fortzusetzen (und deren Rückzahlung ihm später sogar großmütig erlassen wurde). Der Weg zu den Urwäldern im Südosten des Sudans war frei.

Die fast viermonatige Reise (Ende November 1850 bis Anfang März 1851) durch die wasser- und waldreichen Urlandschaften beiderseits des Blauen Nils, die ihn über Sennar und Roseires beinahe bis an die äthiopische Grenze führte, war der Höhepunkt seines fünfjährigen afrikanischen Abenteuers. Jetzt endlich lernte er das echte, von jeder Zivilisation unberührte Afrika kennen. Zum erstenmal erblickte er große Elefanten- und Büffelherden, umherschleichende Löwen und Leoparden, mächtige Flußpferde und verspielte Affen, von der überreichen Vogelfauna am Fluß und in den Wäldern ganz zu schweigen. Ungefähr 1400 Vogelbälge erbeutete er hier, aber noch wichtiger war die geistige Ausbeute dieser Reise: Unzählige Natureindrücke prägten sich ihm unauslöschlich ein, Bilder von Landschaften, Pflanzen und Tieren, Einblicke in die verwirrenden Lebenszusammenhänge einer urwüchsigen Wildnis. Alle diese Eindrücke bewahrte der junge Naturforscher in seinem ungemein aufnahmefähigen Herzen und Hirn; sie sind zweifellos die Keimzelle seines *Tierlebens*, jenes großangelegten Versuchs, erstmals das *Leben* der Tiere und nicht nur ihr bloßes Erscheinungsbild in Worte zu fassen.

Brehm hatte, so könnte man es ausdrücken, hier im tiefsten Sudan sein eigentliches Reich betreten und seine wahre Bestimmung entdeckt. Erinnerungsbilder aus jenen erlebnisreichen Monaten einer unmittelbaren, abenteuerlich gesteigerten Naturanschauung tauchen in seinen Werken immer wieder auf, am vollkommensten vielleicht in einem Text, den er später wiederholt vor begeisterten Zuhörern vorgetragen hat:

So reich die afrikanische Steppe in Wirklichkeit ist und namentlich dann erscheint, wenn sie mit der Wüste verglichen wird: die volle Üppigkeit des Pflanzenlebens der Gleicherländer [Äquatorländer] zeigt sie nirgends. Wohl gelangt in ihr das belebende Wasser allüberall zur Wirkung; diese aber währt viel zu kurze Zeit, als daß sie nachhaltig sein könnte. Mit dem Aufhören der Regen endet die treibende Kraft, und Glut und Dürre zerstören, was jene geschaffen. Daher können in der Steppe nur solche Pflanzen gedeihen, deren Lebenslauf binnen wenigen Wochen sich erfüllt, nicht aber solche zur vollen Entwicklung gelangen, welche Jahrhunderte zu überdauern vermögen. Einzig und allein in Niederungen, welche von niemals versiegenden Strömen durchzogen und ebensowohl von deren Fluten wie von den Regen genügend getränkt werden, in denen Sonnenlicht und Wasser, Wärme und Feuchtigkeit gemeinschaftlich wirken, entwickelt, gestaltet und erhält sich die zaubervolle Fülle der Wendekreisländer. Hier erwuchsen Waldungen, welche an Herrlichkeit und Schönheit, Großartigkeit und Reichtum denen der begünstigtesten Länder niederer Breiten kaum nachstehen, Urwälder im eigentlichen Sinne des Wortes, welche ohne Zutun des Menschen entstehen und vergehen, altern und sich verjüngen, noch heutigestags nur sich selbst angehören und ein überaus reiches Tierleben ermöglichen.

Von Süden her tragen die Frühlingsstürme die regenschwangeren Wolken über die nördlich des Gleichers gelegenen Länder Afrikas; daher treten diese Wälder nicht plötzlich vor das Auge des von Norden her kommenden Reisenden, sondern werden das, was sie sind, erst allmählich, mehr und mehr, je weiter der letztere nach Süden hin vordringt. Je mehr man sich dem Gleicher nähert, je flammender die Blitze leuchten, je lauter und ununterbrochener der Donner rollt, je rauschender die Regengüsse herniederstürzen, um so üppiger gedeihen alle Pflanzen, um so gestaltenreicher treten die Tiere auf; je bälder die Regenzeit beginnt, je länger sie währt, um so größeren Zauber schafft sie. Im genauesten Einklange mit der zunehmenden Feuchtigkeit verbreitert und dichtet, erhöht und reckt sich der Wald. Vom Ufer der Ströme aus bemächtigt der Pflanzenwuchs sich des inneren Landes und vom dichtbewachsenen Boden an bis zu den höchsten Kronen empor aller Zwischenräume. Anderswo nur als Zwerge erschaute Bäume erwachsen hier zu Riesen; bekannte Arten werden zum Nährboden noch unbekannter Schmarotzer; und zwischen ihnen ringt eine noch bisher noch nicht gesehene Pflanzenwelt zum Lichte empor. Doch auch hier, mindestens im nördlichen Gürtel der Wälder, wirken Glut und Dürre des Winters noch immer so mächtig, daß sie den Blätterschmuck der Bäume zeitweilig vernichten und wenigstens die meisten von ihnen auf einige Wochen zu gänzlicher Ruhe verurteilen. Um so vernehmlicher hallt dafür der Weckruf des Frühlings durch den schlummernden Wald; um so gewaltiger regt sich nach solcher Winterruhe das Leben, welches die ersten Regen der befruchtenden Jahreszeit hervorrufen.

Ich will denFrühling jener Länder wählen, um deren Urwälder zu schildern, so gut ich dies vermag. Der Herold und Träger der Regenwolken, der Südwind, muß noch im Kampfe mit den kühlenden Luftströmungen aus Norden liegen, wenn der Wald alle Herrlichkeit, in welcher er auftreten kann, offenbaren und kundgeben soll, und auf einer seiner Herzadern, auf einem Strome muß man in ihn eindringen, wenn man sein reichstes Leben kennenlernen will. Der in den Gebirgen von Habesch [Abessinien] entsprungene Asrakh oder »Blaue Nil« mag diese Heerstraße sein; denn an ihr haften die köstlichsten Bilder, welche mein langes Reiseleben mir gewonnen hat, und ich vermag wohl auf ihr besserer Führer zu sein, als auf manch anderen. Ob ich aber auch Dolmetsch des Waldes werde sein können, so wie ich es sein möchte, bezweifle ich sehr. Denn der Urwald ist eine Welt voll Glanz und Schimmer und märchenhafter Pracht, ein Wunderreich, dessen Schätze noch kein Mensch vollständig zu erkennen, viel weniger zu heben vermochte, eine Schatzkammer, welche unendlich mehr spendet, als man aufnehmen kann, ein Paradies, in welchem sich die Schöpfung tagtäglich neu zu gestalten scheint, ein Zauberkreis, welcher jedem, der in ihn eindringt, großartige und liebliche, ernste und heitere, leuchtend helle und nächtig dunkle Bilder aufrollt, ein aus tausend gleichwertigen Einzelheiten bestehendes, unendlich vielgestaltiges und dennoch einheitliches und einhelliges Ganze, welches jeder Schilderung spottet.

Ein kleines, leichtes, erst zum Reiseboote umgewandeltes Fahrzeug, wie man es in Chartum, der am Zusammenflusse beider Nil-

Chamäleon

quellenströme gelegenen Hauptstadt des Ost-Sudan, eben findet, trägt uns den Fluten des hochgeschwollenen Asrakh entgegen. Die Gärten der letzten Häuser der Hauptstadt entschwinden, und die Steppe tritt bis an das Ufer des Stromes heran. Hie und da sieht man noch ein Dorf oder einzelne meist recht freundlich unter Mimosen gelegene, manchmal auch wohl mit Schlingpflanzen, welche sich von gedachten Bäumen herabgesenkt haben, begrünte und umsponnene Hütten, sonst aber ringsum nichts anderes als den wogenden Graswald und die wenigen aus ihm sich erhebenden Bäume und

Gesträuche der Steppe. Schon nach kurzer Fahrt aber bemächtigt sich der Wald des Ufers, streckt seine stachelbedeckten oder dornigen Äste sogar noch über dasselbe hinaus. Fortan fördert die Reise wenig. Der entgegenströmende Wind verwehrt zu segeln, der Wald zu treideln. Mit dem Bootshaken ziehen die Schiffsleute das Fahrzeug, Fuß um Fuß, Meter um Meter weiter stromaufwärts, und nur, wenn einer von ihnen in der dichten Heckenmauer des Ufersaumes eine Lücke erspäht, auf welcher er fußen kann, stürzt er sich, das Zugseil zwischen den Zähnen, seinen sterblichen Leib Muhsa, dem Schutzheiligen aller Schiffer, empfehlend und um Abwehr der hier häufigen Krokodile flehend, hinab in den Strom, schwimmt stromaufwärts bis zu der ins Auge gefaßten Stelle, schlingt das Seil um einen Baumstamm und läßt seine Genossen das Fahrzeug bis dahin ziehen. So arbeiten die Leute vom frühen Morgen bis zum späten Abende, und wenn der Tag endlich vorüber ist, haben sie den Reisenden vielleicht um eine, höchstens um zwei geographische Meilen gefördert. Gleichwohl fliehen die Tage dahin, ohne daß derjenige, welcher zu sehen und zu hören gelernt hat, von Langweile geplagt wird. Dem Naturforscher, wie jedem sinnigen Beobachter überhaupt, bietet jeglicher Tag etwas Neues, dem Sammler reichen Stoff in jeder Beziehung.

Noch ein und das andere Mal stößt man auf Spuren des Menschen. Wer ihnen vom Ufer aus folgt, gelangt auf schmalem, durch dichtes Gebüsch beiderseitig eng begrenztem Wege zu den Wohnstätten eines merkwürdigen Völkchens. Es sind Hassanie, welche hier hausen. Da, wo die Bäume des Waldes weniger dicht stehen, und dieser nicht ein drei- bis vierfaches Kronendach übereinander aufbaut, sondern aus hochgewipfelten, schattigen Mimosen, Kigelien, Tamarinden- und Affenbrotbäumen zusammengesetzt ist, wurden die allerliebsten zelt- oder budenartigen, von allen übrigen im Sudan üblichen Wohnungen abweichenden Hütten unserer Leute errichtet. »Hassanie« bedeutet: die Nachkommen Hassans, und Hassan: der Schöne; und in der Tat, nicht umsonst führt der Stamm diesen Namen. Denn die Hassanie sind unbestritten die schönsten Menschen, welche im unteren und mittleren Stromgebiete wohnen, und namentlich die Frauen übertreffen fast alle übrigen Sudaner an Wohlgestalt des Leibes, Regelmäßigkeit der Gesichtsbildung und Helligkeit der Hautfarbe; Männer und Frauen bewahren auch treu überaus seltsame Sitten, welche andere Menschen freilich richtiger Unsitten nennen. Die Hassanie sind daher ebenso berühmt als berüchtigt, werden ebenso gesucht als gemieden, ebenso gepriesen als bespöttelt, ebenso verherrlicht als geschmäht. Den unbefangenen, nach Kenntnis und Kunde der Sitten und Gebräuche strebenden Fremden ergötzen sie aufs höchste, wenn nicht ihrer Schönheit, so doch ihrer jeden schwer bestechlichen Mann erheiternden Gefallsucht halber. Letztere tritt noch bei weitem weniger verhüllt entgegen als das Selbstbewußtsein, welches Schönheit verleiht: sie wollen und müssen gefallen. Erhaltung ihrer Schönheit ist ihr höchstes Streben und gilt ihnen mehr als jeglicher sonstige Gewinn. Um dem Sonnenbrande, welcher ihre hellbraune Haut dunkeln könnte, zu entgehen, hausen sie im Schatten des Waldes, begnügen sich mit wenigen Ziegen, den einzigen Haustieren außer den Hunden, welche jener zu halten gestattet, und verzichten auf den Reichtum, welchen zahlreiche Rinder- und Kamelherden ihren die Steppe durchwandernden Stammesverwandten gewähren; um ihre Reize nicht zu schädigen, trachten sie vor allem anderen danach, Sklavinnen zu erwerben, welche ihnen jede beschwerliche Arbeit abnehmen müssen; um Gesicht und Wangen zu zieren, ertragen sie, schon als kleine Mädchen, heldenmütig die Schmerzen, welche die Mutter ihnen bereitet, indem sie mit dem Messer drei tiefe, gleichlaufende, senkrechte Wunden in die Wangen schneidet, damit hier ebensoviele dickwulstige Narben entstehen, oder indem sie mit einer Nadel Stirn-, Schläfe- und Kinnhaut durchsticht, in die Wunden Indigopulver einreibt und so blaue Zierschnörkel hervorruft; um ihre blendendweißen, geradezu schimmernden Zähne nicht zu verderben, genießen sie nur lauwarme Speisen; um ihren äußerst künstlichen, aus Hunderten feiner Zöpfchen bestehenden, mit arabischem Gummi gesteiften und reich eingefetteten Haarputz möglichst lange zu erhalten, verschmähen sie jegliche andere Stütze des Kopfes, als ein schmales, halbmondförmiges Holzgestell, auf welchem sie beim Schlafen ihr Haupt ruhen lassen; um ihrem Schönheitssinn zu genügen, vielleicht auch, um von jedem Bewohner oder Besucher ihrer Niederlassung gesehen und bewundert werden zu können, ersannen sie die eigentümliche Bauart ihrer Hütten.

Letztere lassen sich vielleicht am besten mit unseren Marktbuden vergleichen. Ihr Boden, welcher aus dicht nebeneinander gelegten, untereinander verbundenen, daumenstarken Ruten besteht, liegt auf einem Pfahlgerüste, welches ungefähr einen Meter über den Boden sich erhebt und allem kriechenden Ungeziefer den Zugang zum Wohnraum erschwert, auch gegen die Bodenfeuchtigkeit schützt; ihre Wände bestehen aus Matten, ihr auf der offenen Nordseite überhängendes Dach aus regendichtem Zeuge, welches aus Ziegenwolle gewebt wurde. Sauber geflochtene Matten aus Palmenblattstreifen decken den beschriebenen Fußboden; zierlich gearbeitete Flechtereien, Muschelgehänge, wasserdicht geflochtene Körbchen, Tongeschirre und Trinkschalen, aus der einen Hälfte des Flaschenkürbis bestehend, bunte, ebenfalls geflochtene Speiseschalen nebst Deckeln und dergleichen Sachen schmücken die Wände. Jedes einzelne Gerät ist ebenso hübsch gearbeitet wie sauber gehalten; Ordnung und Reinlichkeit der ganzen Hütte besticht jedes Auge um so mehr, als beides so selten gesehen wird.

In solcher Hütte verbringt und verträumt die Hassanie den Tag. Aufs beste geschmückt, Haar und Haut mit wohlriechender Salbe gefettet, den Oberleib in ein langes, leicht gewebtes und daher durchsichtiges Tuch, den unteren Teil des Körpers in ein rockartig umgeschlungenes Stück Zeug gehüllt, die Füße mit sorgfältig gearbeiteten Sandalen bekleidet, Hals und Busen mit Ketten und Amuletten, die Arme mit Spangen aus Bernsteinstücken, einen Nasenflügel womöglich mit einem silbernen, vielleicht sogar goldenen Ringe geziert, sitzt sie geborgen im Schatten und erfreut sich ihrer Schönheit. Ihre kleine Hand beschäftigt sich mit Anfertigung einer Flechterei, eines sonstigen Hausgerätes oder Kleidungsstückes, handhabt vielleicht auch nur die Zahnbürste, eine an beiden Enden zerfaserte, zum bestimmten Zwecke vortrefflich geeignete Wurzel. Alle Arbeit, welche der Haushalt erfordert, nimmt ihr die Sklavin, alle Mühewaltung, welche die Beaufsichtigung und Nutzung der kleinen Herde beansprucht, der dienstfertige, überaus gefällige Gatte ab. Wohldurchdachte, seltsame Eheverträge, wie sie unter ihrem Stamme üblich sind und trotz aller Machtsprüche und Eingriffe der Beherrscher des Landes fort und fort aufrecht erhalten werden, gewährleisten ihr unerhörte Rechte. Sie ist Herrin im unbeschränktesten Sinne des Wortes, Herrin auch ihres Gatten, mindestens so lange, als ihre Reize blühen; erst wenn sie verwelkt und alt wird, lernt auch sie die Vergänglichkeit aller irdischen Herrlichkeit erkennen. Bis dahin tut sie, einzig und allein durch von ihr selbst zugestandene Grenzen ihrer Freiheit gehemmt, was zu tun sie für gut befindet. Solange die Baumkronen um ihre Hütte nicht tiefsten Schatten gewähren, verläßt sie ihre Behausung nicht, heißt dafür aber jedermann, insbesondere jeden Fremden, welcher bei ihr einspricht, herzlich willkommen und wahrt, mit oder ohne Zutun des Gatten, die Ehre des Stammes: beinahe schrankenlose Gastlichkeit. Und dennoch beginnt erst, wenn der Abend sich herniedersenkt, ihr eigentliches Leben. Noch bevor die Sonne zu Rüste gegangen, regt und bewegt es sich in der Niederlassung. Eine Freundin besucht die andere; zu beiden gesellen sich andere Frauen; Trommel und Zither locken die übrigen hinzu; und schlanke, bewegliche, schmieg- und biegsame Gestalten ordnen sich zum erheiternden Tanze. Zarte Hände tauchen die Trinkschale in die bauchige, mit Merisa oder Durrabier gefüllte Urne, um auch Männerherzen zu beglücken. Alt und jung strömt zusammen und feiert um so freudiger das abendliche Fest, da die Gegenwart fremder Besucher es verherrlicht. Außerordentlich ist die Gastlichkeit aller Sudaner, so außerordentlich wie die der Hassanie aber die keines anderen Stammes.

Im Verlaufe der Reise trifft man noch einige Male Ansiedelungen dieser Waldhirten, einige Male auch Dörfer anderer Sudaner; dann endlich, nach fast monatelanger Fahrt, gelangt man in das Gebiet, welches man erreichen wollte. Auf beiden Ufern des Stromes hindert ununterbrochener Wald das spähende Auge, tiefer in das Land zu schweifen. In dieser Gegend gibt es noch keine Siedelungen des Menschen, weder Felder noch Dörfer, noch zeitweilig bewohnte Lager; in diesen Waldungen hat das Echo den Schall der Axt noch nicht weiter getragen, weil der Mensch sie noch nicht auszunutzen versuchte: in ihnen hausen, noch immer fast unbehelligt, einzig und allein die Tiere der Wildnis. Undurchdringliche Hecken schließen sie nach dem Strome zu ab und wehren jedem Versuche, von ihm aus ihr Inneres zu betreten. Alle Schattierungen des Grün malen das bezaubernde, bald anheimelnde, bald völlig fremd erscheinende Bild dieser Wälder: lichtgrüne Mimosen bilden den Grund, silbern glänzende Palmwedel, dunkelgrüne Tamarindenkronen, hellgrüne Christusdorngebüsche heben sich lebhaft von ihm ab; unendlich verschiedenartig gestaltete Blätter wogen und zittern, vom Windhauche bewegt, schimmern und flimmern, bald von der einen, bald von der anderen Seite sich zeigend, vor dem ebenso übersättigten wie geblendeten Auge, welches vergeblich sich müht, das Blättergewirr zu erschließen, diese Einzelheit des Ganzen von jener zu trennen. Meilenweit erscheinen beide Ufer in derselben Weise, gleich dicht bewaldet, gleich großartig besäumt, gleich lückenlos und gleich undurchdringlich.

Da bietet sich endlich ein Pfad, vielleicht sogar ein breiterer Weg, welcher in das Innere des Waldes zu führen scheint. Aber vergeblich späht man auf ihm nach einem Abdrucke der Sohle des Menschen. Er hat ihn nicht gebahnt: die Tiere des Waldes waren es, welche ihn bildeten. Eine Elefantenherde schritt durch das verfilzte Dickicht, um von der wasserlosen Höhe des Ufers zum Strome zu gelangen. In langer Reihe einander folgend, durchbrachen die gewaltigen Tiere widerstandslos das tausendfach ineinander verschlungene Unterholz und ließen einzig und allein durch die stärksten Hochbäume von ihrem Wege sich ablenken. Hinderliche Äste und Stämme von der Stärke eines Mannesschenkels wurden von ihnen abgebrochen, entzweigt, entlaubt, bis auf die ungenießbaren Teile verzehrt und dann zur Seite geworfen, den Boden wuchernd bedekkende Gebüsche mit den Wurzeln ausgerissen, in gleicher Weise ausgenutzt und entfernt, Gras und Kraut niedergetreten und zerstampft. Was die vordersten übrigließen, fiel den hintersten zum Opfer, und so entstand eine begehbare, meist tief in das Innere des Waldes sich erstreckende Straße. Andere Tiere sorgten dafür, sie noch besser auszutreten und in gangbarem Zustande zu erhalten. Auf solchem Wege dringt das zur Nachtzeit den Fluten des Stromes entsteigende Nilpferd in den Wald ein, um in ihm zu weiden; seiner bedient sich das Nashorn, um vom Walde aus zur Tränke zu gehen; auf ihm zieht der blindwütende Wildbüffel zu Tale und nach der Höhe zurück; auf ihm schreitet der Löwe durch sein Gebiet; auf ihm kann man ihm oder dem Leoparden, der Hyäne und anderen Raubtieren des Waldes begegnen. Wir betreten ihn und dringen vor.

Nach wenigen Schritten umgibt uns allseitig der großartige Wald. Aber vergeblich erscheint es auch hier, die Stamm- und Ast-, Zweig- und Trieb-, Ranken- und Blättermassen entwirren zu wollen. Mauergleich schließt sich der Wald auch zu beiden Seiten solches Weges ab. Ununterbrochen starren dicht ineinander verfilzte, selbst dem Blicke unzugängliche, den Boden allüberall bedeckende Gebüsche entgegen; nur durch sie verdrängt, sprossen zwischen ihnen allerlei Gräser auf und bilden einen zweiten Unterwald im Unterwalde; unmittelbar über jenen recken hochstämmigere Gebüsche und niedere Bäume die Zweige ihrer Kronen nach allen Seiten; über ihnen entfalten wiederum höhere Bäume ihre Wipfel; und über sie endlich erheben sich die Baumriesen des Waldes. Weitaus die meisten Buscharten des Unterholzes sind dicht mit Dornen, die über sie emporragenden Mimosen mit langen, harten und spitzigen Stacheln bewehrt, selbst die Gräser mit klettenartigen, ringsum fein bestachelten Samenkapseln oder häkchenbesetzten Ähren ausgerüstet, so daß jeder Versuch, vom Wege ab einzudringen, tausend Hindernissen begegnet. Der erlegte Vogel, welcher im Herabfallen auf einem der nächsten Büsche hängen bleibt, geht dem Schützen verloren, weil dieser, ohne Aufwand unverhältnismäßiger Mittel, nicht imstande ist, bis zu jenem Busche zu gelangen; das Wild, welches vor dem Auge des Jägers in einem Busche sich verbirgt, hat sich gerettet, weil der Jäger es nicht mehr wahrzunehmen vermag: ein etwa drei Meter langes Krokodil, welches wir einmal im Walde aufscheuchten, entging uns, weil es sich in einem zufälligerweise einzeln stehenden Busche unseren Augen so vollständig zu entziehen wußte, daß wir nicht eine Schuppe von ihm erspähten, also auch keinen Schuß abgeben konnten.

Noch immer strebt man vergeblich, die Fülle der Eindrücke zu bewältigen, ein Bild von dem anderen zu trennen und zu erfassen, einen Baum vom Boden an bis zum Wipfel hinauf zu betrachten, die Blätter des einen von denen eines anderen zu unterscheiden. Vom Strome aus war es möglich, einzelne der frischgrünen Tamarinden von den sie umgebenden verschiedenartigen Mimosen zu sondern, die prachtvolle, entfernt an unsere Ulmen erinnernde Kigelie zu erkennen, an einem den übrigen Wald überragenden Palmenwipfel sich zu erfreuen: inmitten des Waldes verschmelzen sämtliche Einzelheiten zu einem einzigen, unzertrennlichen Gesamtbilde. Alle Sinne werden in gleicher Weise in Anspruch genommen. Aus demselben Laubgewölbe, welches das Auge zu erschließen sucht, strömen balsamische Düfte einzelner jetzt blühender Mimosen hernieder, klingt ein Gewirr der verschiedenartigsten Laute und Töne, vom Gegurgel der Meerkatzen oder dem Kreischen der Papageien an bis zum gegliederten Vogelgesange und tönenden Summen der jene blühenden Bäume umschwirrenden Kerbtiere hinauf, ununterbrochen in das Ohr; das Gefühl, mindestens die Empfindung wird nicht weniger, wenn auch nicht gerade in angenehmer Weise durch die unzähligen Dornen beansprucht, und auch der Geschmack kann sich an einzelnen, vielleicht erreichbaren, freilich nur wenig oder nicht zusagenden Früchten versuchen.

Endlich aber bietet sich bei weiterem Vordringen ein einzelnes, bestimmtes Bild. Gewaltig in seinem ganzen Baue, riesenhaft selbst in den feineren Ästen noch, erhebt sich ein Baum über die zahllosen Pflanzen, welche seinen mächtigen Fuß umgrünen; wie ein Riese drängt er sich hervor, schafft er sich Raum für Stamm und Wipfel. Es ist der Elefant, der Dickhäuter unter den Bäumen, die Adansonie oder Tabaldie der Eingeborenen, der Boabab oder Affenbrotbaum. Staunend bleibt man stehen, um ihn zu betrachten, denn an solchen Anblick, wie er ihn bietet, muß sich das Auge erst gewöhnen, bevor es alle Einzelheiten des Ganzen zu erfassen vermag. Man denke sich einen Baum, dessen Stammumfang, in Mannshöhe gemessen, bis zwanzig Klafter erreichen kann, dessen untere Äste immer noch unsere stärksten Baumstämme an Dicke überbieten, dessen Zweige starken Ästen gleichen und dessen jüngste Schößlinge in mehr als Daumendicke hervorsprossen; man denke sich, daß dieser mächtige Pflanzenriese bis zu ungefähr vierzig Meter Höhe sich aufbaut und seine unteren Äste fast bis zur Hälfte dieses Maßes ausreckt, und man wird sich den Eindruck vorstellen können, welchen er auf den Besucher ausübt. Unter allen Bäumen der Urwälder dieser Gegend verliert der Affenbrotbaum am frühesten seine Blätter und verharrt am längsten in seiner Winterruhe; während dieser Zeit strecken sich alle Äste und Zweige kahl in die Luft hinaus, und hängen seine an langen, biegsamen Stielen befestigten Früchte, welche Zuckermelonen an Größe gleichen und zwischen den Samen mehliges, säuerlich schmeckendes Mark enthalten, von den meisten Ästen hernieder: ein Anblick, welcher dem Gedächtnisse für alle Zeiten sich einprägt. Wenn aber nach den ersten Frühlingsregen große, fünffach gespaltene Blätter hervorbrechen, sich entwickeln und das Wunder dieser Baumkrone vollenden helfen; wenn zwischen den Blättern die langgestielten Knospen weißer Blüten von Rosengröße sich entfal-

Graupapagei oder Jako

ten, wandelt sich der unvergleichliche Riesenbaum wie durch Zauberei zu einem ungeheuren Rosenstocke von unbeschreiblicher Pracht, und Bewunderung ergreift die Seele selbst des nüchternsten Menschen im Tiefinnersten.

Mit der Adansonie kann sich kein anderer Baum des Urwaldes messen; ihr gegenüber verliert selbst die Dulebpalme, welche ihre Krone über alle sie umgebenden Wipfel zu erheben pflegt, an Reiz und Anziehungskraft. Und doch ist sie einer der herrlichsten Bäume Innerafrikas und eine der schönsten Palmen der Erde: ihr Stamm eine Säule, wie sie kein Künstler schöner erdenken könnte, ihre Krone ein Knauf, wie er zu solcher Säule paßt. Der senkrecht aufsteigende, über dem Boden verdickte Stamm verjüngt sich in augenfälliger Weise bis zur unteren Hälfte seiner Höhe, beginnt hier sich auszubauchen, verjüngt sich nochmals und schwillt unter der Krone noch einmal an; diese selbst besteht aus breiten, kaum weniger als einen Geviertmeter umfassenden Fächerblättern, deren Stengel allseitig in gerader Richtung vom Mittelpunkte abstehen und daher die Krone in ausdrucksvollster Weise gestalten. Unter ihnen brechen die Fruchttrauben hervor und vermehren, da die Früchte die Größe eines Kinderkopfes erreichen, die Zierde, welche diese herrliche Krone nicht allein ihrem Stamm, sondern dem ganzen Walde verleiht, noch wesentlich.

An das Riesenhafte klammert das Märchen sich an, an und in ihm erlebt es, gestaltet es sich, gewinnt es Verständnis. Solcher Gedanke drängt sich auf, wenn man, wie es oft der Fall, eine Adansonie überrankt und umsponnen sieht von einer der Schlingpflanzen, welche in reicher Fülle auch diese Urwaldungen zieren und schmücken. Mir hat die Schlingpflanze stets als Sinnbild des arabischen Märchens erscheinen wollen. Denn wie sie keinen Nährboden zu bedürfen scheint und dennoch ihm entsproßte, ihre hauptsächliche Nahrung aber dem Äther entnimmt; wie sie ihre Ranken von Baum zu Baum windet, an jedem sich festkettet und trotzdem weiter strebt, bis sie endlich auf einem Wipfel sich entfaltet und den sonst blütenlosen mit leuchtenden und duftenden Blumen begabt: so scheint auch das Märchen, wie fest es im Tatsächlichen wurzeln möge, nicht der Wirklichkeit entstammt zu sein, greift, um sich zu stärken, bis in den Himmel hinauf und sendet seine Dichtung durch die Welt, bis es ein Herz findet, welches durch diese erglüht. Wenn ich der Schlingpflanze gedenke, meine ich nicht eine einzige Pflanzenart, sondern umfasse mit dem einen Ausdrucke alle Gewächse, welche hier in dichten Schraubenwindungen einen Stamm umstricken, dort einen kahlen Wipfel umranken, an einer Stelle viele Bäume verketten, an einer anderen einen einzigen begrünen und bekränzen, in diesem Teile des Waldes als nackte Ranken Brücken von Ast zu Ast schlagen, in jenem den Weg sperren helfen und sonst noch in hundertfach verschiedener Weise, immer aber rankend und kletternd, auftreten. Ihre Schönheit, der Reiz, welchen sie auf den Nordländer ausüben, läßt sich empfinden, nicht aber beschreiben; denn wie sich der Anfang und das Ende einer Schlingpflanze oft nicht erkennen läßt, will sich auch der Ausdruck nicht finden, welcher der Beginn oder der Schluß einer befriedigenden Schilderung sein müßte. Die

Schlingpflanze ist greifbar vorhanden und dennoch der Beobachtung entrückt; man verfolgt bewundernd den Pfad ihrer Ranken, ohne ergründen zu können, woher sie kommen und wohin sie gehen; man schwelgt im Anschauen ihrer Blüten, ohne imstande zu sein, sie zu erlangen, oft ohne mehr als zu ahnen, daß sie von ihr stammen. Sie erst drückt dem Walde Siegel und Gepräge des Urwaldes auf.

Und nicht bloß eigene Blüten entfaltet sie, sondern auch mit fremden weiß sie sich zu schmücken. Auf ihren Ranken ruhen mit Vorliebe gewisse Prachtvögel des Waldes und werden ihnen zu lebendigen Blumen, welche die eigenen Blüten an Reiz und Anziehungskraft noch bei weitem übertreffen. Zuweilen geschieht es, daß ein blitzender Schein, vergleichbar einem von glatter und spiegelnder Fläche zurückgeworfenen Sonnenstrahle, das ihren Ranken folgende Auge streift und den Blick der Stelle zulenkt, von welcher er ausging. Der Schimmer ist in der Tat nichts anderes als ein widergespiegelter Sonnenstrahl, welcher das atlasglänzende Gefieder eines Glanzstares trifft und bei jeder Bewegung des prachtvollen Vogels abgelenkt und bald nach oben, bald nach unten geworfen wird. Entzückt von der wundervollen Schönheit dieses einen Vogels, möchte man ihn studieren, jede seiner Lebensäußerungen belauschen, würde man nur nicht fortwährend durch neue Erscheinungen abgezogen. Denn auch hier verdrängt ein Bild unablässig das andere. Da wo einen Augenblick vorher der Glanzstar sich zeigte, erscheint vielleicht unmittelbar darauf ein nicht minder glänzender und schimmernder Goldkuckuck, ein an Pracht des Gefieders mit Kolibris wetteifernder Honigsauger, ein Paar reizender Bienenfresser, eine im lebhaftesten Gefieder prangende Rake, ein nicht minder schöner Liest, ein Paradiesschnäpper, dessen lang herabwallende mittleren Schwanzfedern dem kleinen Vogel zu überraschender Zierde gereichen, ein Helmvogel, welcher bei jedem Flügelschlage seine tief purpurroten Schwingen entfaltet, ein Würger, dessen leuchtend rote Brust jene Schwingen noch überbietet, ein absonderlich gestalteter Nashornvogel, ein Goldwebervogel, eine Wida, ein metallisch glänzender Baumhopf, ein zierlicher Specht, eine blattgrüne Taube, ein Flug ebenso gefärbter Papageien und manch anderer gefiederter Bewohner des Urwaldes mehr. Dieser ist eben eine besonders bevorzugte Heimstätte der Vögel, bietet vielen Hunderten und Tausenden verschiedener Arten von ihnen Herberge und Nahrung und bringt daher sie fort und fort, viel eher und ungleich häufiger als alle übrigen Tiere, denen er Obdach gewährt, vor das Auge des Beobachters. Vögel bewohnen und beleben alle Teile, alle Kronenschichten des Waldes, den Boden wie die höchsten Wipfel, die undurchdringlichsten Gebüsche wie das blätterlose Geäst der Adansonien. Zwischen den Gräsern und anderen Pflanzen, welche den Boden wuchernd bedecken, bahnen sich Frankolin-, vielleicht auch Perlhühner ihre verschlungenen, durch wiederkehrenden Gebrauch zuletzt wohlausgetretenen Pfade; in den laubigen Räumen über dem Wurzelstocke der Gebüsche haben sich kleine Tauben, im sperrigen Teile ihrer Wipfel verschiedenartige Prachtvögel, insbesondere Honigsauger und Schmuckfinken angesiedelt; zu den am dichtesten verfilzten, gänzlich ineinander verflochtenen, undurchdringlich erscheinenden Buschkronen schwirren, abgeschossenen Pfeilen vergleichbar, Familien von Mäusevögeln heran, welche kriechend und sich schmiegend, jede Lücke benutzen, durch jede Öffnung sich zwängend, sie dennoch zu durchdringen und im Inneren auszubeuten verstehen; an den über jene Gebüsche emporragenden Stämmen hängen und klettern, jeden Rindenspalt untersuchend, Baumhopfe, Meisen und Spechte; auf den untersten Zweigen der zweiten Wipfelschicht sitzen, fliegender Beute harrend, die liebenswürdigen Bienenfresser oder Raken, Paradiesschnäpper und Drongos; auf den stärkeren Ästen der dritten Schicht hüpfen tänzelnd Helmvögel entlang, schreiten würdevoll kleine Reiher auf und nieder, schlafen, an den Stamm geschmiegt, Uhus und andere Eulen; im dichten Gelaube der höchsten Bäume treiben sich Papageien und Bartvögel umher; auf ihren obersten Wipfelästen haben sich Adler, Falken und Geier niedergelassen. Wohin man das Auge richten will: einen Vogel wird es erspähen.

Entsprechend solcher Allverbreitung und Allgegenwart treffen ununterbrochen die verschiedensten Vogelstimmen das Ohr. Es lockt und ruft, piept und pfeift, flötet und zwitschert, trillert und schmettert, ruckst und girrt, gackert und knarrt, schreit und kräht, kreischt und krächzt, singt und schlägt auf allen Seiten, in der Höhe wie in der Tiefe, um die Mittagszeit wie in den Früh- oder Abendstunden. Hundertfach verschiedene Stimmen erklingen gleichzeitig und durcheinander, vereinigen sich oft zu einem an und für sich großartigen Tonspiel, oft auch wiederum zu einem sinnberückenden Tonwirrsal, welches man vergeblich zu zergliedern versucht und erst nach längerer Übung in seine Einzelheiten zu zerlegen lernt. Mit Ausnahme der Drosseln, Bülbüls und Buschsänger, Baumnachtigallen und Drongos gibt es wirkliche Sänger nicht, wohl aber anziehende Schwätzer und gemütliche Plauderer, vor allem jedoch unendlich viele Schreier, Kreischer, Krächzer und andere, mehr oder minder gellend sich äußernde Lautgeber; das Stimmengetön des Urwaldes kann sich daher an Reiz und Wohlklang mit dem Frühlingsgesange unserer Wälder nicht im entferntesten messen, zeichnet sich dafür aber durch Absonderlichkeit und Eigenartigkeit der einzelnen Stimmen aus. Wildtauben rucksen, girren, heulen, lachen und rufen von den Wipfeln herab wie aus den dichten Gebüschen hervor; Frankolin- und Perlhühner schmettern laut dazwischen; Papageien kreischen dazu; Raben krächzen darein; Lärmvögel bemühen sich, das sonderbare Gurgeln einer Meerkatzenbande auf das getreueste nachzuahmen, während die Helmvögel Laute hervorbringen, welche wie die eines Bauchredners klingen; Bartvögel pfeifen laut in getragenem Tone oder tragen gemeinschaftlich einen schallenden, so verworrenen und dennoch so ausdrucksvollen Gesang vor, daß man denselben zu den bezeichnendsten Naturlauten des Waldes zählen muß; die schimmernden Glanzstare singen, indem sie die wenigen rauhen, bald krächzenden, bald kreischenden, bald quietschenden, bald knarrenden Laute, über welche sie verfügen können, in endloser Wiederholung aneinanderreihen, miteinander verbinden, verschmelzen, vertönen; der prachtvolle Schreiseeadler, welcher an allen Wasserläufen und Wasserbecken des Waldes seßhaft ist, betätigt seinen Namen. Hoch auf der Spitze eines Baumwipfels sitzt der »Abu Tok« (Erzeuger des Stimmlautes »Tok«) der Eingeborenen, ein kleiner Nashornvogel, ruft sein »Tok« laut in die Wildnis hinaus und begleitet jeden Laut mit einer tiefen Neigung seines durch den unverhältnismäßig großen Schnabel beschwerten Kopfes. Nur diesen einen Laut hat er in seiner ungefügen Kehle, und mit ihm muß er dem umworbenen oder verbundenen Weibchen ebenso verständlich seine Liebe erklären, wie die Nachtigall die ihrige mit ihrem bezaubernden Liede. Das seine Brust schwellende Hochgefühl ringt nach Ausdruck. Rascher und rascher folgen sich die einzelnen Rufe, schneller und

Der »Tok« oder Rotschnabeltoko, ein Nashornvogel

schneller die dazu gehörigen Verneigungen, bis das schwere Haupt dieselben nicht mehr begleiten kann, nach Ruhe verlangt und damit ein Satz des eigentümlichen Liebesliedes endet, um wenige Minuten später in gleicher Weise begonnen und ausgeführt zu werden. Aus dem unnahbaren Dickicht erschallt die Stimme des Hagedasch oder

Waldibis, und gelinder Schauder erfaßt die Seele des Beobachters. Es ist ein Klagegesang der jammervollsten Art, welchen dieser Vogel zum besten gibt; es klingt, als ob ein kleines Menschenkind peinlich gequält, etwa über schwachem Feuer langsam geröstet werden sollte und laut aufschriee unter aller Marter; denn langgezogene klägliche Laute wechseln mit gellenden Schreien, jähes Aufkreischen mit ersterbendem Gewimmer. Aus höher gelegenen Teilen des Waldes, von dort her, wo letzterer kleine Blößen umschließt, schmettern die weit hörbaren, metallreichen Trompetentöne des Kronenkranichs hernieder, welcher mit ihnen seine zierlichen und lebhaften, zur Ehre des Weibchens angeführten Tänze anfeuern zu wollen scheint und Widerhall weckt im Walde wie in der Kehle aller gleich ihm mit schallenden Stimmen ausgerüsteten Vögel, so daß sein Geschrei Anstoß zu neuem, gleichzeitigem Aufkreischen einer erheblichen Anzahl anderer Vögel wird. Auf solche Veranlassung hin probt fast jeder stimmbegabte Vogel seine Kehle, und eine Flut der verschiedensten Laute übertönt für Augenblicke die Einzelstimmen. Aber nicht allein verschiedene Arten der gefiederten Bewohner des Waldes wirken gemeinschaftlich an dem Tonstücke, sondern sogar die verschiedenen Geschlechter einer Art vereinigen sich, um den auf sie kommenden Gesangsteil auszuführen. Wie die erwähnten Bartvögel schreien auch die Droßlinge, die Lärmvögel, Frankolin- und Perlhühner stets zu gleicher Zeit zusammen auf und bringen dadurch jene verworrenen Tonsätze zustande, welche aus dem allgemeinen Stimmgewirr bezeichnend hervorschallen. Einige Vogelarten, namentlich die Buschwürger, aber verfahren anders, indem hier Männchen und Weibchen eines Paares je einen besonderen Tonsatz ausführen. Das Männchen der einen Art, welche ich kennen lernte, des Scharlachwürgers, singt eine kurze Strophe, welche an den verschlungenen Pfiff unseres Pirols erinnert, das einer anderen, des Flötenwürgers, trägt drei glockenreine Flötentöne vor, welche Terz, Grundton und Oktave treffen. Unmittelbar auf sie folgt die Antwort des Weibchens, in beiden Fällen ein unangenehmes, schwer zu beschreibendes Krächzen, so taktrichtig und sicher, als wären die Vögel von einem Tonkünstler unterrichtet worden. Zuweilen geschieht es, daß das Weibchen beginnt und vier- bis sechsmal kreischt, bevor es Antwort erhält; dann fällt das Männchen wieder ein, und beide wechseln fortan mit gewohnter Regelmäßigkeit ab. Ich habe mich von diesem Zusammenwirken beider Geschlechter durch Versuche überzeugt, insbesondere bald das Männchen, bald das Weibchen erlegt und immer gefunden, daß dann nur noch das überlebende Geschlecht sich vernehmen ließ. Leider vermißt man auch in diesen, anfangs fesselnden Tönen die Reichhaltigkeit und den Wechsel, in dem ganzen Stimmengewirr den Wohllaut und Einhall des Vogelgesanges unserer heimischen Wälder; eine großartige und markige Weise aber ist es dennoch, welche der Urwald zu hören gibt, wenn in der Zeit des Frühlings alle die Hunderte und Tausende der verschiedenartigen Stimmen durcheinander klingen, Millionen von Kerbtieren die blühenden Bäume umschwirren und dadurch ein lautes, tönendes Gesumm hervorrufen, zahllose Eidechsen und Schlangen im dürren Laube rascheln und bald der gellende, aus der Höhe dennoch klangvoll niedertönende Adlerruf oder das Trompetengeschmetter der Kronenkraniche und Perlhühner zeitweilig alle übrigen Stimmen überbietet, gleich darauf in unmittelbarer Nähe des lauschenden Ohres ein Buschsänger sein ansprechendes Liedchen vorträgt, und von neuem einer der Schreier anhebt, um in tausend Kehlen Widerhall zu wecken.

Wird man vertrauter im Urwalde, als man anfänglich zu hoffen wagte, so gestattet dieser anziehende Einblicke in den Haushalt der Tiere und wiederum zunächst der Vögel. Noch herrscht der Frühling und mit ihm die Liebe in aller Herzen. Sie singen und kosen, bauen an ihren Nestern und brüten. Schon vom Boote aus kann man die Nistansiedelungen einzelner Arten wahrnehmen.

In genügender Höhe über der obersten Flutmarke des Hochwassers, an einer senkrecht abfallenden Stelle der Uferwand, haben Bienenfresser ihre engen, aber tiefen, am inneren Ende backofenförmig erweiterten Bruthöhlen ausgegraben. Auf wenige Geviertmeter Fläche drängt sich die Siedelung zusammen, obgleich mindestens dreißig, gewöhnlich achtzig bis hundert Paare sich vereinigten: der kreisrunde, drei, vier oder fünf Zentimeter im Durchmesser haltende Eingang einer Höhle steht höchstens fünfzehn Zentimeter von dem einer anderen entfernt. Kaum begreift man, wie es möglich ist, daß jedes Paar den Eingang zu seiner Höhle von anderen unterscheidet; gleichwohl fliegen die leichtbeschwingten gewandten Vögel, selbst wenn sie von ferne herbeieilen, ohne Zögern oder auch nur Besinnen in die rechte Höhle: ihr unvergleichlich scharfes

Auge, welches noch auf hundert Schritte Entfernung eine vorübersummende Fliege wahrnimmt, täuscht sie nie. Ihr reges, lebhaftes Treiben vor der Ansiedelung gewährt ein ungemein fesselndes Schauspiel. Alle Bäume oder Gebüsche der Umgebung sind mit mindestens einem Paare der geselligen schönen Vögel geziert; auf jedem zum Ausluge geeigneten Zweige sitzt ein verbundenes Paar, und jeder Gatte desselben nimmt zärtlich teil an allem, was den anderen betrifft. Vor den Nisthöhlen geht es zu wie vor einem Bienenstock: einige schlüpfen ein, andere aus; diese kommen, jene gehen; viele umschweben beständig die Eingänge zu ihren Bruträumen. Erst mit Eintritt der Nacht, welche alle in den Höhlen verbringen, wird es ruhig und still.

An anderen Stellen des Ufers, wo Hochbäume über das Wasser sich neigen oder dieses während seines höchsten Standes sie umflutet, haben sich Edelwebervögel angesiedelt. Auch sie brüten stets gesellig, erbauen aber frei schwebende, an den äußersten Zweigspitzen befestigte, sehr künstlich aus Halmen oder Fasern zusammengeflochtene Nester. Keine lüsterne Meerkatze, kein anderer eierraubender Feind, nicht einmal eine Schlange kann sich, ohne Gefahr zu laufen, herab und ins Wasser zu stürzen, so angebrachten Nestern nähern. Mindestens drei, in der Regel aber vierzig bis sechzig Webervögel brüten auf einem und demselben Baume, und ihre Nester verleihen demselben daher ein sehr bezeichnendes Aussehen, geben sogar der Landschaft ein hervorstechendes Gepräge. Abweichend von anderen Vögeln, bauen nicht die Weibchen, sondern die Männchen, sie aber mit so ungezügeltem Eifer, daß sie sich auch dann zu schaffen machen, wenn dem wirklichen Bedürfnisse bereits Genüge geschehen ist. Einen eben abgebissenen Halm oder eine ausgezaserte Faser im Schnabel herbeischleppend, kommen sie angeflogen, hängen sich mit den Füßen am Zweige oder dem Neste selbst fest, erhalten sich durch schwirrende Flügelschläge in ihrer Lage und Stellung und verbauen unter beständigem Singen die zugebrachten Stoffe. Ist ein Nest bis auf den inneren Ausbau vollendet, so beginnen sie sofort mit dem Baue eines zweiten, dritten, reißen auch wohl bereits fertige wieder ein, um ihre Baulust zu befriedigen, und fahren so fort, bis das inzwischen brütende Weibchen ihre Hilfe bei Erziehung der Jungen beansprucht. Solche Geschäftigkeit belebt die ganze Siedelung, und die goldgelben, beweglichen, lebhaften, in

Nester der Webervögel

den verschiedensten Stellungen hängenden und sitzenden Vögel werden dem ohnehin durch die Nester gezierten Baume zum größten Schmucke.

Auf Mimosen, welche gerade während der allgemeinen Brutzeit blätterlos dastehen, haben Viehwebervögel für ihre, der unseres

Stares kaum gleichkommende Größe gewaltige Bauten errichtet. Ihre Nester stehen in dem dichtesten Wipfelgezweige der gedachten, sehr dornigen Mimosen und bestehen äußerlich ausschließlich aus dornigen Zweigen, welche ihnen ein kratzborstiges Aussehen geben, sind oft über einen Meter lang, halb so hoch und breit und enthalten innen genügend geräumige Nesthöhlen, zu denen der Größe unserer Weber entsprechende, oft gewundene, anderen Tieren unzugängliche Röhren führen. Auch auf diesen Bäumen und um diese Nester herrscht ein reges und lärmendes Getriebe.

Im Inneren des Waldes selbst stößt man, bei achtsamem Aufmerken, allüberall auf Nester, so schwierig es auch zuweilen ist, sie zu erkennen. Kleine Finken z. B. erbauen solche, welche einem vom Winde zusammengetragenen Häufchen dürren Grases zum Verwechseln ähneln, innen aber eine weich und warm mit Federn ausgekleidete Nistkammer haben; andere Vögel wählen Baustoffe, welche der Umgebung in ihrer Färbung täuschend ähnlich sind; wieder andere bauen überhaupt gar nicht, sondern legen ihre erdfarbenen Eier ohne alle Unterlage auf den Boden. Alle Höhlungen in den Bäumen sind jetzt bezogen worden, und Spechte, Bartvögel und Papageien bestreben sich, fortwährend neue zu zimmern oder doch auszuweiten und zu Brutstätten herzurichten, die Nashornvögel dagegen, zu weite Eingänge zu verkleiben. Gerade die letzteren zeichnen sich durch ihr Brutgeschäft besonders aus und verdienen daher an erster Stelle erwähnt zu werden.

Nachdem der Nashornvogel durch eifrige Werbung ein Weibchen an sich gekettet hat, sucht er mit diesem nach einer passenden Höhlung, um in ihr zu brüten. Hat er solche gefunden, so erweitert er sie mit seinem ungefügen Schnabel mühselig genug, soweit dies erforderlich ist. Dann schickt sich das Weibchen zum Legen an, und nunmehr kleiben beide Gatten, das Weibchen von innen, das Männchen von außen arbeitend, den Eingang bis auf eine Spalte zu, welche eben weit genug ist, um zu gestatten, daß das Weibchen seinen Schnabel mit der Spitze hindurchzwängen kann. Abgeschlossen von der Außenwelt, in einer vollständigen Wochenstube weilend, brütet das Weibchen sodann, und dem Männchen liegt es ob, nicht allein die vermauerte Gattin, sondern auch die später dem Ei entschlüpfenden, rasch heranwachsenden und sehr viele Nahrung beanspruchenden Jungen zu ernähren, bis diese vollständig flügge geworden sind, die Mutter den Eingang von innen öffnet und die ganze Familie feist und wohlbefiedert in die Außenwelt tritt, um fortan den Gatten und Vater, welcher unter Arbeit und Sorge, um eine so zahlreiche Familie zu unterhalten, zum Gerippe abmagerte, weiterer Mühewaltung zu entheben.

Ähnliche Gatten- und Vatertreue bestätigt auch der Schattenvogel, ein etwa rabengroßer, storchähnlicher, stiller und nächtlich lebender Bewohner des Waldes, dessen riesenhafte Nester zu den bemerkenswertesten von allen zählen. Diese Nester stehen gewöhnlich in geringer Höhe über dem Boden, in Stammzwieseln oder auf starken Ästen der unteren Krone, welche die erforderliche Tragfähigkeit besitzen; denn sie übertreffen die größten Raubvogelhorste an Umfang und Gewicht, haben oft einen Querdurchmesser von anderthalb bis zwei Meter, bei nicht viel weniger Höhe, und bestehen aus ziemlich dicken Aststücken und Zweigen, welche mit Lehm verbunden oder förmlich vermauert werden. Wer nicht zufällig bemerkt, wie der Schattenvogel aus- oder einschlüpft, wird nicht auf den Gedanken kommen, daß sie hohl sind, vielmehr die Horste großer Raubvögel in ihnen zu erkennen meinen, um so mehr, als nicht selten Adler und Uhus ihre Decke als Horststätte benutzen. Wird man jedoch durch ihren wirklichen Erbauer eines Besseren belehrt und untersucht man sie genauer, so findet man, daß sie im Inneren drei vollkommen getrennte, nur durch Schlupfgänge, also gleichsam Türen verbundene Räume enthalten, welche sich bei fortgesetzter Beobachtung als Vorzimmer, Gesellschafts- oder Speisesaal und Brutgemach erweisen. Letzteres, der hinterste Raum, liegt etwas höher als die beiden vorderen Abteilungen, so daß im Falle der Not eingedrungenes Wasser abfließen kann; der ganze Bau ist aber so trefflich gearbeitet, daß selbst heftige und lang anhaltende Regengüsse selten Schaden anrichten können. Im Brutraume liegen auf weichem Polster aus Schilf und anderen Pflanzenstoffen die drei bis fünf weißen Eier, welche die Gattin bebrütet; im mittleren Raume speichert das Männchen währenddem allerlei Futterstoffe, gefangene Fische, Frösche, Eidechsen und sonstige Leckerbissen in reichlicher Menge auf, so daß die Gattin unter den stets vorhandenen Vorräten wählen kann und nur zuzulangen braucht, um sich zu sättigen; im vordersten Raume endlich steht oder hockt der Gatte, solange er nicht mit Erwerb der Beute beschäftigt ist, um Wache zu halten und der brütenden Gattin Gesellschaft zu leisten, bis die heranwachsenden Jungen beider Tätigkeit beanspruchen.

Schattenvogel und Adler oder Uhu sind nicht das einzige Beispiel freundnachbarlichen Zusammenwohnens verschiedenartiger, in ihren Sitten und Gewohnheiten ungleicher Vögel. Auf den breiten, waagerecht vom Stamme abstehenden Fächerblättern der herrlichen Dulebpalme steht der Horst des ebenso schnellen als raublustigen Zwergwanderfalken und das Nest der Guineataube zuweilen so dicht nebeneinander, daß ein einziger Griff des Falken genügen würde, um eines der Nachbarskinder zu erbeuten. Dieser Griff aber erfolgt nicht, weil der Falke gewohnt ist, nur auf fliegende Vögel zu stoßen, und so wachsen die Kinder der Taube ungefährdet neben den Sprößlingen des Raubvogels groß, und beide Nachbarn sitzen nicht selten friedlich nebeneinander, jedes Paar neben seiner Brutstätte.

Noch eine andere Palme bot mir Gelegenheit, Vögel zu beobachten, deren Brutgeschäft mich aufs höchste überraschen und fesseln mußte. Eine einzelne Tompalme umflogen unter lebhaftem Geschrei zwerghafte Segler, nahe Verwandte unserer sogenannten Turmschwalbe, und lenkten dadurch meine Aufmerksamkeit dem Baume zu. Bei genauerer Nachforschung sah ich, daß sie sich oft zwischen die Blätter der Palme begaben, und entdeckte nunmehr in der Riefe an den Blattstielen lichte Punkte, welche ich als die Nester der Segler erkennen mußte. Ich erstieg den Baum, bog eines der Blätter gegen mich heran und fand, daß je ein Nest, dessen wesentlichsten Teil Baumwolle bildete, in dem Winkel zwischen Stiel und Blatthälfte in der unter Seglern üblichen Weise mittels Speichel festgeleimt war. Aber die Nestmulde erschien mir so flach, daß ich mich wundern mußte, wie in ihr die beiden Eier liegen bleiben könnten, wenn das große Blatt im Winde bewegt werden sollte. Und letzteres mußte beim leisesten Windhauche geschehen, geschweige denn bei Stürmen, wie solche hier zu toben pflegen! Behutsam näherte ich meine Hand zwei Eiern, um sie auszunehmen: da erfuhr ich mit Staunen, daß sie von der Mutter im Neste festgeleimt waren! Und als ich ausgeschlüpfte, kleine, noch gänzlich unbehilfliche Junge näher untersuchte, bemerkte ich mit gesteigerter Überraschung, daß auch sie in gleicher Weise im Neste befestigt waren, um auch sie gegen das Herabfallen zu schützen.

Während die Vögel durch ihre Allgegenwart, Schönheit, Lebhaftigkeit und Regsamkeit wie durch ihren Gesang oder wenigstens ihr Geschrei fortwährend die Aufmerksamkeit des achtsamen Beobachters auf sich lenken, bemerkt dieser, abgesehen noch von den sehr zahlreich auftretenden Eidechsen und Schlangen oder den hie und da überaus häufigen Kerbtieren wenig von den übrigen Bewohnern des Urwaldes, insbesondere von den in ihm hausenden Säugetieren. Eine Meerkatzenbande kann man freilich nicht übersehen, weil die diesen wie allen übrigen afrikanischen Affen eigene Lebendigkeit und Unstetigkeit sie sicherlich bald auch vor das blödeste Auge bringen oder ihr fortwährendes Gegurgel das Ohr treffen muß; an den meisten übrigen Säugetieren aber kann man auf wenige Meter Entfernung vorübergehen, ohne auch nur zu ahnen, daß solches der Fall ist. Weitaus der größte Teil aller Urwaldsäugetiere regt und bewegt sich erst nach Sonnenuntergang und sucht vor Anbruch des Tages sein Lager wieder auf; aber auch diejenigen, welche in den Morgen- und Abendstunden, angesichts der Sonne rege und tätig sind, lassen sich keineswegs so leicht beobachten, als man vielleicht meinen möchte; denn ihnen kommt die Dichtigkeit des Waldes vortrefflich zustatten. »Haben Sie«, fragte mich ein Europäer, mit welchem ich einstmals im Urwalde jagte, »nicht den Leoparden bemerkt, welcher vor wenig Minuten von mir weg und auf Sie zulief? Ich konnte nicht schießen, weil ich mein Gewehr nicht in Ordnung hatte; Sie aber müssen ihn wahrgenommen haben.« Es war nicht an dem: ich hatte von dem großen Tiere nicht das geringste gesehen, so dicht war der Unterwuchs des Waldes gewesen. Wenn letzteres nicht der Fall ist, macht sich in der Regel ein anderer Umstand geltend: die Gleichfarbigkeit des Säugetieres mit seiner Umgebung. Der grauliche Halbaffe, welcher hoch oben auf einem mit Flechten übersponnenen Aste zusammengekauert sitzt und schläft, täuscht dem Auge einen Knorren oder Auswuchs so deutlich und überzeugend vor, daß die tierische Gestalt erst dann zum Vorschein kommt, wenn der gewitzigte Jäger sein Fernglas hervorzieht und jenen Knorren scharf betrachtet; die Fledermaus, welche hoch oben frei in der Krone eines anderen Baumes hängt, gleicht ebenso wie jener einem Auswuchse, einem vergilbten Blatte; selbst das bunte Fell des Leoparden kann im Walde durch dürre Blätter und blühende Euphorbien so getreulich wiedergegeben sein, daß ich selbst einmal mit gespannter und angeschlagener Büchse bis auf fünfzehn Schritte an einen Busch, in welchen sich ein Pardel geflüchtet hatte, herangehen mußte, bevor ich Tier und Umgebung zu unterscheiden vermochte. Genau dasselbe gilt für die im Walde lebenden Antilopen, gilt für alle Säugetiere überhaupt; und sie wissen, daß dem so ist. Nicht überall im Urwalde, aber hie und da und dann stets häufig, lebt eine kleine Antilope, das Buschböckchen oder die Windspielantilope. Sie ist einer der anmutigsten aller Wiederkäuer, äußerst zierlich gebaut, nicht größer als ein vor wenig Tagen gesetztes Rehkalb und fuchsig graubläulich von Farbe, bewohnt paarweise das dichteste Unterholz des Waldes, wählt zum Lager oder ständigen Aufenthaltsorte einen bis auf den Boden herab verzweigten, laubigen Busch und tritt von hier ab schmale Pfade aus, welche in den verschiedensten Richtungen durch das Dickicht laufen. Ich habe das Tier oft erlegt; anfänglich aber erging es auch mir wie allen übrigen Reisenden und Jägern, welche es kennenlernten: ich war außerstande, es zu sehen, es sei denn, daß es, bereits aufgescheucht, wie ein Pfeil an mir vorübergehuscht wäre. »Sieh, Herr, dort vor dir, im nächsten Busche steht ein Böckchen; dort unten in der Lücke zwischen den beiden dicht belaubten Zweigen steht es ja; siehst du denn nichts?« flüsterten meine eingeborenen Begleiter mir zu. Ich strengte alle Sinne an, bohrte meine Blicke förmlich in den bezeichneten Busch und – sah nichts anderes als Zweige und Blätter; denn zu Zweigen wurden auch die zierlichen Läufe, zu einem dichtbelaubten Aste Kopf und Leib des Böckchens. Doch das Jägerauge findet sich zuletzt auch im Urwalde wieder. Wenn man einigermaßen mit den Sitten und Gewohnheiten der niedlichen Antilope vertraut geworden ist, lernt man ebensogut sie aufzufinden wie der scharfsichtigste Eingeborene. Ihr feines Gehör hat ihr den herannahenden Menschen weit früher verraten, als dieser eine Spur ihres Vorhandenseins wahrzunehmen vermochte. Durch das Geräusch der schweren Menschentritte aufgeschreckt, ist sie vom Lager aufgesprungen, einige Schritte vorwärts gegangen und in eine Lücke getreten, von welcher aus sie sehen kann, was vorgeht. Wie ein in Erz gegossenes Bildnis, starr und regungslos, ohne auch nur eines der längst schon eingestellten Gehöre fernerhin zu bewegen, ohne eines ihrer Lichter zu drehen, steht sie da und lauscht und äugt; der Lauf, welcher zum Vorwärtsschreiten erhoben wurde, verbleibt in

Dorkasgazellen

der angenommenen Lage, kein Zeichen verrät Leben. Jetzt ist es Zeit für den Jäger, rasch das Gewehr zu heben, zu zielen, zu schießen: ein Augenblick später, und das schlaue Wild ist mit einem einzigen weiten Bogensatze in den benachbarten Busch gesprungen und durch ihn gedeckt worden oder hat sich langsam niedergeduckt und so unmerklich davongeschlichen, daß kaum ein Blatt sich regte, kaum ein Halm sich rührte. In solcher Weise bringt der Urwald wechselvolle Einzelbilder vor das Auge des Beobachters. Wer sehen kann und zu suchen versteht, erschaut und findet in jedem Waldesteile und zu jeder Zeit mehr des Beachtenswerten, als er zu bewältigen vermag. Aber nicht an jedem Orte und nicht zu jeder Zeit kann man dasselbe beobachten. Hier, wo der Frühling auf Wochen, der Sommer oder der Herbst auf Tage zusammenschmilzt und der lange Winter, ebenso wie in der Steppe, fast unmittelbar nach dem Aufhören der Regen seine Herrschaft antritt, drängt sich das volle, reiche, allseitig überquellende Pflanzen- und Tierleben auf kurze Frist zusammen. Sobald die Vögel ihr Brutgeschäft beendet haben, beginnen sie zu wandern und zu streichen; sobald die Säugetiere einen Teil des Waldes ausgenutzt zu haben glauben, suchen sie einen anderen auf. Demgemäß kann und wird man an derselben Stelle zu verschiedenen Zeiten auch verschiedenen Geschöpfen begegnen oder doch wesentlich verschiedene Bilder aus dem Tierleben wahrnehmen. So belebt sich, um ein Beispiel zu geben, der Strom in demselben Verhältnisse, in welchem der Wald sich entvölkert.

Während der Stromfülle bemerkt man wenig von den Tieren, welche am und im Wasser leben. Alle Inseln liegen tief unter den Fluten begraben, alle Uferränder sind ebenfalls überschwemmt und die sonst hier wie dort hausenden Vögel infolgedessen verdrängt worden. Und wenn wirklich einmal ein Krokodil seinen Kopf und einige Schuppen seines Rückens über die Oberfläche hebt, muß dies in geringer Entfernung vom Boote geschehen, wenn man es überhaupt bemerken soll. Es bleiben also, streng genommen, nur die stellenweise häufigen Nilpferde und die über dem Wasser umherfliegenden Vögel, vielleicht auch noch einige Taucher übrig, um den ersichtlichen Beweis zu liefern, daß auch am und im Strome höhere Wirbeltiere leben. Wenn aber nach Aufhören der Regen der Stromspiegel sich senkt und alle Inseln, Sandbänke und Ufersäume frei hervortreten läßt, ändert sich das Strombild auch in Beziehung auf die Tierwelt. Jetzt ziehen sich die Nilpferde in die tiefsten Stellen des Gewässers zurück, gesellen sich hier, bilden Trupps von wechselnder, bisweilen namhafter Stärke und machen sich, da sie jeder Atemzug zur Oberfläche emportreibt und jener auch unter weit hörbarem Schnauben geschieht, sehr bemerklich, treten wohl

Krokodil

auch bereits übertages auf einzelne Inseln oder Sandbänke heraus, um hier zu lagern oder im Sonnenscheine sich zu recken, und kommen dann schon in Entfernungen von einem Kilometer und darüber vor das Auge des Reisenden; jetzt holen die Krokodile wahrhaftig begierig nach, was sie während der Stromfülle entbehren mußten: um die Mittagszeit stundenlang sich zu sonnen. Sie kriechen zu diesem Zwecke bereits in den Vormittagsstunden auf flache, sandige Inseln heraus, fallen unter hörbarem plumpendem Geräusche schwer auf den Sand nieder, reißen den zähnestarrenden Rachen weit auf und schlafen, zu zehn, zwanzig, dreißig auf einer einzigen Sandbank vereinigt und in den verschiedensten Richtungen, neben-, manchmal selbst übereinander gelagert, bis gegen Abend; jetzt bedecken Sandbänke oder beide Ufer des Stromes und seine größeren Inseln Vogelheere, welche durch ihre Massen einen mächtigen Eindruck hervorrufen. Denn um die gedachte Zeit haben die meisten einheimischen Strand- und Schwimmvögel ihr Brutgeschäft beendet und finden sich nunmehr mit ihren Jungen am Strome ein, um hier bei reichlicher, mühelos zu erwerbender Nahrung zu mausern; um dieselbe Zeit haben sich ihnen die nordischen Wandervögel gesellt, welche hier überwintern. Sie, die letztgenannten, bevölkern nunmehr auch alle Teile des Urwaldes, gelangen hier aber bei weitem nicht so zur Geltung wie am Strome, dessen Ufersäume und Inseln zudem von den größten, also am leichtesten ins Auge fallenden Zugvögeln besetzt werden. Hier kann es geschehen, daß der vorhandene Raum zu eng, die unzweifelhaft reichlich gebotene Nahrung zu knapp wird. Eine Folge davon ist, daß jeder Raum besetzt, ja überfüllt, jeder nahrungversprechende Teil von tausend Mitbewerbern besucht, selbst jeder Schlafplatz bestritten wird. Drei Tage lang segelte ich bei gutem Winde und in einem trefflichen Boote stromaufwärts im Weißen Nile, und während dieser langen und weiten Fahrt waren beide Ufer des Stromes ununterbrochen mit einem bunten und lebendigen, aus den verschiedensten Strand- und Schwimmvögeln zusammengesetzten Bande geziert. Inmitten der Urwälder des Blauen Stromes kann man ein ähnliches Schauspiel gewahren. Ausgedehnte Sandbänke sind hier von Grau- und Jungfernkranichen vollständig in Besitz genommen worden, dienen den hier in der Winterherberge weilenden Fremdlingen jedoch nur als Ruhe-, Mauser- und Schlafplätze, von denen aus sie der Ernährung halber allmorgendlich in die Steppe hinausfliegen und zu denen sie bereits in den Vormittagsstunden zurückkehren, um zu trinken und zu baden, ihr Gefieder zu putzen und endlich, von Krokodilen beständig bedroht, des Nachts zu schlafen. Ihnen gesellen sich um die Mittagszeit regelmäßig einige Kronenkraniche, welche jene stets in lebhafte Aufregung versetzen, da sie, wenn auch nicht bessere, so doch bei weitem eifrigere Tänzer sind als die Kraniche selber und bei ihrer Ankunft nie verfehlen, ihre Künste zu üben und dadurch zu Wettspielen anzureizen. Auf denselben Bänken finden sich oft auch Nimmersatte ein, storchähnliche, in weißem, rosig überhauchtem, auf den Flügeln brennend rosenrot gefärbtem Gefieder prangende Vögel, welche dann die äußersten Ränder des Eilandes oder die nebenliegenden seichten Stellen in Beschlag nehmen, bei günstiger Beleuchtung förmlich erglühen, jedenfalls lebhaft hervortreten, von den lichtgrauen Kranichen wundervoll abstechen und so die ganze Umgebung zieren und schmücken. Am Uferrande schreiten prachtvolle Riesen- oder Sattelstörche stolz einher, wandeln unschöne, obgleich absonderlich gestaltete Marabus würdevoll auf und nieder, stehen schimmernde Klaffschnabelstörche in zahlreichen Gesellschaften, waten Riesen- und Silberreiher im Wasser umher, um einen Fisch zu erbeuten, stehen und lagern, schwimmen und tauchen, weiden und gründeln, schnattern und schwatzen Tausende von Sporen-, Nil- und Lappengänsen, Witwen- und Spießenten, Schlangenhalsvögeln, Ibissen, Brachvögeln, Ufer-, Strand- und Wasserläufern und andere mehr, welche eben jenes bunte Vogelband zusammensetzen und dem Strome vielleicht noch zu größerem Schmucke gereichen, als die Nimmersatte. Über dem Wasserspiegel aber fliegen, außer all den genannten, von denen beständig einzelne kommen oder gehen, Seeschwalben und Möwen, Uferschwalben und Bienenfresser auf und ab, und ziehen in höheren Luftschichten die prachtvollen Seeadler ihre Kreise.

Einzelne Arten dieser in jeder Beziehung reichhaltigen gefiederten Strombevölkerung mußten den tiefsten Wasserstand abwarten, um zur Brut schreiten zu können, weil es ihnen während der Stromfülle an Nistplätzen, wie sie solche sich wünschen, gänzlich mangelt. Zu ihnen zählt ein ebenso schmucker und lebhaft gefärbter als kluger und regsamer Laufvogel, der schon den Alten wohlbekannte Krokodilwächter oder *Trochilus* des Herodot, von welchem dieser und nach ihm Plinius erzählt, daß er mit dem Krokodile in treuer Freundschaft lebe. Die Erzählung der Alten ist keine Fabel, wie man wohl glauben möchte, sondern von mir als tatsächlich begründet erkannt worden. Der Krokodilwächter, dessen Bild auf den altägyptischen Denkmälern oft dargestellt wurde und im hieroglyphischen Alphabet das U ausdrückt, lebt auch in Ägypten und Nubien, übt aber heutigestags erst im Sudan zugunsten des Krokodiles das Wächteramt, infolgedessen er unter den alten Völkern berühmt wurde. Doch gilt sein Dienst nicht dem Krokodile allein, sondern allen Tieren insgemein, welche seine Achtsamkeit sich zunutze machen wollen. Aufmerksam und neugierig, erregbar und schreilustig, auch mit weitschallender Stimme begabt, eignet er sich vorzüglich zum Warner aller minder vorsichtigen Geschöpfe. Seiner Wachsamkeit entgeht weder das sich nahende Raubtier noch ein verdächtig erscheinender Mensch; seine Aufmerksamkeit wird sogar durch jedes Segel- oder Ruderboot gefesselt, und er verfehlt nie, seiner Erregung durch lautes Geschrei Ausdruck zu geben. Hierdurch bringt er jedes ungewöhnliche Ereignis zu allgemeiner Kenntnis der dieselben Plätze oder Aufenthaltsorte mit ihm teilenden Tiere, veranlaßt diese, ihrerseits zu prüfen, ob Gefahr vorhanden ist oder nicht, und bewirkt so in vielen Fällen die Flucht der von ihm gewarnten. Hierin besteht sein Wächteramt. Sein Freundschaftsverhältnis mit dem Krokodile ist schwerlich ein gegenseitiges; denn einem Krokodile Freundschaft zuzutrauen, hieße doch wohl, ihm zu viel zuzumuten. Nicht weil das Kriechtier wohlwollende Gefühle gegen ihn hegt, sondern weil er es genau kennt und vollkommen richtig beurteilt, behandelt er es, als ob es ein harmloses Wesen wäre. Mit dem Ungeheuer vertraut von Jugend auf, Bewohner der Sandbänke, auf denen es zu ruhen pflegt, fortwährend um dasselbe beschäftigt, geht er mit ihm um, als ob er der Herr, jenes der Diener wäre. Ohne Umstände betritt er den Rücken des ruhenden Ungetüms, ohne Besorgnis nähert er sich dem aufgesperrten Rachen, um zu untersuchen, ob hier etwa ein Egel sich festgesaugt haben oder zwischen den Zähnen ein Brocken steckengeblieben sein sollte, und ohne Bedenken nimmt er den einen wie den anderen weg. Das Krokodil läßt sich dies alles ruhig gefallen, weil es, sicherlich erfahrungsmäßig, weiß, daß es dem fortwährenden achtsamen, behenden und gewandten kleinen Schelme nicht beikommen kann. Sah ich den Krokodilwächter doch einmal mit einem Schreiseeadler gleichzeitig von einem Fische speisen, welchen letztgenannter gefangen und auf eine Sandbank getragen hatte. Während der Adler, welcher mit beiden Fängen die Beute festhielt oder auf ihr stand, einige Bissen mit dem Schnabel losbrach, hielt sich der Schmarotzer an des großen Herren Tafel in bescheidener Entfernung; sowie jener aber den Kopf hob, um zu kröpfen, lief er eiligst herzu, nahm rasch einen vom Adler bereits gelösten Bissen und rannte, so schnell als er gekommen, auf die alte Stelle zurück, um hier den Raub zu verzehren. Nicht weniger überraschend als solche selbstbewußte Dreistigkeit ist auch die Art und Weise, wie der Krokodilwächter seine Eier vor unberufenen Blicken zu verbergen weiß. Lange hatte ich nach dem Neste dieses Vogels vergeblich gesucht. Wann seine Brutzeit eintrat, lehrte mich die Zergliederung der von mir erlegten Krokodilwächter; daß er nur auf Sandbänken brüten konnte, bedurfte, wenn ich seine Lebensweise berücksichtigte, für mich keines Beweises. Umsonst aber suchte ich seine Lieblingsplätze auf das genaueste ab: ein Nest vermochte ich nicht aufzufinden. Endlich bemerkte ich ein Paar, dessen einer Gatte auf dem Boden saß, während der andere um ihn sich zu schaffen machte, nahm das Fernglas vor das Auge und ging, den sitzenden Vogel beständig festhaltend, geradeswegs auf ihn zu. Als ich in seine Nähe gekommen war, erhob er sich, scharrte eiligst Sand auf eine gewisse Stelle und lief nun, zwar unter üblichem Geschrei, aber doch ohne alle Zeichen sonstiger Erregung mit dem anderen davon. Ich ließ mich nicht beirren, behielt die Stelle fest im Auge und langte vor ihr an. Aber auch jetzt noch konnte ich das Nest nicht entdekken, und erst als ich eine geringfügige Unebenheit im Sande wahrnahm und hier nachgrub, fielen mir zwei, dem Sande täuschend ähnlich gefärbte und gezeichnete Eier in die Hand. Hätte die Mutter mehr Zeit gehabt, als ich ihr ließ, so würde ich wahrscheinlich auch die unbedeutende Unebenheit nicht mehr vorgefunden haben.

Ein womöglich noch reicheres, jedenfalls mannigfaltigeres Tierleben als am Strome selbst herrscht um die angegebene Zeit am Ufer und auf dem Spiegel aller Seen und größeren Wasserlachen inmitten des Waldes, welche entweder von den zusammenströmenden Regengüssen des Frühlings oder von den Hochfluten des Stromes gefüllt wurden. Ringsum vom Walde umgeben, nicht selten so dicht umhegt, daß es kaum oder doch nur unter den erheblichsten

Schwierigkeiten möglich ist, bis zu ihnen zu gelangen, innerhalb ihrer Ufer kaum minder reich bewachsen als außerhalb derselben, ausgedehnte Rohr- und Riedhorste umschließend, Papyrus und Lotos noch heutigestages ernährend, bilden diese Regenseen oder Fulat, wie die Eingeborenen sie nennen, ebenso vorzügliche Aufenthaltsorte als Brutstätten der verschiedenartigsten Vögel und Tiere überhaupt. Ihre sichernde Abgelegenheit sagt selbst dem Nilpferde in so hohem Grade zu, daß es sie aufsucht, um in ihnen seine Jungen zur Welt zu bringen und sie während ihrer ersten Kinderzeit, unbesorgt um Nahrung, welche die Seen selbst bieten, unbelästigt auch von gefährlichen Feinden, zu säugen, zu pflegen und zu erziehen; ihr dichter, üppiger Ufersaum wie ihre in Sumpf und Bruch übergehenden Buchten ziehen Wildschweine und Wildbüffel herbei; ihre stillen Fluten dienen allen wasserbedürftigeren Antilopen zu Trinkstellen. Auf ihren Spiegeln versammeln sich Tausende von Pelikanen, um vor dem Schlafengehen auf den benachbarten Hochbäumen noch einen ergiebigen Fischzug zu tun, auf ihnen tauchen während des ganzen Tages Schlangenhalsvögel auf und nieder, schwimmen alle hier vorkommenden Gänse- und Entenarten, finden die aus dem Norden eingewanderten Wasservögel eine in jeder Beziehung zusagende Winterherberge; ihre Buchten und seichten Uferstellen gestatten dem Riesenreiher wie dem kleinen, zierlichen Buschreiher, mühelos reiche Beute zu gewinnen; ihr saftig grüner Ufersaum gewährt zahllosem Kleingeflügel, der über ihnen sich erhebende Hochwald verschiedenen auf Bäumen ruhenden und nistenden Strand- und Wasservögeln gesuchte und erwünschte Herberge. Kein Wunder daher, daß es um solche Seen zeitweilig geradezu von Vögeln wimmelt, sehr erklärlich, daß solcher Reichtum an Beute wiederum auch allerlei Feinde herbeizieht. Den kleineren Vögeln folgen Falken und Eulen, den großen Adler und Uhus, den Säugetieren Fuchs und Schakal, Pardel und Löwe nach. Zuweilen geschieht es, daß ein von der Steppe hereinkommendes Heer der gefräßigen Wanderheuschrecke auf den frischgrünen Waldgürtel um solchen See fällt und ihn binnen wenigen Tagen gänzlich entlaubt oder doch zu entlauben droht. Dann vermehrt sich die stets großartige Vögelversammlung noch wesentlich. Von nah und fern erscheinen Falken und Eulen, Raben und Raken, Frankolin- und Perlhühner, Störche und Ibisse, Teichhühner und Enten, um sich an den

Heuschrecken zu sättigen. Jeder Vogel, welcher jemals Kerbtiere frißt, nährt sich zeitweilig ausschließlich von den zudringlichen Wandergästen. Hunderte von Turm- und Rötelfalken, welche sich gerade jetzt in der Winterherberge befinden, strömen über dem heimgesuchten Walde zusammen, stoßen, sowie einige Heuschrekken aufschwärmen, auf sie herab, ergreifen sie und verzehren sie rasch, ohne deshalb ihren Flug zu unterbrechen; Raben, Raken, Nashornvögel, Ibisse und Störche nehmen sie von den Zweigen weg und schütteln dabei Hunderte ab, welche den unten lauernden Genossen und Perlhühnern und Enten zum Opfer fallen; Weihen und Singhabichte umgaukeln die Bäume, auf denen die »entlaubenden« Kerfe bald die Stelle der früher vorhanden gewesenen Blätter einnehmen; selbst ernste Marabus und Sattelstörche verschmähen nicht, so geringe, aber freilich massenhaft vorhandene Beute aufzunehmen. Solches Getriebe belebt den ohnehin niemals toten Regensee in anmutigster Weise und läßt ihn mehr als je als Vereinigungspunkt der verschiedenartigsten Tiere erkennen.

An solchem Regensee, für den sammelnden Forscher eine wahre Schatzkammer des Urwaldes, hatten wir mehrere Tage gejagt, beobachtet, gesammelt, in Bewunderung der großartigen Pflanzen- und einer ihr entsprechenden Tierwelt geschwelgt, mit Nilpferden uns geneckt, an Krokodilen unsere Feindschaft betätigt, mit einem Worte Jagd- und Forschungsfreuden in reichstem Maße genossen und darüber alles andere, selbst die Zeit vergessen, in welcher wir lebten. Als aber die Sonne sich neigte und Gold unter das so vielfach verschiedene Blattgrün des Waldes wob; als das Kreischen der Papageien verhallt war und nur noch der träumerische Gesang einer Drossel zu uns herüberklang; als der Seeadler drüben am andern Ufer, welcher eben noch als wundervolle Blüte seines grünen Ruhesitzes erschienen war, schlummermüde seinen weißen Kopf zwischen die Schultern zog; als selbst das Gegurgel einer im nächsten hohen Mimosenwipfel Schlafstätten suchenden Meerkatzenbande verstummt war; als die Nacht hereinbrach dämmerungshell und freundlich, kühl und milde, klangreich und duftig wie immer in jetziger Zeit: da wollte aller Farbenreichtum, Glanz und Schimmer der heute und gestern in unsere Seelen aufgenommenen Bilder erbleichen. Unaufhaltsam flogen unsere Gedanken der teuren Heimat zu, und Heimweh ergriff unsere Herzen im Tiefinnersten; denn in der

Schuhschnabel

Heimat feierte man heute die Christnacht. Wir hatten uns Punsch bereitet und unsere Pfeifen mit dem köstlichsten Tabak der Erde gefüllt; unser albanesischer Begleiter sang seine weichen, klangvollen Lieder; die Nacht umschmeichelte Herz und Sinnen; aber die Gläser blieben ungeleert; »die Wolken des Rauches nahmen die Wolken der Schwermut nicht mit sich hinweg«; die Lieder weckten keinen Widerhall in uns, und die Nacht schmeichelte vergebens. Sie mußte uns unser Christgeschenk bringen, und sie brachte es!

Die Nacht im Urwalde ist immer erhaben, mag der Himmel über diesem in flammenden Blitzen aufleuchten, der Donner in ihm widerhallen und Sturm in ihm toben, oder mögen an dem auf weithin dunklen, sternlosen Gewölbe ferne Sonnen strahlen und weder Blatt noch Halm sich regen. Wenige Minuten nach Sonnenuntergang umhüllt sie den Wald. Was am Tage klar hervortrat, wird nunmehr vom Dunkel umschleiert; was im Sonnenlichte in erfaßlichen Maßen erschien, vergrößert sich zum Riesenhaften. Bekannte Bäume werden zu Trugbildern; die heckenartigen Gebüsche verdichten sich zu dunkeln Mauern. Der tausendstimmige Lärm verstummt allmählich, und für Minuten tritt tiefe Stille ein. Dann beginnt es wiederum sich zu regen, wird es lebendig auf dem Strome wie im Walde. Hunderte von Zikaden heben ein Klingen an, vergleichbar dem Geläute kleiner unrein gestimmter Glöckchen, welches aus weiter Ferne vernommen wird; Tausende erwachter Käfer, unter ihnen solche von ungewöhnlicher Größe, umschwirren die blühenden Bäume und rufen ein tönendes Summen hervor: die rechte Begleitung zu jenem Geläute. Frösche, welche nur einen einzigen, für ihre geringe Größe überraschend lauten Ruf ausstoßen, mischen sich darein, und ihre den Klängen eines langsam geschlagenen chinesischen Gong vergleichbaren Stimmlaute hallen auf weithin durch den Wald. Eine große Eule begrüßt die Nacht mit dumpf heulendem Geschrei; ein kleines Käuzchen antwortet mit gellendem Gelächter; ein Ziegenmelker spinnt eine und dieselbe Strophe seines schnurrend röchelnden Gesanges ab. Vom Strome her erklingt der klägliche Ruf des Nachtvogels der Möwenfamilie, eines Scherenschnabels, welcher, hart über der Oberfläche des Wassers dahinstreichend, die Wellen zu durchpflügen begann; auf sandigen Inseln und Bänken ertönen der laute, etwas kreischende Schrei des Triel oder Dickfußes und tonreiche, klangvolle, gesangähnliche Triller eines Wasserläufers oder Regenpfeifers; über dem Röhricht und Geschilfe des unfernen Regensees krächzt ein Nachtreiher. Im Dikkichte der Gebüsche oder um die Baumkronen leuchten Hunderte von Glühwürmern auf; im Strome zieht eines der riesigen Krokodile, welches schon vor Sonnenuntergang die gegenüberliegende Sandbank verlassen und seinen sonnendurchglühten Panzer in den lauen Fluten gekühlt hat, hart unter, zum Teil über der Oberfläche schwimmend, lange, im Mondenschein silbern glänzende, im Sterngeflimmer wenigstens glitzernde Streifen. Über die höchsten Baumkronen schweben lautlosen Fluges lichtgefärbte Uhus und Eulen; am Ufersaume entlang fliegen mit anmutigen Schwankungen langschwänzige Nachtschatten; zwischen den Kronen der Bäume beschreiben Fledermäuse ihre geknitterten Flugbahnen; von einem Ufer zum anderen ziehen, manchmal in Scharen, Flughunde oder fruchtfressende Flattertiere. Und nunmehr ist auch die Zeit gekommen, in welcher die übrigen Säugetiere des Waldes sich ermuntern oder doch vernehmen lassen. Ein Schakal beginnt seine wechselvollen, bald kläglich erscheinenden, bald erheiternden Weisen und trägt sie mit ebensoviel Ausdruck als Beharrlichkeit vor; ein Dutzend anderer seiner Art stimmt augenblicklich ein und ringt in edlem Wettstreite um des Siegers Kranz; einige Hyänen scheinen nur auf diese unerreichbaren Vorsänger gewartet zu haben, um als vielstimmiger Chor einzufallen, und heulen und lachen, jammern und jauchzen; ein Pardel grunzt, ein Löwe brüllt dazwischen; selbst das noch im Strome verweilende Nilpferd erhebt brummend seine armselige Stimme.

So redet und offenbart sich die Nacht im Urwalde; so beschäftigte sie Ohr und Auge auch an jenem mir unvergeßlichen Tage. Käfer und Zikaden, Eulen und Ziegenmelker hatten begonnen: da schmetterten grelle, kräftige, dröhnende Laute durch den Wald, als ob Trompeten von unkundigem Munde geblasen würden. Augenblicklich verstummten die Lieder unseres Albanesen, Geschwätz und Geplauder unserer Diener und Schiffer, und alle lauschten wie wir. Noch einmal schmetterte und dröhnte es vom anderen Ufer herüber. »*El fiuhl, el fiuhl!*« riefen die Eingeborenen; »Elefanten, Elefanten!« jubelten auch wir. Es war das erste Mal, daß wir die riesigen Dickhäuter, auf deren Pfaden wir bisher fast stets gewandelt, deren Spuren wir so oft verfolgt, vernahmen, belauschten. Vom jenseiti-

gen Uferrande herab zum Wasser stiegen gemächlich und sicher riesige, im Dämmerlichte der Nacht mit genügender Deutlichkeit wahrnehmbare Gestalten, um im Strome zu trinken und zu baden. Einer nach dem andern tauchte seinen gelenkigen Rüssel in das Wasser, um ihn hier zu füllen und dann im weiten Maule oder über Schultern und Rücken zu entleeren, und einer nach dem andern stieg zuletzt in den Strom hinab, um in dessen Fluten sich zu erfrischen. Und als sei jenes schmetternde Getön nur ein Weckruf gewesen, so laut wurde es jetzt im Walde. Früher als je zuvor erhob der König der Wildnis seine Donnerstimme; ein zweiter und dritter Löwe erwiderten den Königsgruß. Entsetzt schrieen die schlaftrunkenen Affen auf; angsterfüllt schreckten Antilopen. Dann reckte in unmittelbarer Nähe unseres Bootes ein Nilpferd sein ungeschlachtes Haupt über die Oberfläche des Stromes und brummte, als wolle es versuchen, mit dem Donnergebrüll des Löwen zu wetteifern; ein Leopard wagte ebenfalls, sich hören zu lassen; Schakale stimmten das wechselvollste Lied an, welches wir je von ihnen vernommen, die gestreiften Hyänen heulten, die gefleckten erhoben ihr höllisches, Mark und Bein erschütterndes Gelächter, und unbekümmert um allen Aufruhr, welchen die Herolde und der König des Waldes heraufbeschworen hatten, fuhren die Frösche fort, ihren eintönigen Ruf, die Zikaden ihr klingendes Geläute hören zu lassen. Dies war das »Hosianna in der Höhe«, welches uns der Urwald sang.

Die vergleichsweise glücklichen Tage am Blauen Nil gingen zu Ende. Beladen mit kostbaren naturkundlichen Schätzen kehrte Brehm nach Chartum zurück. Dort erfuhr er, was er schon lange geahnt hatte. Baron von Müller hatte endlich Bankrott anmelden müssen. Brehm kam sich verraten und verkauft vor, aber er ließ auch diesmal den Kopf nicht hängen. Er kümmerte sich um seine Sammlung, ging auf die Jagd und betreute die stattliche Menagerie, die er schon beim ersten Aufenthalt in Chartum eingerichtet hatte.

»Ich arbeitete ununterbrochen«, heißt es in seinem Tagebuch, »denn einmal konnte ich nur durch Arbeit meine Lage erträglicher machen, und zweitens ließen mich die Genüsse, die mir Natur und Tierwelt boten, das dauernde häusliche Elend vergessen. Die Ausgaben für die Sammlungen gingen allen übrigen vor. Ich vertauschte meine silberne Taschenuhr gegen acht Pfund Schießpulver, ich verkaufte Kleider, Waffen, Bücher, Kisten, Wäsche, den wenigen Schmuck, den ich besaß. Ich verkaufte alles was ich entbehren konnte. Und wurde mir wirklich das Herz einmal kummerschwer, dann ging ich, das Gewehr über der Schulter, hinaus ins Freie, um mich zu kräftigen. Die Jagd war mir Trost und Erholung. Ich fühlte meine Verlassenheit weniger, als ich geglaubt hatte, denn immer noch waren mir Freunde geblieben; sogar ein neuer, treuer, redlicher war hinzugekommen: Bauerhorst, ein deutscher Kaufmann, der in St. Petersburg ansässig war. Leiblich und geistig stützte er mich. ... Wahrlich, ich hätte nicht klagen sollen. Ich hatte bei all meiner Armut doch noch viel, sehr viel. Ich hatte Gottes Sonne und seine hochheilige Natur, ich hatte in meinem Hofe eine eigene kleine Welt. Wieviel Vergnügen bereiteten mir meine zahmen Ibisse und die anderen großen Tiere; wie schmeichelten mir die Affen, wie liebkoste mich Bachida, meine zahme Löwin! Aber freilich, Geld hatte ich nicht. Oft, allzuoft mußte ich fragen: Herr, was werden wir morgen essen? Häufig ging ich in den Diwan Bauerhorsts, um mir die trüben Gedanken aus dem Sinn zu schlagen, oder ich spielte stundenlang mit Bachida. Sie folgte mir wie ein Hund auf dem Fuße, teilte des Nachts das Lager mit mir und betrug sich sehr artig. Durch diese Löwin lernte ich, daß Tiere menschlichen Umgang ersetzen können.«

Wie schlimm Brehms materielle Lage damals war, geht aus einem Brief hervor, den der soeben erwähnte E. F. Bauerhorst am 1. November 1851 aus Kairo an den Vater schrieb: »Mit großem Bedauern habe ich aber aus Ihrem werten Briefe an mich sowohl wie aus denen an Alfred ersehen, daß Sie, wertgeschätzter Herr Pfarrer, immer noch dem Baron v. Müller mehr Glauben schenken wie Ihrem eigenen Sohn. Damit ich es kurz sage, ›Müller ist in jeder Beziehung und in vollem Sinn des Wortes ein *elender Betrüger*‹. Wie ich nach Chartum kam, fand ich Alfred in Elend, nicht wissend, woher er das Brot für den folgenden Tag nehmen solle, habe aber dessen ungeachtet dem Frieden gepredigt und alles Mögliche versucht, um Alfred mit Müller auszusöhnen, weil ich schon in Chartum aus Ihren Briefen ersah, daß Sie den Zwiespalt zwischen beiden ungern sähen, bin jedoch mit meinen Versuchen verunglückt. ... Hier angekommen, hat Alfred nicht 5 Para, d. h. 3 Pfennige, zum Leben, auch ich wüßte in der Tat nicht, was Alfred anfangen sollte, wenn wir nicht zusammen *ein Haus* bewohnten und *eine* Wirtschaft hätten.«

Die Löwin Bachida begleitete Alfred Brehm in die Heimat, wo er, nach einem längeren Zwischenaufenthalt in Ägypten und einem Abstecher ans Rote Meer und zum Sinai, am 16. Juli 1852 eintraf. Bachida kam zusammen mit vielen anderen Wildtieren, die Brehm in Afrika gefangen hatte, in den Berliner Tiergarten, während er sich selbst auf dem kürzesten Wege ins Elternhaus in Renthendorf begab.

Doch lassen wir ihn selber erzählen, wie es ihm und seiner geliebten Löwin auf der weiten Heimreise von Chartum nach Deutschland erging.

Als ich während meines Aufenthalts in Chartum einmal meinen Freund und Gönner Latief-Pascha besuchte, zeigte mir dieser eine junge, allerliebste Löwin von der Größe eines halberwachsenen Pudels, die er vor kurzem als Geschenk von einem der »Aschiach« oder Befehlshaber der ihm untergebenen Araberstämme erhalten hatte. Das Tierchen war im höchsten Grade zahm, sehr liebenswürdig, possierlich und dabei vollkommen an den Menschen gewöhnt, hatte gelernt, diesen als seinen Herrn, Gebieter, Ernährer und Beschützer anzusehen und ließ sich deshalb alle Unbilden, die der Mensch seinen ihm untergebenen Haustieren angedeihen zu lassen pflegt, ohne Murren gefallen. »Bachida«, zu deutsch die Glückliche, so hatte man die Löwin benannt, spielte nach Art junger Kätzchen dreist und furchtlos mit dem Beherrscher eines ganzen Landes, dessen Befehl Leben gewähren oder Tod bringen konnte, und sprang auf dem ernsten Manne tollkühn mit aller ihr angebornen anmutigen Leichtfertigkeit und Dreistigkeit herum, als sei er eben auch nur ein gewöhnliches Menschenkind. Und Latief-Pascha hatte seine große Freude an dem zierlichen Geschöpf.

Ich will nicht leugnen, daß die Löwin augenblicklich auch mein Herz gewonnen hatte. Allein ich bedachte im stillen, wieviel mich ihre Unterhaltung und später ihre Fortschaffung kosten würde, und konnte bei meiner damaligen Armut den Gedanken nicht in mir aufkommen lassen, das liebenswürdige Wesen mir zur Gesellschafterin zu erwerben. Mein Freund Bauerhorst aber, der mich begleitete, kannte solche Bedenken nicht, und da ihn wie mich die Liebenswürdigkeit Bachidas bezaubert hatte, gab es bald für ihn nur einen Wunsch: das Tier sein eigen nennen zu können. Er bestürmte mich fortwährend, meinen »Einfluß beim Pascha«, wie er es nannte, hier geltend zu machen und für ihn die Löwin mir zu erbitten. Ich aber, wohlbewußt dessen, was ich dem großartigen Manne, meinem väterlichen Freunde und Gönner, alles verdanke, und schon damals ahnend, daß er allein es sein würde, durch dessen Hilfe es mir gelingen könnte, die heimatliche Erde jemals wiederzusehen, ich wollte anfangs nicht recht daran, meinem Beschützer das Gesuch meines Freundes zu unterbreiten, bis mich dieser endlich doch für sich gewann und ich dem eines Tages besonders gutgelaunten Pascha

sagte, seine Löwin habe das Herz meines Freundes gewonnen und er sei förmlich verliebt in sie.

Für einen Türken ist eine solche Äußerung genug, um den betreffenden Gegenstand sofort als Geschenk anzubieten, und Latief-Pascha war viel zu sehr Türke, als daß er eine solche Artigkeit hätte unterlassen sollen. Kurz nach meiner Heimkehr erschien ein Arnaut mit der Löwin im Arme und der Botschaft im Munde, sein Herr mache sich ein großes Vergnügen daraus, dem Gaste in seinen Landen, seinem Freunde hiermit diese geringfügige Gabe als Zeichen seiner Achtung zu übersenden. So waren wir in den Besitz des allerliebsten Tieres gelangt, und ich meinerseits fühlte nun auf einmal Wünsche in mir rege werden, vornehmlich aber denjenigen, allein und ausschließlich der Erzieher und Beschützer des jugendlichen Tieres sein zu dürfen. Bauerhorst war damit natürlich vollständig einverstanden, und so erhielt denn ich die Löwin zu ganz besonderer Pflege und Wartung anvertraut. Und ich glaube, diesem Vertrauen keine Schande gemacht zu haben.

Es währte nicht lange, bis das Tier in unserm Gehöft vollkommen eingewohnt war, obwohl sie sich noch lange Zeit ihres früheren Herren erinnerte. Denn wenn dieser einmal bei unserm Hause vorüberritt und Bachida zufällig in der Tür stand, unterließ sie es nie, ihn bis zu seinem Palaste, der Hokmodarïe Chartums, zu begleiten, und mußte von dort aus regelmäßig zu uns zurückgebracht werden. Wir ließen die Löwin natürlich frei herumlaufen, wie dies bei allen meinen Tieren, die sich eines solchen Vorrechts würdig zeigten, zu geschehen pflegte. Sie durchstreifte nach Belieben Haus und Hof, Kammern und Speicher, Stallungen und Schuppen, wenn ich von den verschiedenen Höhlen unseres Hauses überhaupt derartige Unterscheidungen gebrauchen darf; sie ging in den Garten, bestieg zuweilen die niedrigen, platten Dächer der untergeordneten Räume unsres Hauswesens und benahm sich bald mit sehr großer Sicherheit und Zuversichtlichkeit.

Nach kurzer Zeit hatte ich ihre Freundschaft mir zu erwerben gewußt. Bachida liebte mich zärtlich, folgte mir wie ein Hund, liebkoste mich bei jeder Gelegenheit und wurde nur bisweilen lästig, nämlich wenn sie nachts auf den Einfall kam, mich auf meinem Lager zu besuchen und durch ihre Liebkosungen aufzuwecken. Dann war sie gewöhnlich so leicht nicht wieder wegzubringen und raubte mir in dieser Weise manche Stunde Schlafs.

Sehr bald hatte sie sich die Herrschaft über alles Lebende auf unserm Hofe zu erringen gewußt. Die Affen schnitten entsetzliche Gesichter, wenn sie sich zeigte, oder wurden gänzlich außer Fassung gebracht, wenn sie gar nach ihnen hinsprang, um mit ihnen zu spielen; die Kamele, die bei uns vorübergingen, machten verzweiflungsvolle Sätze, wenn sie das in ihren Augen furchtbare Wesen gewahrten; und oftmals kam es vor, daß die vorübergehenden Kamele eines Zuges sich plötzlich ihres Gepäcks entledigten, wenn Bachida in einer Mauerluke oder auf der Mauer erschien und mit einigen, nach unsern Begriffen gar nicht entsetzlichen Lauten die Kamele von der Anwesenheit eines so furchtbaren Raubtieres belehrte. Die gute Löwin erntete dann oft Fluchen und Schelten in reichem Maße seitens der Kameltreiber, obwohl selbstverständlich keiner der Sudanesen es wagte, sich ihr in böswilliger Absicht zu nähern. Es kam vielmehr bald dahin, daß jedermann in Chartum die Löwin als den Wächter unsres Hauses betrachtete und fürchtete oder wenigstens achtete. Und wir hatten so das Glück, von allem lästigen Gesindel für immer befreit zu sein. Ich muß dabei allerdings im voraus bemerken, daß die gutgesittete Bachida sich zuweilen Scherze erlaubte, die den Sudanesen über den Spaß gingen und sie vollkommen berechtigten, in ihr ein wahres Ungeheuer zu erblicken.

Als sich die Zahl meiner zahmen Tiere nach und nach vermehrte, bekam Bachida Gelegenheit, sich unter ihnen nach Herzenslust zu vergnügen. Sie brachte oft den ganzen Hof in Unordnung, weil sie keines der mit ihr dort lebenden Tiere in Ruhe ließ. Es war dies keineswegs Böswilligkeit von ihrer Seite, sondern bloß eine unbegrenzte Lust, die andern Geschöpfe zu necken und zu foppen. Zu den Antilopen, die wir hin und wieder bekamen, aber immer nur kurze Zeit am Leben erhielten, durfte sie allerdings nicht gelassen werden, weil diese Tiere bei ihrem Erscheinen verzweiflungsvoll gegen die Wände rannten und sich selbst so beschädigten, daß sie zugrunde gingen. Dagegen waren die Affen und unsre Raubvögel die beständigste Zielscheibe ihres Übermuts. Solange sie klein war, ging die Sache; denn Bachida fand in einem alten Pavian einen würdigen Gegner, jedoch nur dann, wenn sie besonders zudringlich wurde. Auch er zitterte bei ihrem Erscheinen und verzog das Maul auf grauenvolle Weise, griff sie aber, wenn sie sich näherte, ohne weiteres mutvoll mit seinen Händen an und rieb ihr die Ohren dergestalt um den Kopf herum, daß ihr Hören und Sehen vergehen mochte und sie gewöhnlich eiligst das Weite suchen mußte. Mit der Zeit jedoch wurde die Löwin so stark, daß der Pavian ihrer nicht mehr Herr werden konnte und nunmehr, wie sämtliche Tiere, von ihrem Übermut zu leiden hatte.

Da erhielt ich neuen Zuwachs zu meiner Tiergesellschaft, und zwar einen Marabu. Dieser gewaltige Vogel wurde augenblicklich von der Löwin angegriffen, war sich jedoch des Gewichts seines furchtbaren Schnabels so bewußt, daß er den Angriff nicht nur ruhig abwartete, sondern auch siegreich zurückschlug. Bachida hatte lange Zeit lauernd und ganz nach Katzenart mit dem Schwanze wedelnd auf dem Boden gelegen und den neuen Ankömmling starr betrachtet, der sie seinerseits gar nicht zu beachten schien und ruhig auf und nieder stolzierte. Jetzt gedachte sie, ihn in ihrer gewöhnlichen Weise zu erschrecken, und machte, als er sich ihr hinreichend genähert hatte, einen gewaltigen Satz nach ihm. Der Vogel erschrak allerdings und sprang hoch in die Höhe, besann sich aber keinen Augenblick, sondern schritt mutig mit halbgebreiteten Schwingen auf die verwunderte Löwin zu und versetzte ihr rasch hintereinander mit seinem gewaltigen Keilschnabel mehrere Püffe in so nachdrücklicher Weise, daß er sie wenigstens gründlich überzeugte, hier sei ohne ernsten Kampf kein Sieg zu erringen. Zum erstenmal sahen wir jetzt das sonst so sanfte Tier in Wut geraten. Ergrimmt über die erlittene Schmach, stürzte sie sich brüllend auf den Vogel, der sich inzwischen schon zu einem neuen Angriffe vollkommen vorbereitet hatte. Bachida versuchte, ihn mit den Tatzen anzugreifen, allein der Marabu ließ sie dazu gar nicht kommen, sondern brachte ihr wiederum mit außerordentlicher Schnelligkeit und Sicherheit eine Anzahl von Schnabelhieben bei. Wutbrüllend antwortete die Löwin und stürzte sich nochmals auf den gefährlichen Gegner. Dieser aber, vielleicht ahnend, daß der jetzige Angriff ein entscheidender sein würde, nahm seine ganze Kraft zusammen und bediente den Vierfüßler nochmals so reichlich, daß dieser plötzlich umdrehte und die Flucht ergriff. Schnabelklappernd verfolgte sie der übermütige Sieger in alle Winkel und Ecken, durch alle Gebäude des Hofes. Bachida wußte schließlich keinen Ausweg mehr und kletterte endlich, bestürzt über dieses Ereignis, an der Wand eines niedrigen Gebäudes empor. Diese empfangene Lehre vergaß die Löwin allerdings nicht wieder und ließ fortan stets den Storchvogel achtungsvoll in Ruhe, trieb es jedoch mit den andern Tieren wie früher.

Nur mit einem einzigen ihrer Hofgenossen schien sie in besonderer Freundschaft zu leben. Derselbe war ein mutiger Widder und stets geneigt, einen Strauß mit ihr auszufechten. Es war allerliebst, dem Spielen und Kämpfen dieser beiden zuzusehen. Sobald sich Bachida dem Widder näherte, erhob sich dieser und stellte sich mit niedergebeugtem Kopfe zum Gefecht. Die Löwin legte sich nieder, sah ihn starr an und schlich dann entweder an ihn heran oder sprang mit einem, höchstens zwei Sätzen auf ihn zu. Gewöhnlich bekam sie gleich beim ersten Zusammentreffen mit ihm einen tüchtigen Hornstoß von ihrem Spielgefährten und schien dann vollkommen befriedigt zu sein. In einzelnen Fällen aber gelang es ihr auch, dem Widder einen Tatzenschlag beizubringen, und dann war sie natürlich übermütiger denn je. Dieses schöne Verhältnis wurde grausam zerrissen. Bei einem der Zweikämpfe mochte der Widder etwas zu derb zugestoßen und die Löwin erzürnt haben, wenigstens war sie, wie meine Diener mir erzählten, plötzlich wütend auf denselben losgestürzt und hatte ihm derb mit Tatzenschlägen zugesetzt. Am andern Tage war er tot!

Einen großen Spaß bereitete uns Bachida eines Tages, freilich sehr zum Nachteile eines Mitbewohners unsres Hauses. Im zweiten Teil unsrer Wohnung, in dem sogenannten Harem oder der Frauenabteilung desselben, war nämlich ein dicker griechischer Kaufmann eingezogen, der uns durch sein eingebildetes Wesen schon vielfach geärgert hatte. Er besaß einen dicken Esel zu seinen Spazier- und Geschäftsritten, den wir unserseits als Reitpferd für unsre Paviane zu benutzen pflegten und dadurch den guten Mann bisweilen sehr in Harnisch brachten. Es war während der Regenzeit, als Bachida sich einmal mit diesem Griechen besonders beschäftigte. Halb Chartum und unser Hof war durch die Regengüsse eines Gewitters überschwemmt, und die Löwin machte sich ein Vergnügen daraus, durch dick und dünn mit mächtigen Sätzen zu springen und die übrigen Tiere dadurch in Angst zu versetzen. Wir saßen unter der Vorhalle des Hauses, weil wir bei diesem Wetter nicht ausgehen konnten, und erfreuten uns nun an den Sprüngen unsres Lieblings. Da tritt plötzlich durch die Hintertür eine weiße Gestalt heraus; es ist unser Grieche in der frischgewaschenen, blendenden Jellabïe, dem talarähnlichen Obergewande aller vornehmen Sudanesen, der sich in diesem sauberen Anzug zu »seinem Freunde«, dem Pascha, begeben will. Mühsam schleppt er sich durch den Kot, um nach dem Stalle zu gelangen, in welchem sein Reittier eingesperrt ist. Bachida liegt im dicksten Schmutz und sieht verwundert lange Zeit starr auf diese weiße Gestalt. Plötzlich duckt sie sich platt auf den Boden, nimmt den Griechen fest ins Auge, macht einen furchtbaren Satz auf ihn und bewirkt dadurch, daß der gute Mann halb ohnmächtig vor Schreck ohne weiteres die schöne, reingewaschene Jellabïe mit dem Lehmwasser des Hofes übertüncht, bezüglich rückwärts in die Schmutzpfütze stolpert.

Bachida hätte genug an dem bereiteten Schrecken gehabt, hätte der Mann nicht laut zu schreien angefangen. Auf dieses Zeichen hin mußte das neckische Tier seinen Mutwillen fortsetzen. Noch ein zweiter Satz bringt unsern Griechen völlig zum Liegen, und nun sitzt ihm das Ungeheuer mit beifälligem Gebrüll auf dem Leibe, umarmt ihn sehr zärtlich, wälzt ihn dabei aber, da er entrinnen will, dergestalt im Kote herum, daß von der blendenden Kleidung auch nicht ein handgroßer Flecken mehr rein bleibt. Alle Heiligen fleht er um Hilfe an, allein keiner hilft ihm; endlich wendet er sich an uns, und wir entwinden ihn auch glücklich den Klauen seines Peinigers, der ihn natürlich nicht im geringsten verletzt hatte. Der dicke Herr kam wieder auf seine Beine, allein er begann jetzt so furchtbar zu schimpfen, daß wir ihm die erlittene Unbill als ganz gerechte Strafe von ganzem Herzen gönnten. Er schwor, sich zu rächen und diese Fahrlässigkeit von unsrer Seite sofort dem Pascha zu berichten, sobald er nur wieder frisch angezogen sein werde. Nach einer halben Stunde erschien er denn auch wieder, noch immer wutschnaubend, und begab sich zum Pascha. Leider aber traf das alte Sprichwort: »Wer den Schaden hat, darf für den Spott nicht sorgen«, diesmal auch bei unserm Griechen ein, denn der Pascha war nicht weniger ergötzt über den geistreichen Einfall der Löwin, und Channa Sabuâ hatte das Vergnügen, anstatt der gehofften Rache gegen uns den Spott und das Gelächter seines Freundes und des Hofstaates zu ernten.

Gegen uns benahm sich Bachida immer sehr liebenswürdig, und

nur einmal mußte sie von mir derb gezüchtigt werden, was mir freilich beinahe übel zu stehen gekommen wäre. Bachida hatte meinen Lieblingsaffen anfangs erschreckt, später gemißhandelt und zuletzt getötet und gefressen, und ich mußte fürchten, daß sie sich mit der Zeit noch an andre Tiere machen und mir großen Schaden verursachen würde. Ich führte sie also, mit der Peitsche in der Hand, zu den einzigen Überbleibseln ihres Schlachtopfers, die ich noch vorfand, zum Kopfe und Schwanze des Affen, und prügelte sie tüchtig ab. Sie suchte zu entfliehen, wurde jedoch von mir verfolgt und schließlich bis in einen der Räume unsres Gehöfts getrieben. Als sie einsah, daß sie nicht entrinnen konnte, nahm sie plötzlich eine andre Miene an als früher, und stellte sich mir so herzhaft zur Wehr, daß ich fürchten mußte, von dem zu jener Zeit mehr als halberwachsenen Tiere erheblich verletzt zu werden.

Ich bin überzeugt, daß sich die im höchsten Grade erzürnte Löwin sofort auf mich gestürzt haben würde, wenn ich auch nur einen Schritt zurückgewichen wäre, allein gleichwohl lag mir alles daran, ihr freien Ausgang zu verschaffen. Ohne Unterlaß mit der Peitsche ihr Fell bearbeitend, drückte ich mich auf die Seite und öffnete so der Löwin den Ausweg, den sie auch schleunigst benutzte. Schon nach einer halben Stunde war ihr Zorn verraucht, und sie kam wieder, freundlich wie immer, gleichsam abbittend, mich liebkosend wie vorher, so daß mich jetzt die ihr erteilte Strafe fast ebenso schmerzte, als dieselbe sie geschmerzt haben mochte. Das war der einzige Streit, den wir beide jemals miteinander gehabt hatten. Ich wiederhole nochmals, daß Bachida sonst nie sich eine Unart gegen uns erlaubte oder in irgendeiner Weise die Wildheit eines Raubtieres bekundete.

Meine Armut zwang mich, zu meiner Rückreise die gefährlichste Straße zu wählen, d. h. ein gerade nach Ägypten abgehendes Schiff zu benutzen, auf dem ich über alle Stromschnellen des Nils hinwegtanzen sollte. Der Tiere wegen, die wir bei uns führten, war dieser Weg in gewisser Weise den andern Straßen durch die Wüste vorzuziehen, da wir auf ihm niemals Mangel an Wasser verspürten. Auf unserm Boote lebten wir nun in sehr inniger Gemeinschaft mit unserm sämtlichen Vieh zusammen, und namentlich Bachida war der erklärte Liebling aller Bewohner des Schiffes. Ihre Reinlichkeitsliebe war merkwürdig. Niemals verunreinigte sie ihren Käfig während der Fahrt. Sie wartete vielmehr mit Schmerzen des Augenblicks, der das Schiff dem Ufer zuführen und ihr die gewohnte Freiheit gewähren sollte. Ihretwegen legten wir gewöhnlich ziemlich entfernt von den Dörfern an und ließen dann sofort nach der Landung das liebe Tier aus seinem Käfig. Sobald dies geschah, stürzte Bachida eiligst aufs Land, um sich zu entleeren, was stets an einer verborgenen Stelle und ganz nach Katzenart gescheh, indem die Löwin für ihre Losung jedesmal eine Grube scharrte und dieselbe, nachdem sie ausgefüllt worden war, auch regelmäßig wieder mit Erde bedeckte. Nach Beendigung dieses wichtigen Geschäfts wurde sie lustig und übermütig. Wie ein junges Füllen sprang sie mit mächtigen Sätzen umher, kürzere oder längere Ausflüge machend, kehrte aber immer bald wieder zum Schiffe zurück.

Unsre Ankunft bei einem Dorfe brachte in demselben stets die freudigste Aufregung hervor. Alt und jung strömte herbei, um die Frendjis zu sehen, die ein ganzes Schiff mit »wilden Tieren« oder »Söhnen des Waldes« befrachtet hatten. Gewöhnlich war schon eine halbe Stunde nach unsrer Landung das Schiff mit einer so großen Menschenmenge umgeben, daß der Besuch uns zuweilen recht lästig wurde. Dies schien auch Bachida einzusehen, und da sie jedenfalls die gute Absicht hegen mochte, uns solcher Last zu entheben, erlaubte sie sich oft tolle Scherze nach ihrer Art, indem sie plötzlich den einen oder den andern durch einen wilden Satz erschreckte, sich hinter Buschwerk oder Felsen auf die Lauer legte und unverhofft brüllend hervorschoß oder andre Streiche vollführte, die den Mut der guten Dorfbewohner jener Gegenden auf allzu harte Proben stellten. Ich muß hervorheben, daß Bachida hier wirklich mit Verständnis handelte und stets sehr erfreut schien, wenn ihr ein solcher Schreck besonders gelungen war.

Zweimal ging sie jedoch zu Tätlichkeiten über, die ich nicht ganz billigen konnte und daher einschreiten mußte. Das eine Mal war sie vom Nilufer hinauf in ein ärmliches Dorf geklettert und hatte dort die eben heimkehrende Schafherde nicht nur vollständig zersprengt, sondern sich auch einen Zoll aus ihr erhoben, nämlich ein Lamm ergriffen, jedenfalls in der guten Absicht, dasselbe abzuwürgen. Die Dorfbewohner erhoben förmlich ihr Kriegsgeschrei, jenes zitternde, durch unnachahmlichen Zungenschlag und gellende Töne hervorgebrachte, weit hörbare Tonunwesen, das Goltz mit

»wildem Waldvogelgesang in Urwäldern vor der Sündflut und Einführung eines geläuterten Naturgeschmacks« vergleicht. Aus allen Hütten hervor stürzten die erregten Bewohner des friedlichen Dorfes mit Waffen aller Art, um dem schauderhaften Feinde zu Leibe zu gehen. Die brüllenden Weiber hielten sich allerdings in entsprechender Entfernung, um sicher zu sein, und die mutigen Männer beratschlagten glücklicherweise noch, wie sie es anfangen möchten, das Ungeheuer in möglichst gefahrloser Weise zu besiegen, als ich ankam und der ganzen Aufregung dadurch ein Ende machte, daß ich, wie weiland Simson, meine Löwin am Kopfe packte, ihr den Rachen aufriß und das erfaßte Lamm mit einem Fußtritte fortschleuderte. Von der Dorfbewohnerschaft erntete ich allerdings Schmeicheleien und Bewunderung für meine Heldentat, nicht so aber von Bachida, die Lust zu haben schien, störrisch zu werden und ihre rechtmäßige Beute unter allen Umständen wieder zu erobern. Um auch sie zu befriedigen, wurde deshalb das ohnehin etwas mitgenommene Lamm für bare sechs Silbergroschen unsres Geldes erhandelt und nach dem Schiffe gebracht, wo es Bachida noch am selbigen Abend wohlgemut verspeiste.

Der zweite Fall war ernster. Wir lagen bei Theben, und Bachida ward der großen Menschenmenge wegen mit ihrer Kette an eine der Säulen des Tempels von Luksor gefesselt. Natürlich sammelten sich außer den stets dort sich findenden neugierigen Reisenden aus aller Herren Länder auch sämtliche Dorfbewohner, um »die Tochter Abu Fathmes«, wie die Sudanesen die weiblichen Löwen nennen, in gehöriger Nähe gefahrlos betrachten zu können. Unter ihnen befand sich ein kleiner zudringlicher Negerknabe, der Bachida wohl zu nahe gekommen oder sie gar erzürnt haben mochte; denn plötzlich teilte sich der dichte Kreis, der sie bisher umgeben hatte, unter entsetzlichem Geschrei und Geheul, Verwünschungen, Fluchen und Jammern, und mir wurde schleunigst die Nachricht hinterbracht, daß mein »Scheusal« soeben einen kleinen Adamssohn erfaßt habe und im Begriffe stehe, ihn ohne Umstände zu verschlingen. Es sei zwar nur ein Sklave, allein ich möge bedenken, daß er 1000 Piaster gekostet habe und ich ihn entschieden bezahlen müsse, wenn die Löwin ihn fressen würde.

Daß dieser letztere Satz, nach dortiger Ansicht jedenfalls der wichtigste, auch bei mir seine Wirkung nicht verfehlen würde, schien natürlich, und diese Meinung ward auch vollkommen gerechtfertigt, denn ich stürzte diesmal mehr als eilig zu meiner Freundin, um den gefangenen Buben zu befreien. Bachida spielte mit ihm wie eine Katze mit der Maus, drehte ihn in ihren Pranken hin und her, beroch ihn, zog ihn zu sich heran, ließ ihn wieder los, um ihn augenblicklich von neuem zu halten, hatte ihm aber bisher auch nicht das geringste Leid zugefügt und nirgends ihn auch nur geritzt. Meine Ankunft brachte sie augenblicklich zur Besinnung, daß der schwarze Schreihals kein Spielzeug für sie sei; sie ließ denselben fahren, noch ehe ich Miene machte, ihn ihr zu entreißen.

In Ägypten wurde der Zudrang der Menge zu unserm Schiffe so arg, daß wir öfters unsre Bachida zur Abwehr benutzen, das heißt, sie am Stricke führend die Leute zurücktreiben mußten. Gewöhnlich half bloß dieses Mittel, dann aber auch gründlich. Kein Mensch konnte begreifen, daß ein Löwe in dieser Weise gezähmt werden könne, wie es hier ersichtlich war; jedermann schien vielmehr zu glauben, ein Opfer des Ungeheuers werden zu müssen, und auch die Zudringlichsten machten sich eiligst auf die Socken, wenn wir mit der Löwin auf sie zukamen.

Während unsres Aufenthalts in Kairo gab Bachida den »Söhnen der Begnadigten« mehrere Male ein ganz außergewöhnliches Schauspiel. Um ihr zuweilen den Genuß von freier Luft zu verschaffen, führte ich sie nämlich an der Kette spazieren, und einige Male bin ich mit ihr über die stets von Spaziergängern erfüllte Esbekïe gegangen. Man kann sich denken, welche Menschenmenge augenblicklich sich versammelte, um solches nie Gesehene gehörig betrachten zu können. Unter den Ausrufen der vollsten Bewunderung folgte jeder, der uns sah, so daß unsre Schleppenträger bald zu Hunderten anwuchsen. Ihre Bewunderung schien jedoch vorzugsweise der Löwin, nicht aber meiner Wenigkeit zu gelten, da ich Ausrufe wie: »Bewahre uns der Allmächtige vor dem aus seinen Himmeln herausgestürzten Teufel!« »Behüte uns der Herr vor allem offenbaren Zauber!« »Gott verdamme diese Christen!« und andre öfters zu hören bekam. Gewöhnlich wurde der Zulauf zuletzt so unerträglich, daß ich nach kurzem Spaziergang zurückkehren mußte. Dabei wurde ich aber keineswegs durch die Menge der Zuschauer gehindert; denn wie in Oberägypten machte auch hier jedermann eiligst Platz, wenn das bewunderte Tier erschien, auf dessen

Gutmütigkeit man sich dennoch nicht ganz verlassen zu können glaubte.

Bauerhorst schenkte die Löwin dem Tiergarten in Berlin, und ich übernahm gern die Begleitung von ihr und einer ganzen Menge andrer Tiere, die der preußische Generalkonsul Herr v. P. derselben Anstalt geschenkt hatte, obwohl sich unter den Tieren auch ein erwachsener männlicher Löwe befand, mit dem nicht gerade zu scherzen war. Unsre Überfahrt von Alexandrien war rasch und glücklich, wenn sich auch die Tiere mit dem finstern Schiffsraume nicht recht befreunden konnten. Selbst Bachida schien sehr mißmutig und ärgerlich darüber geworden zu sein, obschon ich sie tagtäglich zum großen Ergötzen und Erstaunen der Reisenden aufs Verdeck heraufholte. Sie mußte dabei eine leiterartige Treppe heraufsteigen, und dies schien ihr stets viel Beschwerde zu verursachen, wurde jedoch nach Katzenart mit vielem Geschick bewerkstelligt. Sooft sie auf Deck erschien, war sie artig und liebenswürdig wie immer; in den dunkeln Schiffsraum kehrte sie aber stets mit großem Verdruß zurück.

Einmal verkannte sie mich gänzlich und ließ ihrem Groll freien Lauf, als ich an ihrem Käfig vorüberging. Ich wollte sie streicheln, wurde aber von ihr plötzlich so heftig am Arme gepackt, daß ich heute noch die Narben der dabei erlittenen Verletzungen an mir trage. Allerdings war sie außer sich, als ich sie anrief und sie ihr Unrecht erkannt hatte; ich aber merkte, daß in dieser Lage mit ihr nicht zu spaßen sei. Sogleich nach unsrer Ankunft in Triest war sie wieder das liebe gute Tier wie früher, und als ich sie nach viertägigem Getrenntsein wiedersah, kannte ihre Zärtlichkeit gar keine Grenzen. Es wurde für mich fast gefährlich, zu ihr in den Käfig zu gehen, da sie mich mit Gewalt dort festhalten wollte und ich jedesmal nur durch List von ihr loskommen konnte. Unser Abschied ging mir sehr nahe, und ich muß offen bekennen, daß ich von Hunderten von Menschen mich getrennt habe, ohne auch nur entfernt so ergriffen worden zu sein, als ich es in jenem Augenblick war, der mich für Jahre von meiner treuen Freundin scheiden sollte. Auch sie schien es zu ahnen, daß wir nun getrennt werden würden; denn sie jammerte fast kläglich, als ich zuletzt von ihr gehen wollte und doch immer noch einmal zu ihr zurückkehren mußte, um sie von neuem zu liebkosen.

Und in der Tat vergingen Jahre, ehe ich Bachida wiedersah. Erst zwei Jahre nach meiner Rückkehr aus Afrika kam ich nach Berlin, und meine erste Frage war natürlich nach Bachida. Ich erfuhr zu meiner Freude, daß sie sich wohl befinde, groß und schön geworden sei und ihre alte Liebenswürdigkeit sich noch bewahrt habe. Da trieb es mich denn fast mit Gewalt zu ihr. Ich bedurfte keiner neuen Vorstellung seitens eines Aufwärters, denn ich erkannte meine Löwin auf den ersten Blick wieder. Eine ziemlich zahlreiche Gruppe von Neugierigen stand vor ihrem Käfig, als ich mit einem Freunde mich näherte. Man warnte mich freundlich, nicht zu nahe zum Käfig zu gehen, allein ich glaubte diesmal dieser Warnung nicht zu bedürfen und beruhigte die Besorgten, indem ich sagte, daß ich die Gewalt habe, die Tiere durch den Blick meines Auges zu bändigen, und ihnen gleich beweisen würde, daß es wahr sei. Und wirklich war das höhnische Gelächter einiger Anwesenden, welche die Entgegnung dieser Worte war, zu früh, denn der Erfolg bestätigte das, was ich erwartet hatte. In der völlig veränderten Kleidung, in der ich vor Bachida stand, erkannte sie mich augenblicklich zwar nicht, allein beim ersten Worte, das ich an sie richtete, lauschte sie hoch auf, ihre Augen funkelten, sie legte sich wie zum Sprunge zurecht und lauschte nochmals. Und als ich dann wie in alten Zeiten zu ihr sagte: *»Bachída, ja Bachída, Habíbti, kef chalak, kef salamtak?«* das heißt, als ich sie begrüßt hatte, wie man eine teure Freundin begrüßt, in der Sprache, in der man zur Freundin redet, da war Bachida mit einem Satze an dem Gitter und reichte mir durch dasselbe beide Pranken. Ich gab ihr furchtlos meine Hand, sie zog sie an sich, legte sich nieder und auf den Rücken, wie sie es zu tun pflegte, wenn sie sich recht glücklich fühlte, und ließ sich nun mit der höchsten Befriedigung von meiner Seite streicheln und hätscheln wie in vergangenen Tagen. Es bedurfte einer großen Überwindung, um mich wieder von diesem Tiere trennen zu können; und noch einmal nahm ich ebenso traurig Abschied von ihm, wie ich ihn in Wien genommen hatte.

Es war der letzte; denn Bachida ist tot.

III

Student, Lehrer und Schriftsteller

Alfred Brehm war wieder daheim, ein lebenstüchtiger, durch mannigfache Erfahrungen und Bewährungsproben vorzeitig gereifter junger Mann von kräftiger, schlanker Gestalt, mit dunklem Haupt- und Barthaar und tiefliegenden, durchdringenden Augen. Wie seinerzeit Charles Darwin nach seiner fünfjährigen Weltumsegelung war auch Brehm nach seiner ebenso langen Afrikareise innerlich verändert. Und wie der junge Engländer sah er jetzt nur noch eine Lebensaufgabe vor sich, die Naturforschung, der beide, jeder auf seine Weise, bis zum Tode treu blieben.

Die Architektenlaufbahn war nicht mehr sein Ziel. Die ersten Monate in der Heimat nutzte Brehm zur intensiven Vorbereitung auf das angestrebte naturwissenschaftliche Studium. Am 29. April 1853 wurde er dann als Student an der Universität Jena immatrikuliert. Das war jedoch mit einigen Schwierigkeiten verbunden, da er ja kein richtiges Gymnasium absolviert hatte. Was halfen ihm sein ganzes Fachwissen und seine unbestreitbare »sittliche Reife«, wenn ihm die amtliche Bestätigung dieser Reife fehlte? Zum Glück erteilte ihm das herzogliche Konsistorium in Altenburg ausnahmsweise die Erlaubnis zum Studium, wahrscheinlich weil die hohen Herren einsahen, daß der »Vogelpastor« seinen Sohn mit Erfolg privat unterrichtet hatte.

Ob es dem Vater auch gelang, ein Stipendium für Alfred zu erwirken, ist nicht bekannt. Nur sein Gesuch »an das Herzogl. Finanzministerium zu Altenburg« blieb erhalten, in dem er die ihm gemachten Zusagen höflichst anmahnt: »Das Hohe Finanzministerium geruhte früher, meinem Sohne Alfred Edmund Brehm, wenn er glücklich von seiner gefährlichen Reise aus Afrika zurückgekommen sein werde, dreißig Taler als ein gnädiges Geschenk zu verwilligen, und die Hochverehrten Glieder dieses Ministeriums gaben uns im Julius 1852 die tröstliche Hoffnung, ihm, wenn er auf der Landesuniversität Jena studieren würde, auf geziemendes untertäniges Ansuchen eine gnädige Unterstützung aus Staatsmitteln zu gewähren. Wir haben bis jetzt angestanden, um diese gnädige Unterstützung untertänigst zu bitten, weil er durch die aus Afrika mitgebrachten und verkauften Vögel die Mittel zur Betreibung seiner Studien erlangt hatte. Allein diese Mittel sind erschöpft, die Hoffnung, durch Verkauf einer Anzahl seiner mit Lebensgefahr erbeuteten Vögel an die naturforschende Gesellschaft Alten-

burg, welcher er eine schöne Reihe von Vögeln geschenkt hatte, einen Zuschuß zu seiner Subsistenz zu erhalten, ist durch abschlägige Antwort ihrer Vorsteher unerfüllt geblieben, und ich bin als Vater von 6 Kindern, von denen außer meinem Alfrede jetzt schon 2, zu Ostern 3 außerhalb des Hauses erhalten werden müssen, bei dem besten Willen nicht im Stande, ihm das Nötige zu reichen.

In dieser Verlegenheit nehmen wir unsere Zuflucht zu dem Herzogl. Hohen Finanzministerium und bitten untertänigst, es wolle geruhen, diesem meinem Sohne, welcher durch seine bald beendete Reisebeschreibung beweisen wird, daß er nicht umsonst gereist ist, zur Vollendung seiner Studien eine jährliche Unterstützung zu verleihen. Die beiliegenden Zeugnisse beweisen, daß er in Jena fleißig und eifrig studiert.«

Zwei Jahre dauerte für Alfred Brehm das Studentenleben in Jena (in Wien studierte er offensichtlich nicht, auch wenn das in fast allen Biographien zu lesen steht). Er war ein aufgeschlossener, lebenslustiger Student, der bald in das Korps »Saxonia« eintrat und im Kreise seiner meist jüngeren Kommilitonen fröhlich kneipte und mit seiner unwiderstehlichen Erzählerbegabung von seinen afrikanischen Abenteuern berichtete. Die Spitznamen »Pharao« und »Afrikaner«, die man ihm gab, drücken eher Bewunderung als Spott aus, und auch die kleine afrikanische Menagerie, die er in seiner Studentenbude untergebracht hatte, trug erheblich zur Mehrung seines Ansehens bei.

Doch der flotte Student war auch ein fleißiger Arbeiter. Er beschäftigte sich gründlich mit den naturwissenschaftlichen Fächern, die er belegt hatte, vor allem selbstverständlich mit dem Hauptfach Zoologie, und nebenher verfaßte er anhand seiner Tagebuchaufzeichnungen einen rund 1000 Druckseiten starken afrikanischen Reisebericht. Dieses Werk, das wir bereits erwähnten und aus dem wir im vorangegangenen Kapitel auszugsweise zitierten, erschien 1855 im Jenaer Verlag Fr. Maucke in drei Bänden unter dem hier vollständig wiedergegebenen Gesamttitel *Reiseskizzen aus Nordost-afrika, oder den unter ägyptischer Herrschaft stehenden Ländern Ägypten, Nubien, Sennahr, Rosseeres und Kordofahn. Gesammelt auf seinen in den Jahren 1847–1852 unternommenen Reisen.*

Die stilistische Meisterschaft und der hohe wissenschaftliche Wert der Reisebeschreibung, die auch heute noch als eines der schönsten Afrikabücher deutscher Sprache und als ein Dokument von großer zoologischer, geographischer, ethnologischer und kulturgeschichtlicher Bedeutung gilt, überzeugten damals auch die Professoren der Universität Jena. Sie ersparten Brehm die Abfassung einer eigenen Examensarbeit und nahmen das Buch als Dissertation an. Am 1. Mai 1855 wurde der begabte Autor zum Doktor der Philosophie promoviert.

Alfred Brehm hatte sich nun als Naturwissenschaftler mit reicher praktischer Erfahrung und akademischem Diplom ausgewiesen, aber seine berufliche Zukunft war ungewiß. Wahrscheinlich dachte er schon zu diesem Zeitpunkt daran, sich hauptsächlich als (populär)wissenschaftlicher Tierschriftsteller zu betätigen. Immerhin hatte er bereits ein erfolgreiches dreibändiges Werk und mehrere Beiträge für ornithologische Fachzeitschriften veröffentlicht und damit sich und anderen bewiesen, daß er schreiben konnte.

Doch erst einmal wollte der promovierte Naturbursche der abgestandenen Atmosphäre der Hörsäle und Gelehrtenstuben entfliehen. Er fuhr kurzerhand nach Spanien, wo sein älterer Bruder Reinhold, ebenfalls ein begeisterter Tierbeobachter und Weidmann, in Madrid als Arzt tätig war. Einige Monate lang durchstreiften die Brüder im Jahre 1856 die Iberische Halbinsel bis hinunter zum Felsen von Gibraltar. Die Kosten deckten die erfindungsreichen Brehms mit selbstverfertigten »Aktien«: Jeder Käufer eines solchen Papiers durfte sich hinterher einen entsprechenden Anteil der Jagdtrophäen und der wissenschaftlichen Belege aussuchen. Es scheint, daß die Aktionäre voll auf ihre Kosten gekommen sind. Und auch der alte Herr in Renthendorf konnte sich über einen beträchtlichen Zuwachs seiner Bälgesammlung freuen, der vor allem in selteneren Greifvogelarten bestand.

Brehm lernte in Spanien neue Landschaften und Tiere kennen, er saß mit Hirten, Schmugglern und zuweilen sogar mit Banditen am Lagerfeuer zusammen, und er sah sich auch Stierkämpfe an. In seinem (bisher nicht gedruckten) spanischen Tagebuch bezeichnete er dieses rohe Volksvergnügen als einen »Tummelplatz scheußlichster Barbarei, der nichtswürdigsten Verhöhnung dessen, was in uns Menschen an Menschlichem lebt«, und auch in einem später veröffentlichten längeren Bericht, der wegen seines dokumentarischen Gehalts lesenswert bleibt, bringt er seinen Abscheu deutlich zum Ausdruck. Brehm machte sich zwar nie ein Gewissen daraus, Tiere weidgerecht zu töten, aber unnötige Grausamkeit gegen Tiere war ihm stets zuwider.

Ein Stierkampf in Murcia

Schon in den ersten Nachmittagsstunden des festlichen Sonntags drängten sich die Menschen in den Straßen. Überfüllte Wagen aller Art kreuzten sich mit leeren, die vom Platze zurückkehrten, um neue Schaulustige herbeizuführen. Am Eingange des Schauplatzes wogte die bunte Menge unter Fluchen und Toben durcheinander, obgleich die Türen bereits seit mehreren Stunden geöffnet waren und die ärmeren Stadtbewohner sowie die Landleute schon seit Mittag ihre Plätze gewählt und besetzt hatten. Fünf Stunden lang mußten diese Erstlinge die furchtbare Sonnenglut aushalten, um dann während der Vorstellung Schatten zu haben, ertrugen jedoch alles gern, um nur das erhabene Schauspiel in Ruhe genießen zu können. Der Anblick des Amphitheaters war überraschend. Die Menschenmenge verschmolz zu einem bunten Ganzen, aus dem nur die roten Binden der Männer der Fruchtebene und die lebhaft gefärbten Halstücher der Frauen hervorstachen. Einige junge Leute schwenkten rote Fahnen mit darauf gestickten Stierköpfen und anderen passenden, d. h. auf das Rindvieh bezüglichen Sinnbildern des Festes; viele waren mit Sprachrohren versehen, um den wüsten Lärm noch vermehren, das Gekreisch und Gebrüll vervollständigen zu können.

Unsere anfangs noch den Sonnenstrahlen ausgesetzten Plätze befanden sich hart an der zum Stierzwinger führenden Türe. Links vor uns hatten wir die Pforte, durch welche die Kämpfer hereintreten und die getöteten Tiere hinausgeschafft werden, rechts über uns war der Schausitz der Obrigkeit, dicht vor uns, bloß durch eine Planke getrennt, der Kampfplatz. Dieser mochte ungefähr 60 oder 80 Schritte im Durchmesser halten und war ziemlich geebnet, jetzt aber voller Pfirsichkerne und anderer Fruchtreste, die man von oben herabgeworfen hatte und beständig noch herabwarf. Die Planke, die anderthalb Meter hoch sein mochte, hatte an der inneren Seite in einer Höhe von einem halben Meter ziemlich breite Leisten, dazu bestimmt, den vor dem Stier fliehenden Kämpfern beim Überspringen Unterstützung zu gewähren. Zwischen dieser Umhegung und den Schauplätzen war ein schmaler Gang für die Toreros leer gelassen worden; hierauf folgten, »in weiten, stets geschweiften Bogen« die für die Menge bestimmten Bänke, etwa 20 oder 30 an der Zahl, auf diese Sitzreihen die gesperrten Plätze und auf sie endlich die Logenreihen, in denen man die Frauen der Stadt im höchsten Putze sehen konnte und auf deren Dächern noch Hunderte von Menschen, den Regenschirm gegen die Sonnenstrahlen ausgespannt, erwartend standen, wahrscheinlich, weil sie unten keine Sitze gefunden hatten. Erst beim Anblick dieser Menschenmenge wurde es glaublich, daß eine Arena 12–20000 Menschen fassen kann.

Mit dem Schlage der bestimmten Stunde erschien der Alkalde in seiner reichverzierten, mit dem Wappen der Stadt geschmückten Loge. Die großen Tore öffneten sich, und die Toreros traten herein.

Vor ihnen her ritt ein Alguazil in seiner uralten Amtstracht; auf ihn folgten die Espadas, Banderilleros und Cacheteros, hierauf die Pikadores und zuletzt ein Gespann mit drei reichgeschmückten Maultieren. Die Fechter trugen enge, überreich gestickte Kleider und darüber rote, mit Goldschmuck überladene Sammetmäntel; die kurze Jacke war förmlich mit Gold und Silber überdeckt, weil man nicht allein die Schultergegend mit dicken Goldtroddeln verziert, sondern auch dicke Silberplatten, welche Edelsteine umfaßten, darauf geheftet hatte. Die schwarzen Käppchen, die aller Köpfe bedeckten, waren aus dickem Wollzeuge eigentümlich gewebt; die Bekleidung der Füße bestand aus leichten Schuhen mit silbernen Schnallen. Die Banderilleros trugen anstatt der Mäntel buntfarbige wollene Tücher über dem Arme. Ganz abweichend waren die Pikadores gekleidet. Nur die Jacken waren ebenso kostbar gestickt wie bei den übrigen; die Beinkleider aber bestanden aus dickem Leder und waren über schwere, eiserne Schienen gezogen, welche die Unterschenkel und die Füße sowie den rechten Oberschenkel umhüllten; auf dem Haupte saßen breitkrempige, mit buntfarbigen Bandrosen verzierte Filzhüte. Diese Leute ritten erbärmliche Klepper, altersschwache Pferde, die sie mit einem wirklich furchtbaren Sporn am linken Fuße antrieben, und saßen in Sätteln mit hohen Rückenlehnen und überaus schweren, wie grobe Holzschuhe gestalteten eisernen Steigbügeln. Alle Fechter trugen dünne Haarzöpfe von größerer oder geringerer Länge.

Der Zug der hereingetretenen Männer bewegte sich nach der Loge des Alkalden, verbeugte sich vor diesem und grüßte sodann die schauende Menge. Hierauf rief der Alguazil einige Worte, die aber von ungeheuerem Gebrüll der Zuschauer vollkommen verschlungen wurden, zum Mann des Gesetzes hinauf, um sich dessen Genehmigung zum Beginn der Vorstellung zu erbitten. Der Alkalde erhob sich und warf dem Alguazil den Schlüssel zum Türzwinger zu. Dieser fing ihn auf, ritt zu der Türe des Zwingers und gab ihn einem dort stehenden Diener, der die Türe aufschloß, aber nicht öffnete. Die Espadas warfen ihre Mäntel ab, hingen sie an der Umplankung auf, ordneten ihre Degen und nahmen, wie die Banderilleros, bunte Tücher zur Hand; die Pikadores ritten zu einem besonderen Beamten, der Quäl- und Schlachtwerkzeuge bewahrte, und erbaten sich von diesem Lanzen, 3–4 m lange, runde, etwa 4 cm

im Durchmesser haltende Stangen, an deren einem Ende eine kurze, dreischneidige, sehr scharfe Spitze befestigt ist, aber nur soweit hervortritt, als sie in das Fleisch des Stieres eindringen soll. Nachdem sie ihre Waffen empfangen hatten, waren alle zum Beginne des Gefechtes nötigen Vorbereitungen beendet.

Es läßt sich nicht verkennen, daß bis jetzt das Schauspiel etwas Großartiges und teilweise auch Anziehendes hatte; von jetzt an aber sollte es anders kommen. Bisher hatte man es noch mit Menschen zu tun gehabt; von nun an aber trat das Vieh in seine Rechte.

Man öffnete die Türe des Stalles, um dem eingepferchten Stiere einen Ausweg zu verschaffen. Der Stier war vorher regelrecht in Wut versetzt worden. Der Stierzwinger ist ein breiter Gang mit mehreren kleinen, gemauerten oder aus Holz bestehenden Kämmerchen, in die je ein Stier getrieben wird, oft mit großer Gefahr und Mühe, hauptsächlich durch Hilfe der zahmen Ochsen, die gegen ihre wilden Brüder ähnlich verfahren wie die zahmen Elefanten gegen die frisch gefangenen. In seinem Kämmerchen nun wird der zum Kampfe bestimmte Stier erst stundenlang mit einem Stachelstock gepeinigt oder, wie der Spanier sagt, »gestraft«. Die Spitzen sind nadelfein, so daß sie wohl durch die Haut dringen und Qualen verursachen, aber kaum Blutverlust hervorrufen. Man kann sich denken, wie sehr sich die Wut des gefangenen Tieres, das sich nicht einmal in seinem Kämmerchen umdrehen kann, steigert und mit welchem Grimm es ins Freie stürzt, sobald ihm dazu Gelegenheit sich bietet.

Sofort nach dem Öffnen erschien der erste der Verdammten.

»Ein Sohn der Hölle schwarz und wild,
Unbänd'ger Kraft ein schaurig Bild;
Dumpf drang aus seiner Brust die Stimme,
Er schnaubte wild im Rachegrimme.«

Um ihn noch mehr in Wut zu versetzen, hatte man ihm eine Minute vorher die sogenannte »Devise«, eine große buntfarbige Bandrose, mittels einer eisernen Nadel mit Widerhaken durch Haut und Fleisch gestochen und damit die vorhergehenden Qualen würdig beschlossen. Beim Heraustreten stutzte er einen Augenblick, nahm sodann sofort einen der Banderilleros an und stürzte gesenkten Hauptes auf diesen los. Der Fechter empfing ihn mit der größten Ruhe, hielt ihm das Bunttuch vor und zog sich sodann gewandt zurück, um ihn einem der Pikadores zuzuführen. Diese saßen mit vorgehaltenen Lanzen unbeweglich auf ihren Pferden, denen sie, weil sie die wütenden Stiere immer von der rechten Seite auflaufen ließen, das rechte Auge verbunden hatten, oder ritten den Stieren höchstens einige Schritte entgegen, um sie dadurch zum Angriffe zu reizen. Ihre Aufgabe war es, den Stier von den Pferden abzuhalten;

allein die armen, altersschwachen, dem Tode geweihten Mähren besaßen selten genug Widerstandsfähigkeit, um dem Stoße des Pikadors den erforderlichen Nachdruck zu verleihen, und wurden deshalb regelmäßig das Opfer des anstürmenden Feindes.

Wenn der Stier vor einem Reiter angekommen war, blieb er eine Zeitlang unbeweglich stehen, stampfte mit den Vorderfüßen den Boden und schleuderte den Sand hinter sich, schlug mit dem Schweife, rollte die Augen, senkte plötzlich den Kopf und rannte auf das Pferd los, dabei aber mit seiner vollen Kraft in die vorgehaltene Lanze, die der Pikador nach seinem Nacken gerichtet hatte. Pferd und Reiter wurden durch den Stoß des Stieres zurückgeschleudert, beide aber blieben diesmal unversehrt. Brüllend vor Schmerz und Wut, zog sich der Angreifer zurück und schüttelte den blutigen, von der Pike weit aufgerissenen Nacken. Dann stürzte er sich von neuem auf die vor ihm hergaukelnden Fußfechter, deren Mäntel ihn in immer größere Wut versetzten, oder auf einen anderen Pikador. Beim zweiten Anlaufe gelang es ihm fast immer, bis zu dem Pferde vorzudringen, und dann bohrte er im selben Augenblicke die spitzigen Hörner tief in den Leib des letzteren. Glücklich für das gefolterte Tier, wenn der erste Stoß in die Brust gedrungen und tödlich war; wehe ihm, wenn es nur eine klaffende Wunde in das Bein oder in den Unterleib erhalten hatte! Wenn auch ein Stier dem Pferde den Unterleib aufgeschlitzt hatte und die Gedärme herausquollen oder selbst auf der Erde nachschleppten, so daß das gepeinigte edle Geschöpf mit seinen eigenen Hufen auf ihnen herumtrat: seine Marter war dann noch nicht beendigt. Die Pikadores schleppten sich schwerfällig bis zur Umplankung und erschienen nach einiger Zeit auf einem neuen Pferde wiederum auf dem Kampfplatze. Wenn die gefallenen Pferde noch etwas Leben zeigten, wurden sie geschlagen und gemartert, in der Absicht, sie nach dem gemeinschaftlichen Totenbette zu schaffen. Dort wurden ihnen, während die Banderilleros den Stier auf einer anderen Seite beschäftigten, die Sättel abgerissen, und wenn es anging, schlug, stieß, schob und zog man sie von neuem, um sie von dem Platze zu bringen; denn nur ein tot zusammengestürztes oder wenigstens schon mehr als halbtotes Pferd ließ man ruhig auf der Walstatt liegen.

Bei jedem gut abgewiesenen Anlaufe des Stiers spendeten die Zuschauer dem Pikador, bei jeder Verwundung, welche ein Pferd erhielt, dem Stiere Beifall. Stimmen der empörendsten Gefühllosigkeit wurden laut: »Geh, Pferd, nach dem Krankenhause, laß dich dort heilen! Sieh, Pferdchen, welch einen Stier du vor dir hast! Weißt du jetzt, mit wem du es zu tun hattest?« Solche und ähnliche Worte vernahm man, und rohes Gelächter begleitete solche Ausrufe. Je tiefer die Verwundung eines Pferdes war, um so stürmischer erbrauste der Beifall des Volkes; mit wahrer Begeisterung aber begrüßte man die Niederlage eines Pikadors. Während des ganzen Gefechtes geschah es mehrere Male, daß einer dieser Leute samt seinem Pferde von dem Stiere zu Boden geworfen wurde. Einer derselben stürzte mit dem Hinterkopfe gegen die Holzwand, daß er für tot vom Platze getragen wurde, kam aber mit einer Ohnmacht und einer leichten Schramme über dem Auge davon. Ein zweiter erhielt eine bedeutende Verrenkung des Armes und wurde dadurch für die nächste Zeit kampfunfähig. Den ersteren würde der Stier ebenso wie sein Pferd getötet haben, hätten die Fußfechter nicht die Aufmerksamkeit des gereizten Tieres durch ihre Tücher auf sich gelenkt und es dadurch von jenem abgezogen.

So dauerte der erste Gang des Gefechtes ungefähr 15 Minuten oder länger, je nach der Güte, d. h. je nach der Wut des Stieres. Je mehr Pferde er tötete oder tödlich verwundete, um so mehr achtete man ihn. Die Pikadores kamen oft in Gefahr, wurden aber immer durch die Fußfechter von dem Stiere befreit; diese selbst entflohen im Notfalle durch rasches Überspringen der Umplankung. Ihre Gewandtheit war bewunderungswürdig, ihre Tollkühnheit überstieg allen Glauben. Der eine Fechter faßte den Stier beim Schwanze und drehte sich mit ihm mehrere Male herum, ohne daß das hierdurch in Raserei versetzte Tier ihm etwas anhaben konnte. Andere warfen, wenn der Stier sie schon fast mit den Hörnern erreicht hatte, ihm noch geschwind das Tuch über die Augen und gewannen so immer noch Zeit zum Entfliehen.

Nachdem der Stier genug Pikenstöße empfangen hatte, gab ein Trompetenstoß das Zeichen zum Beginne des zweiten Ganges. Jetzt nahmen einige Fußfechter die Banderillas zur Hand. Die Pikadores verließen den Kampfplatz, die übrigen behielten ihre Tücher bei. Die Banderilla ist ein starker, ungefähr 75 cm langer, mit Netzen bekleideter Holzstock, der vorn eine eiserne Spitze mit Widerhaken hat. Jeder Banderillero ergriff zwei dieser Quälwerkzeuge, reizte den Stier und stieß ihm, sowie der auf ihn losstürzte, beide Banderillas gekreuzt in den durch Pikenstöße zerfleischten Nacken. Vergeblich versuchte der Stier sie abzuschütteln, und immer höher steigerte sich seine Wut. Im grimmigsten Zorne nahm er den zweiten und den dritten Banderillero auf. Jedesmal erhielt er neue Banderillas, ohne jemals den Mann erreichen zu können, der sofort nach dem Stoße gewandt zur Seite sprang. Binnen fünf Minuten war ihm der Nacken mit mehr als einem halben Dutzend Banderillas gespickt. Beim Schütteln schlugen diese klappernd aneinander und bogen sich allgemach zu beiden Seiten herab, blieben aber stecken.

Ein neuer Trompetenstoß eröffnete den dritten Gang. Der erste Espada, ein echtes Bravogesicht, schritt auf den Alkalden zu, verneigte sich und brachte ihm und der Stadt ein Hoch. Dann nahm er ein rotes Tuch in die linke, die Espada in die rechte Hand, ordnete Tuch und Waffe und trat dem Stiere entgegen. Den langen spitzigen und starken zweischneidigen, der ein Kreuz und einen sehr kleinen Handgriff hat, faßte er so, daß die drei hinteren Finger in dem Bügel staken, der Zeigefinger auf der Breitseite des Degens und der Daumen auf dem Handgriffe lag. Das Tuch breitete er über einen Holzstock aus, an dessen Ende es durch eine Stahlspitze festgehalten wurde. Mit dem Tuche reizte er den Stier, bis dieser auf ihn losstürzte; aber nur dann, wenn das Tier in günstiger Weise anlief, versuchte er ihm einen Stoß in den Nacken zu geben. Gewöhnlich ließ er den Stier mehrere Male anlaufen, ehe er überhaupt zustieß. Bei einem Stiere gelang es ihm erst mit dem dritten Stoße, die geeignete Stelle hart am Rückgrate zwischen den Rippen zu treffen; die früheren Stöße waren durch die Wirbelkörper aufgehalten worden. Nach jedem Fehlstoße ließ der Mann die Espada stecken und bewaffnete sich mit einer anderen, während der Stier die erstere durch Schütteln abwarf. Wenn der Stoß gut gerichtet war, senkte sich der Degen bis zum Hefte in die Brusthöhle und kam gewöhnlich unten wieder zum Vorschein. Sofort nach dem tödlichen Stoße blieb der Stier regungslos stehen, ein Blutstrom quoll ihm aus Maul und Nase; er ging einige Schritte vorwärts und brach zusammen. Nunmehr näherte sich der Cachetero oder Matador, stieß dem sterbenden Tiere einen breiten Abfänger ins Genick und zog die Bandarose aus dem Nacken.

Beifallsgebrüll der Zuschauer vermischte sich mit rauschender

Musik. Die breite Pforte öffnete sich, um das Gespann der Maultiere einzulassen, die den Stier mittels eines zwischen und um die Hörner gewundenen, am Zugholze befestigten Strickes in vollem Rennen zum Tore hinausschleiften. Hierauf wurden die gefallenen Pferde in ebenderselben Weise fortgeschafft, die Blutlachen mit Sand bestreut, sonstige Vorkehrungen für das zweite Gefecht getroffen.

Ein zweiter, dritter, sechster Stier erschien auf dem Kampfplatze. Der Gang der Gefechtes war bei allen derselbe, nur mit dem Unterschiede, daß der eine mehr, der andere weniger Pferde tötete, daß dieser erst mit dem zehnten, jener mit dem ersten Degenstoße zu Boden fiel. Bei solchem Heldenstücke wollte das Brüllen der Zuschauer kein Ende nehmen. Der Espada selbst schnitt sich stolz ein Stück Haut des Tieres ab und warf es laut jubelnd in die Luft. In den Zwischenpausen spielte die Musik oder brüllten die Zuschauer. Nach 6 Uhr war das Schauspiel beendet. Auf blutgetränktem Bette lagen 20 getötete Pferde und der letzte der Stiere; die übrigen hatte man bereits fortgeschafft. Zehn oder zwölf mit Ochsen bespannte Karren hielten auf dem Platze, um die Mähren abzuräumen. Einzelne Pferde lebten noch, ohne daß eine mitleidige Hand sich gefunden hätte, ihrem Dasein ein Ende zu machen. Man schnitt ihnen, unbekümmert um ihr Röcheln und ihre Zuckungen, Mähnen und Schwänze ab; man lud sie endlich auf und überließ es ihnen, zu sterben, wo und wann sie könnten.

Es ist leicht erklärlich, daß solche öffentlich aufgeführte, von der Obrigkeit geduldete, ja geleitete Tierquälerei alle Leidenschaften aufstachelt. Nicht nur Männer schwärmen für diese fluchwürdigen Spiele, auch Frauen versäumen, wenn sie können, kein einziges, nehmen selbst ihre Säuglinge mit sich auf den Kampfplatz. Stierfechter erwerben sich gewöhnlich ein bedeutendes Vermögen und werden zu Helden des Tages, obgleich sie sonst in sehr geringer Achtung stehen und der Hefe des Volkes angehören. Mehr noch als sie selbst bewundert man die Stiere; einzelne, die viele Pferde töteten, genießen jahrelangen Nachruf, und von ihnen her schreibt sich die Achtung, mit der die Spanier das Rindvieh überhaupt behandeln.

Nach der Rückkehr aus Spanien ließ sich Brehm in Leipzig nieder. Er hätte wahrscheinlich ohne große Mühe eine akademische Laufbahn einschlagen können, doch das lag ihm nicht; er wollte ungebunden bleiben und lieber als freier Schriftsteller sein Glück versuchen. Und das Glück war ihm von Anfang an hold: In Leipzig lernte er sogleich einen Mann kennen, der sein Ratgeber, Förderer und väterlicher Freund wurde. Es war Emil Adolf Roßmäßler (1806–1867), ein bedeutender Zoologe, Botaniker und naturwissenschaftlicher Schriftsteller, dessen Name ganz zu Unrecht heute vergessen ist. Deshalb ein paar Stichworte zu seiner wechselvollen Biographie, deren Kenntnis für Brehms Leben nicht unwichtig ist:

Roßmäßler studierte Theologie, wandte sich aber sehr bald der Pflanzenkunde zu und verfaßte schon als junger Mann einige wichtige Beiträge zur Flora Deutschlands. Seine Interessen galten jedoch fortan mehr der Tierwelt, zumal den Insekten und den Mollusken (Schnecken und Muscheln). Seine Arbeiten auf diesem Gebiet trugen ihm 1830 eine zoologische Professur an der Forstakademie in Tharandt bei Dresden ein, wo er mehrere Jahre lang eine ungeheuer fruchtbare wissenschaftliche Tätigkeit entfaltete. Sein Ruf war so bedeutend, daß er 1848 Mitglied der Frankfurter Nationalversammlung wurde, wo er sich besonders im Schulausschuß hervortat. Doch sein oppositionelles Auftreten und seine liberale Gesinnung wurden ihm nach dem raschen Scheitern des ersten deutschen Demokratie-Versuchs zum Verhängnis. Er verlor 1849 seinen Lehrstuhl und mußte als naturwissenschaftlicher Volksschriftsteller in Leipzig seinen Lebensunterhalt verdienen. Durch seine Schriften und Vorträge hat er im vorigen Jahrhundert wie kaum ein anderer als Popularisator naturkundlichen Wissens gewirkt.

Roßmäßler und Brehm waren ohne Zweifel Brüder im Geiste. Der Ältere und Erfahrenere lenkte das noch unbestimmte Streben des »Anfängers« Brehm behutsam in die richtige Bahn, nicht nur beruflich, sondern vermutlich auch politisch. Über Brehms Einstellung zur Politik ist wenig bekannt; dieser Lebensbereich interessierte ihn offenbar nicht sonderlich. Es scheint aber, daß er damals vom fortschrittlichen Geist Roßmäßlers und anderer in Leipzig lebender 48er Revolutionäre angesteckt wurde. Nur so erklärt sich eine vorwurfsvolle Bemerkung, die in einem Brief seines Bruders Reinhold enthalten ist: »Du scheinst mir in mancher Art etwas Republikanisches oder wenigstens freisinnige Ideen zu haben.«

Aus einer solchen republikanischen, der Öffentlichkeit dienen wollenden Gesinnung erwuchs Brehms Bestreben, dem akademischen Spezialistentum zu entsagen und, wie Roßmäßler, einen eigenen Beitrag zur brachliegenden naturwissenschaftlichen Volksbildung zu leisten. Durch Vermittlung seines älteren Freundes fand er bald auch das geeignete Publikationsorgan – die Familienzeitschrift *Die Gartenlaube*. Wir lächeln heute eher herablassend, wenn wir nur diesen Titel hören oder lesen, aber zu solcher Überheblichkeit besteht wenig Anlaß, zumindest was die frühe Phase der sehr langlebigen Zeitschrift angeht.

Ihr Verleger, der kluge, liberale Ernst Keil, der das Blatt 1853 in Leipzig gegründet hatte, war keineswegs ein betulicher Philister, sondern ein tüchtiger Geschäftsmann und bildungsbeflissener Publizist, der einer breiten Leserschaft neben leichter Unterhaltung auch solides, gefällig verpacktes Wissen bieten wollte – ein durchaus ehrenwertes Rezept. Schon im Geleitwort zur ersten Nummer der *Gartenlaube* hatte er dies seinen Lesern versprochen: »Dann wollen wir hinauswandern an der Hand eines kundigen Führers in die Werkstätten des menschlichen Wissens, in die freie Natur, zu den Sternen des Himmels, zu den Blumen des Gartens, in die Wälder und die Eingeweide der Erde, und dann sollt ihr hören von den schönen Geheimnissen der Natur.«

Als »kundiger Führer« zu den »schönen Geheimnissen der Natur« war der junge Brehm genau der richtige Mann. Er hatte viel Erzählenswertes in exotischen Ländern erlebt, und er konnte vorzüglich erzählen. Über viele Jahre hinweg erschienen regelmäßig Aufsätze und Schilderungen von Brehm in der *Gartenlaube*, und er hat erwiesenermaßen erheblich zum Erfolg dieses Familienblatts beigetragen. Mit heller Begeisterung verschlang jung und alt gleichermaßen seine farbigen Tier-, Reise- und Abenteuerberichte, wie etwa die Geschichte der Löwin Bachida, die wir bereits kennen und die erstmals 1860 in der *Gartenlaube* gedruckt wurde, oder auch die nun folgende poetisch-zarte Liebesgeschichte, eine besonders reizvolle afrikanische Reminiszenz, die Brehm 1858 in derselben Zeitschrift veröffentlichte:

Eine Rose des Morgenlandes

Schon mehrere Jahre sind vergangen, seit ich den letzten Becher aus den Fluten des Nils zum Abschied trank, und noch immer habe ich die Wahrheit des arabischen Wortes: »Wer einmal den Nil gekostet hat, dem läßt die Sehnsucht keine Ruhe, bis er wiederkehrt zu seinen palmenbestandenen Ufern«, nicht durch die Tat beweisen können, so gern ich auch wollte. Hundert Bande, die zu sprengen ich zu schwach bin, fesseln mich in der Heimat. Nur der Geist kann sich ergehen auf jenen Lichtgefilden des Morgenlandes, die mir lieb und teuer geworden sind wie die Stätte meiner Geburt. Gar oft will mir ein eignes Sehnen im Herzen sagen, daß jene Länder mir zur zweiten Heimat geworden seien; denn niemals habe ich es vermocht, diese Sehnsucht von dem bittersüßen Heimweh zu unterscheiden.

Ich sehne mich aber nicht bloß nach den Ländern im Osten, sondern auch recht innig zuweilen nach Menschen, lieben, guten Menschen von dorther, die mir einst teuer und wert waren. Gar befreundete Gestalten treten vor mein inneres Auge, wenn ich das alte, zerlesene Buch meiner Erinnerungen wieder aufschlage. Jedoch ist unter ihnen allen kaum eine, die sich mit der einen *Rose* vergleichen ließe. Ihr Duft hat mich eine Zeitlang berauscht und weht heute noch oft herein in meine Gedanken und Träume. Es war ein frisch-milder, lieblich-wohliger Duft, den jene Rose verstreute, und heutzutage noch kann ich traurig werden, wenn ich an sie denke. Wenn ich doch einmal mir die Brust schmücken könnte mit dieser Rose!

Ich war in den Tagen, von denen ich reden will, ein munterer Bursche von kaum mehr als zwanzig Jahren, der trotz mancher sehr ernsten Erlebnisse lustig in die Welt hinaussah und fröhlich-übermütig alle übrigen Adamskinder nur als Gegenstände seiner Heiterkeit oder seines Spottes betrachtete. Ein hübsches Stückchen Erde hatte ich bereits gesehen; mit verschiedenen Völkern hatte ich mich vertraut gemacht. Italienisch und Arabisch, die beiden Hauptsprachen für den europäischen Reisenden, waren mir geläufig geworden. Da führte mich mein unstetes Jägerleben auch nach einer der bedeutendsten Städte [Damietta] des unteren Ägyptens, in deren Nähe ein großer, jagdreicher See sich ausbreitet. Die Stadt liegt reizend. Ein Arm des Nils geht mitten durch sie hindurch, Palmenwälder umhegen sie, und in nicht allzu großer Ferne bildet ein Stückchen Meer den prachtvollen Rahmen zu dem am wenigsten anziehenden Teile des Rundbildes, das man von den platten Dächern der höheren Häuser der Stadt genießt. Man hatte mir in Kairo Empfehlungsbriefe an einige der reichsten und deshalb angesehenen christlichen Bewohner der Stadt mitgegeben, die mir sogleich nach meiner Ankunft eine Wohnung verschafften, wie ich sie gern habe. Kahil, so hieß mein Gastfreund, räumte mir und meinen Dienern mehrere Zimmer in einer alten »Wekahle« ein, die nur von Christen bewohnt wurde.

Um meinen deutschen Lesern die nötige Beschreibung dieser Wohnung zu geben, muß ich wohl erst sagen, daß »Wekahle« eigentlich ein verwaltetes Gut bezeichnet, gewöhnlich aber als Benennung eines großen Gebäudehaufens gilt, dessen untere Räumlichkeiten Warenlager sind, während die oberen von verschiedenen Familien bewohnt werden. Meist sind diese Wekahlaht schon alt und mehr oder weniger zerfallen. Im Hof gibt es ein wirres Durcheinander von Gängen, Türen, Winkeln, Ecken, in der Höhe malerische Erker mit kostbarem alten Gitterwerk, in dem der ganze, große Reichtum einer arabischen Künstlerseele sich geltend gemacht hat, jetzt aber einzelne Stäbe oder größere Teile herausgebrochen sind, gleichsam um ein Malerauge noch unwiderstehlicher zu fesseln, als es ohnehin geschieht. Dazu fällt nun das reiche Licht des Südens auf Mauer und Wände und webt und dichtet mit den alten Gittern, Erkern, Ecken, Winkeln, Vorsprüngen auf den buntfarbigen Mauern Gemälde zusammen, deren Reiz so gewaltig ist, daß sie auch das trockenste Menschengemüt mächtig ergreifen.

In einem solchen Hause zu wohnen, ist ein gar eigner Genuß. Bald lacht die Sonne hell durchs Fenster herein ins altertümliche, arabisch-märchenhafte Zimmer, bald wirft sie nur noch Streiflichter an irgendeine Wand desselben, bald schielt und schafft sie an einer andern Hofseite mit Schatten und Licht; bald läßt der Wind den ziemlich einsam Hausenden durch die sich sanft und anmutig neigenden Palmenhäupter, die überall hereinsehen, grüßen; bald fesselt ein morgenländisches Menschengetriebe unten im Hofe die Aufmerksamkeit. Nach des Tages ununterbrochenem Wechsel haucht dann das Abendrot noch seine duftigen Farbentöne über die Halbtrümmer, und der Mond versucht es, das in Silber nachzumalen, was die Sonne in glühenden Goldfarben mit südlicher Meisterschaft vorgemalt hatte. Dann wird es still genug, um die Klänge des »Soht«, eine Art liegender Harfe, zu vernehmen, welche die einfache, wehmütig ernste Weise begleiten, in die ein schmachtendes oder stillbeglücktes Menschenherz irgendein Schasol einhüllt, weil dieses schier allzu reich ist an Pracht und Fülle des Gedankens, Lieblichkeit und Anmut des Wortes, als daß es so unverhüllt seine berauschenden Blüten entfalten könnte. In einem derartigen Hause wohnte ich.

Meine Wohnung war von den übrigen streng geschieden. Wenn man von der Straße aus durch das große Hufeisenbogentor hereintrat, kam man in eine Art Vorhalle mit einer prächtig alten, zerfallenen Holzdecke; zwei Treppen mit ziemlich unregelmäßigen Stufen führten rechts und links nach den oberen Geschossen. Man betrat nun einen breiten, durch Oberlicht erleuchteten Gang, in dem die

Eingangstüren zu den einzelnen Wohnungen lagen. Die siebente oder achte Tür führte zu meiner Behausung. Diese waren im ganzen einfach und klein. Eine Küche, ein Vorsaal und ein Zimmer lagen im ersten Geschoß, zwei Zimmer im zweiten. Von hier aus stieg man vermittels einer Holztreppe zu dem platten Dache hinauf, das aber mit hohen Mauern umhegt war, und weiter zu einem Oberbau, von wo aus das Auge nicht nur alle Terrassen des Hauses, sondern auch einen großen Teil der Stadt und das weite, in Fülle schwelgende Flachland beherrschen konnte.

Was kümmerte es mich, daß allen früheren Bewohnern meines Hausteiles diese Höhe als heilige Stätte erschienen war, die ihr Fuß nicht zu betreten wagte, weil sie von dort aus leicht irgendeine Frau der Nachbarn gesehen haben könnten! Ich wußte, daß meine Nachbarn Christen waren und deshalb auf ihre Frauen unmöglich die eigentliche Bedeutung des Wortes »Harem«, d. i. das Unantastbare, angewendet werden konnte. Darum stieg ich unbesorgt allabendlich auf das Dach jenes kleinen Terrassenstübchens hinauf. Von da aber hatte ich eine so reizende Aussicht! Die Sonne ging jedesmal prachtvoll hinter einem dünnbestandenen Palmenwalde unter und malte dann immer einen so überaus herrlichen Goldgrund zu dem Palmenbilde, daß jede einzelne Krone nicht nur scharf und deutlich davon abstach, sondern auch eine Farbe annahm, die mir so wunderbar vorkam, daß ich mich gar nicht satt sehen konnte. Und das war noch durchaus nicht das einzige, was ich sah. Jenes Zauberspiel des Lichtes, das ich im kleinen im Innern der Wekahle bemerkte, war auch über die Häuserreihen an beiden Ufern des Stromes verbreitet und dort von noch ganz andrer Wirkung; ich bin gar nicht imstande zu beschreiben, von welcher. Nur das kann ich sagen, daß die kühnsten Gebilde meiner Einbildungskraft noch unendlich weit von der Wirklichkeit übertroffen wurden. Jeder Abend dort oben webte mir neue, gleich bunte und gleich liebe Träume um das Herz, jeder Abend machte mir das Plätzchen teurer. Ich kannte zuletzt jeden Erker, ich wußte, wann dieser im Licht, jener im Schatten liegen würde; ich hatte die Barken auf dem Strome mit ihren weißen, dreieckigen, geblähten Segeln schon hundertmal gesehen; ich wandelte schon seit mehr als Jahresfrist unter Palmen, und doch konnte ich nicht von meinem Schausitze lassen. Das kam daher, weil mir eine innere Stimme dunkel andeutete, daß ich einstmals noch weit mehr von jenem Orte aus entdecken sollte als bisher.

Eines Abends träumte ich wiederum still der eben geschiedenen Sonne nach. Von den Minaretts herab tönte noch die Mahnung des Muezzins an die Gläubigen, das Abendgebet zu sprechen. Deshalb war auch das Getöse der Stadt plötzlich verhallt, das Tiktak der Hämmer auf der nahen Werft mit einemmal verstummt.

»*Hai âl el salah!*« (Rüste dich zum Gebet!), sang der Verkündiger des Glaubens, und die meisten Gläubigen beeilten sich, der Aufforderung nachzukommen. Einige hatten die Wäsche bereits vollendet und lagen im Gebet auf den Knien, zuweilen sich erhebend, um wieder niederzufallen und die Stirne in den Staub zu drücken, zuweilen beide Arme ausbreitend und wieder die Hände zusammenhaltend, wenn sie das aufgeschlagene Buch des Propheten darstellen sollten, wie dies das Gesetz des Islam erfordert; die ausdrucksvollen Gestalten waren förmlich umflossen von dem Golde des Abends. Andre waren eben im Begriff, sich nach den vorgeschriebenen Regeln zu säubern, »um rein hinzutreten im Gebet vor Gott«. Ein Andachtshauch ging durch die still gewordene Stadt; selbst die Palmenkronen bewegten sich nicht mehr. Ich aber lebte doppelt, denn ich wachte und träumte zugleich. Da wurden meine Augen von einem Bilde gefesselt, das ich dem Traume zuschreiben wollte, und mit Lust der Wirklichkeit zuschreiben durfte. Auf der nächsten Terrasse war eine *Frauengestalt* erschienen, so schön, so anmutig, so kindlich lieblich, wie ich sie bisher noch niemals erschaut hatte. Ich konnte mich nicht losreißen von ihr, und mußte sie anreden:

»Gebe dir Allah, der Erhabene, einen glücklichen Abend, Herrin!« rief ich ihr zu.

Sie erschrak und wollte sich das Gesicht mit dem Schleier verhüllen, hatte aber zum Glück dieses jetzt ganz entbehrliche Kleidungsstück unten vergessen.

»Warum, Herrin meiner Seele, erschrickst du? Und warum willst du mir das Licht des Vollmondes, deines Gesichtes, entziehen? Weißt du nicht, daß ich ein Franke bin? In meiner Heimat verhüllen die Wolken wohl oft die Sonne am Himmel, aber die Wolken des Schleiers nicht die Sonnen auf Erden. Ich bin gewohnt, unsern lieblichen Töchtern der Erzmutter Eva frei ins Angesicht zu schauen;

warum willst du, Sonne, dich mir verbergen? Bist du nicht Christin?«

»Wohl bin ich Christin«, erwiderte sie, »gelobt sei Gott und unser Herr; aber ich kenne noch keinen fremden Mann, der mein Gesicht gesehen hätte. Dein Land ist nicht mein Land, deine Sitte nicht meine Sitte, Herr! Im Lande der Franken ist die Frau frei, hier ist sie Sklavin; bedenke das, Guter! Möge deine Nacht glücklich sein!«

Sie wollte gehen.

»Halt, Herrin, warum willst du davoneilen? Hast du mich noch nicht gesehen?«

»O, schon sehr oft; gleich am ersten Tage deiner Ankunft sah ich dich und seitdem alle Tage.«

»Nun wohl, fürchtest du dich vor mir?«

»Nein, aber die Sitte gestattet mir nicht, mit dir zu reden.«

»Aber, Mädchen, ist denn die Sitte meines Landes nicht besser als die des Landes der Mohammedaner?«

»Gewiß, Herr; ich habe oft gewünscht, die Tochter eines Franken zu sein; denn ich liebe die Franken, weil ich weiß, daß ihre Männer anders sind als die unsrigen. Man sagte mir, daß ihre Frauen die wahren Freundinnen ihrer Männer wären; wir sind die Dienerinnen unsrer Herren!«

»Hast du denn einen Herrn, meine Herrin?«

»Nein, ich bin noch bei meinen Eltern. Doch glückliche Nacht!«

»Warum entfliehst du, Licht meiner Augen? Bleibe, ich bitte dich!«

»Ich darf nicht.«

»So sage mir wenigstens deinen Namen, du liebliche Gazelle!«

»Ich heiße *Warde*.«

»Willst du wieder hierher kommen?«

»Ich darf nicht. Gute Nacht, Herr!«

Sie war verschwunden. Ich wußte noch immer nicht, ob ich wachte oder träumte. Aber den Namen Warde hatte ich behalten, ich wußte genau, daß er »Rose« bedeutet; denn ich verspürte den Duft dieser Rose – im Herzen. Ich hätte ja nicht einundzwanzig Jahre alt sein müssen! Zwar dachte ich an eine andre Blume in der Heimat, von der ich oft gemeint hatte, daß sie einmal für mich allein blühen werde. Aber diese Blume war, seitdem ich die *Rose des Morgenlandes* gesehen hatte, fast verblichen. Ich entwarf Pläne, mich in das Haus meines Nachbars einzuschmuggeln, die Mauer zu übersteigen, die mich von der mir zum Rosengarten gewordenen Terrasse trennte. Ich dachte plötzlich an Hierbleiben und Hüttenbauen, kurz an alles, woran ein junger Mann unter derartigen Umständen denken kann. Vorerst aber beschloß ich, abzuwarten, was der folgende Abend bringen würde.

Er kam und brachte mir wirklich meine Rose! Kindlich aufrichtig erzählte mir Warde, daß sie nicht habe kommen wollen, aber ich sei auch nicht wie die anderen fremden Männer. Das möge wohl daher kommen, daß ich ein Franke sei. Dann fragte sie mich, was ich von ihr wolle.

»Reden will ich mit dir, Gazelle; meine Augen bedürfen ihres Lichtes; meine Seele bedarf des Hauches ihres Lebens; die Muscheln meiner Ohren sind bereit, die Perlen deiner Worte in sich aufzunehmen.«

Ich wollte noch weit mehr sagen, aber ich bemerkte, daß es zweierlei Sprachen gibt im Leben. Vorher hatte ich mir eingebildet, recht gut Arabisch sprechen zu können; jetzt sah ich, daß ich gar nichts von der Sprache verstand als die allergewöhnlichsten Worte. Ich quälte mich mit Versuchen, die Gedanken auszudrücken, die mir eine Wortfülle brachten, wie nie zuvor, aber doch nur eine Fülle deutscher Worte. Das, was ich eben gesagt hatte, war mir kurz vorher von einem weisen Scheich gelehrt worden, mit dem ich eiligst Freundschaft geschlossen hatte. Aber der Unterricht dieses edlen Mannes reichte ja nicht zum hundertsten Teile aus. Ein Glück nur, daß er mir gesagt hatte, *»Habihbti«* bedeute »meine Geliebte«. Ich radebrechte also flugs weiter:

»Ich wünsche, o Rose, du bist Habihbti.«

Sie lächelte. Dann fragte sie ernsthaft:

»Bist du verheiratet, Herr?« »Nein, Warde.«

»Hast du eine angelobte Braut?«

»Nein.«

»Hast du Eltern?«

»Gott sei Dank, ja.«

»Hast du Schwestern?«

»Ja, eine einzige; aber sie ist weit, weit von mir, und meine Eltern auch und alle, die ich liebe; ich bin ganz allein hier in der Fremde.«

Bedauernd sagte sie:

»Ja, *Miskhihn* (du Armer)!« – Dann setzte sie hinzu: »Wohl, so will ich deine Schwester sein; nenne mich Schwester, ich werde dich Bruder nennen!«

Nun folgten schöne, herrliche Tage oder vielmehr Abende. Ich lernte verstehen, was das Wort *»Leïla«* (Nacht) bedeutet. Es klingt mir noch heute wie Musik, wenn ich es höre. Ich sah Warde allabendlich; der Vater mochte schmollen, die Mutter grollen wie sie wollten, sie erschien doch. Ich nannte sie Schwester, aber ich durfte sie auch Habihbti nennen, sie nannte mich ja auch zuweilen *»Habibhi«*. Und das Wort schien mir das schönste, wohllautendste der arabischen Sprache zu sein. Der Scheich lehrte mich Worte, wie sie in seinen Büchern standen; Warde lehrte mich solche, wie sie das frisch erblühte Leben bedurfte. Die Rose duftete für mich; ich durfte ihren Duft einsaugen, denn ich durfte meine Brust mit ihr schmücken. Ich war glücklich – und lernte alle Tage besser Arabisch. Wie ein Kind, sie war noch fast ein solches, freute sich das liebliche Mädchen, als ich ihr einst Hafisees Worte, die mich der Scheich gelehrt hatte, ohne Anstoß vortrug:

»Salah âle lillahi, ila jâmel el johm wu el leïla,
Wodjak, ja nuhni, el johm, wu schahruk, habihbti, el leïla!«

zu deutsch:

»Ich preise Gott, der Tag und Nacht gemacht,
Den Tag, dein Antlitz, und dein Haar, die Nacht!«

Aber die Tage flogen dahin; die Pflicht gebot mir zu scheiden. Ich sagte es Warde lange vorher und betrauerte jetzt den Abend, an dem ich sie zuerst gesehen.

»Die Betrübnis ist eingezogen bei uns, und der Schmerz ist zwischen uns getreten, mein Bruder, mein Freund, mein Herr«, sagte sie mir; »doch du kannst mich ja mit dir nehmen, o Lust meiner Seele!«

»Nein, Warde, das kann ich nicht!«

»Und warum nicht, Herr?«

»Weil ich nach Ländern ziehe, in denen die Erde Feuer, der Wind eine Flamme ist; in denen die Luft zum Gifthauche und die Sonne zur Qual wird; in denen selbst der Mond ein Feind des Menschen ist. Ich muß und will nach dem Lande der Schwarzen gehen, und du weißt ja wohl, was das bedeutet. Du duftige Rose aus dem blühenden Garten deines schönen Landes würdest verwelken in jener Glut; du liebliche Gazelle würdest verdursten in dem Feuer der Wüste; dein Leib würde versiechen unter dem Gifthauche des Windes. Weiß ich doch nicht, ob ich selbst wiederkehren werde aus jenen Ländern, und ich bin ein Mann und gewohnt, Beschwerden zu ertragen!«

»O, du irrst, Herr«, erwiderte sie, »du irrst, wenn du glaubst, eine solche Reise besser ertragen zu können als ich. Du bist ein Fremder hier im Lande; dich haßt nicht bloß das Volk der Länder, nach denen zu ziehst, dich hassen auch dort die Sonne und der Mond, der Wind und die Erde. Dein Haupt wird der Wind beugen, dein Auge wird die Sonne blenden, deinen Leib wird ihre Glut austrocknen, deine Nacht wird der Mond zur Hölle machen. Ich bin eine Tochter des Landes, das der Strom durchfließt; soweit seine Quellen reichen, dehnt sich meine Heimat. Diese Sonne glühte in der Stunde meiner Geburt; dieser Mond beleuchtete die erste Nacht meines Lebens. Meine Brust ist geschützt wie die des persischen Kriegers gegen den Giftpfeil des Windes; du aber wirst erkranken und verwelken, und niemand wird bei dir sein und für dich beten! Oder glaubst du, daß deine schwarzen Diener an deinem Lager warten werden? Wären sie gute Menschen, hätte Allah ihnen nicht ein schwarzes Gesicht gegeben; so schwarz als dieses ist auch ihr Herz. Darum laß mich mit dir gehen, ich folge dir bis ans Ende der Welt. Ich will dir dienen, wenn du gesund bist, und dich pflegen, wenn du erkranken solltest; ich will dir Schaselaht singen, wenn du fröhlich bist, und dich trösten, wenn du traurig bist. Nimm mich mit dir, *Chalil*, mein Bruder, mein Freund!«

»Seele meines Lebens, ich kann, ich darf nicht. Es wäre Sünde an dir und deinem Leben, Habihbti! Und dann, wie soll ich dich mit mir nehmen, Warde?«

»Als dein Weib, Mann!«

»In meinem Lande heiratet man nicht so früh. Ich zähle noch zu wenig Jahre, als daß ich dich meine Frau nennen dürfte; das bedenke, o Gute!«

»So nimm mich mit dir als deine Dienerin, als deine Sklavin; befiehl mir, was ich sein soll, ich werde dir gehorchen. Herr, ich stehe auf deinem Eigentum.«

»Es geht nicht; es ist unmöglich, Warde«, sagte ich traurig; »es wäre eine Sünde an dir. Denke an mich, wenn ich in der Fremde bin!«

»O, du wirst meiner gedenken, wenn das Unglück in dein Zelt tritt und die Krankheit sich auf dein Lager legt!«

»Ich werde deiner immer gedenken, Warde!«

Sie antwortete nichts mehr; sie weinte. Auch später bat sie mich nicht mehr, sie mit nach dem Sudan zu nehmen; aber wenn ich sie sah, bemerkte ich Tränen in ihren Augen: Himmelstau auf der Rose! Endlich mußte ich von ihr scheiden. Der Abschied brachte mir alle Trauer, die in diesem Worte liegt.

»Allah behüte dich und *Issa* (Jesus) sei mit dir, du lieber, böser, fremder Mann!«

Das waren die letzten Worte, die ich von ihr vernahm.

Ich nahm einen arabischen Lehrer an und lernte mit wahrer Hast Arabisch, um ihr schreiben zu können. Oft habe ich ihr geschrieben, doch niemals erhielt ich Antwort von ihr. Nach ihr zu fragen, verbot mir die Sitte des Landes. Wen hätte ich auch fragen sollen?

Ob sie wohl noch blühen mag, diese Rose? Ich weiß es nicht. Das aber weiß ich, daß sie mir heute noch blüht, wenn mich der Wohlduft einer Rose anweht; und ich liebe darum diese Blume über alles ...

Brehm hatte, als er solche gartenlaubengerechten Feuilletons verfaßte, wohl schon Größeres im Sinn. Er wollte eine zoologisch-kulturhistorische Gesamtdarstellung der Vögel schreiben, an denen sein Herz von Kindheit auf hing, und dieses Buch sollte, so können wir vermuten, die Vorstufe zu einer allgemeinen Tierkunde sein, zu seinem großen *Tierleben*. Um seine Kenntnisse zu mehren und zu vervollständigen, plante er eine Forschungsreise in den hohen Norden Europas, wo er endlich die nördliche Vogelfauna, die Möwen, Lummen, Alken und Seeschwalben der Felsküsten und die Schneehühner, Schnee-Eulen und Greife der Tundra, in ihrer natürlichen Umwelt studieren wollte.

Ernst Keil, der Verleger der *Gartenlaube*, erklärte sich bereit, die Reise seines Erfolgsautors zu finanzieren, zumal er sich davon mit Recht neue zugkräftige Beiträge für seine Zeitschrift erhoffte.

So konnte Brehm also im Jahr 1860 die vogel- und tierreichen Landschaften Skandinaviens bis hinauf zum Nordkap ausgiebig bereisen. Er durchstreifte die einsame Bergwelt Norwegens, jagte Rentiere im Dovrefjell, besuchte die öde Tundra Lapplands und kreuzte zwischen den Schären vor der Küste, um die unvorstellbar großen Scharen der Seevögel zu bestaunen.

Brehm hat über seine Nordlandfahrt kein Buch geschrieben, obwohl sie bei ihm einen tiefen Eindruck hinterließ, aber er hat seine nordischen Reiseerinnerungen später immer wieder zum Thema seiner öffentlichen Vorträge gemacht. Berühmt wurde seine Beschreibung der Vogelberge von Vesterålen vor der Küste Nordnorwegens, ein Meisterwerk der einfühlsamen Tierbeobachtung und -schilderung:

Lapplands Vogelberge

»Als der Weltenschöpfer sein Lieblingsgestirn, die Erde, just vollendet hatte und des gelungenen Werkes sich freute, da gedachte der üble Teufel dies Werk zu vernichten. Damals noch nicht Himmels verwiesen, wohnte er unter den Erzengeln und in den Räumen, in denen die Seligen hausten. Hinauf zu dem siebenten Himmel flog er, und einen gewaltigen Stein ergriff er: den schleuderte er mit Macht hinab auf die in jugendlicher Schönheit prangende Erde. Aber zur rechten Zeit noch gewahrte der Schöpfer das ruchlose Beginnen und sandte einen der Erzengel ab, dem Unheil zu steuern. Der Engel flog schneller noch als der Stein zur Tiefe hernieder, und es gelang ihm, das Land zu sichern. Donnernd stürzte der Stein in das Meer, daß hochauf die Wogen zischten und das benachbarte Land auf weithin überfluteten. Von dem gewaltigen Falle zertrümmerte die Schale des Steins, und Tausende von Splittern sanken zu seinen beiden Seiten in das Meer, teilweise in dessen Tiefe verschwindend, teilweise noch über dasselbe hervorragend: nackt und kahl, wie der Kern selber. Da erbarmte sich Gott, und in seiner unendlichen Güte beschloß er, auch diesen öden Felsblock zu beleben. Aber die Fruchterde war versiegt in seiner Hand und nur noch ein weniges übriggeblieben. Das reichte kaum hin, hier und dort ein Bröckchen auf den Stein zu legen.«

Also berichtet eine uralte Sage, welche unter den Lappen von Mund zu Munde geht. Der Stein, welchen der Teufel warf, ist Skandinavien; die Schalentrümmer, welche zu beiden Seiten in das Meer fielen, sind die Schären, welche in buntem Kranze die Halbinsel umgeben; die Risse und Sprünge, welche er erhielt, sind die Fjorde und die Täler des Inneren; die Brocken belebender Erde,

Hochtundra

welche aus der milden Schöpferhand auf sie fielen, bilden das wenige fruchtbare Land, welches Skandinavien besitzt.

Man muß selbst in Skandinavien und insbesondere in Norwegen gewesen sein, man muß das Boot zwischen den Schären gesteuert, muß das Land vom äußersten Süden bis zum höchsten Norden umschifft haben, um die kindliche Sage in ihrer ganzen Tiefe und Bedeutsamkeit zu verstehen. Wunderbar in der Tat ist das Land; wunderbar sind seine Fjorde; noch wunderbarer ist der Kranz von Inseln und Schären ringsum.

Skandinavien ist ein Alpenland wie die Schweiz und Tirol, und doch von beiden unendlich weit verschieden. Wie unsere Alpen hat es seine Hochgebirge, seine Gletscher, seine Wildbäche, seine klaren, stillen Alpenseen, die dunklen Fichten- und Föhrenwälder unten im Grunde, die lichtgrünen Birkenwaldungen in der Höhe, die weit ausgedehnten, hier zu Tundren gewandelten Moore auf den breiten Rücken der Berge, die Blockhäuser an den Gehängen und die Sennhütten in den höchsten Tälern. Und doch ist alles so ganz anders als in den Alpenländern, und der Unterschied wird jedem bemerklich, welcher das eine und das andere Land sah. Das kommt daher, weil hier zwei große und erhabene Gebiete der Erde, das Hochgebirge und das Meer, in wunderbarer Weise sich vereinigen und verbinden.

Das allgemeine Gepräge Skandinaviens ist ernst und heiter zugleich. Mit der Strenge paart sich die Milde, mit dem Düsteren wechselt das Heitere, mit dem Toten, Beängstigenden einigt sich das Lebendige und Erhebende. Schwarze Felsmassen bauen sich senkrecht aus dem Meere auf, steigen unmittelbar aus den tiefeingeschnittenen Fjorden empor, zerklüften und zerteilen sich, türmen sich schroff auf und neigen sich drohend über, und auf ihren Häuptern lagern die eisigen Massen, meilenweit sich ausdehnend, Landschaften geradezu bedeckend, und bis auf die von ihnen geborenen Wildbäche alles Leben verscheuchend: jene Wildbäche, welche überall ihre silbernen Bänder auf die dunklen Massen breiten und nicht bloß das Auge befriedigen, sondern auch dem Ohre die erhabene Weise des Hochgebirges zurauschen, welche in jeder Einsenkung zur Tiefe herniederbrausen, aus jeder Schlucht hervorbrechen oder in tollem Reigen von den Felsen stürzen, einen Wasserfall nach dem andern bilden und an der jenseitigen Bergwand den Widerhall erwecken. Diese rauschenden Wildwasser, welche in jeder Einsenkung talabwärts eilen, die glänzenden Wasserstreifen, welche an jeder Felswand hängen, der rauchartig aufsteigende Wasserdampf, welcher von den verstecktesten Fällen erzählt, sie sind es, welche Leben hervorrufen selbst in der grausigsten Wildnis, an Orten, wo sonst nur Felsen und Himmel dem Auge sich bieten. Sie sind so recht eigentlich Merkzeichen für das innere Land.

Aber so hehr auch dessen Schönheit ist, so sinnbestrickend und überwältigend die Fjorde mit ihren Felsenwänden, Schluchten und Tälern, Vorgebirgen und Spitzen sein mögen: eigenartiger sind die Inseln und Schären draußen im Meere, welche dem Lande vorliegen vom Süden bis zum Norden herauf, und ein Gewirr von Buchten, Sunden und Straßen hervorrufen, wie man es kaum noch einmal erschauen kann auf der weiten Erde.

Die großen Inseln spiegeln mehr oder minder getreulich das feste Land wider; die kleinen und die Schären bewahren sich unter allen Umständen ihr eigenes Gepräge. Dieses aber ändert sich mehr oder weniger mit jedem Breitengrade, welchen man, nach Norden fahrend, überschreitet. Ihnen, wie dem Meere, fehlt der Reichtum des Südens; sie sind jedoch keineswegs aller Schönheit bar und üben namentlich in den Stunden um Mitternacht, wenn die Hochsommersonne niedrig und groß und blutrot über dem Gesichtskreise steht und ihr gleichsam verschleierter Glanz auf den eisbedeckten Bergesgipfeln und dem Meere widerspiegelt, überwältigenden Zauber aus. Wesentlich dazu tragen bei die überall zerstreuten Gehöfte: Wohnungen aus Holz gezimmert, mit Brettern verschlagen und mit Rasen gedeckt, prangend in seltsam blutroter Farbe, welche sich lebhaft abhebt von dem grünen Rasendache darüber, dem schwarz erscheinenden Dunkel der Bergwand daneben und dem Eisblau der Gletscher im Hintergrunde des Bildes.

Nicht ohne Verwunderung nimmt der dem Lande noch fremde Südländer wahr, daß diese Höfe größer, stattlicher, geräumiger werden, je weiter nach Norden hin man vordringt, daß sie, obgleich nicht mehr von Äckern, höchstens noch von kleinen Gärtchen eingehegt, durch Größe, Geräumigkeit und Ausstattung die hüttenähnlichen Gebäude des südlichen Skandinaviens bei weitem übertreffen, ja, daß die stattlichsten und großartigsten von ihnen vielleicht auf verhältnismäßig kleinen Inseln liegen, auf denen nur Torf die Felsen bedeckt und deren undankbarem Boden nicht einmal mehr ein kleines Gärtchen abgerungen werden kann.

Das scheinbare Rätsel löst sich, wenn man sich erinnert, daß in Norland und Finnland nicht das Land, sondern das Meer der Acker ist, welcher gepflügt wird; daß man nicht im Sommer sät und die Sense schwingt, sondern inmitten des Winters erntet, ohne gesät zu haben; daß gerade in denjenigen Monaten, in denen die lange Nacht unbestritten ihre Herrschaft ausübt und anstatt der Sonne nur der Mond leuchtet, anstatt des Morgen- und Abendrotes nur das Nordlicht erglüht, der Mensch dort oben reichlichen Segen des Meeres einheimst.

Um die Zeit der herbstlichen Tag- und Nachtgleiche rüsten sich in allen Küstenorten ganz Norwegens kräftige Männer, um die nordische Ernte zu bergen. Jede Stadt, jeder Flecken, jedes Dörfchen entsendet ein oder mehrere reichlich bemannte Schiffe hinauf zu den Inseln und Schären jenseits des Polarkreises, um in allen geeigneten Buchten für Monate Anker zu werfen und vom Schiffe, von den Gehöften aus den Erntesegen zu bergen. Während des Hochsommers ist das Land dort oben still und menschenleer; während des Winters wimmeln Buchten, Inseln und Sunde von geschäftigen Männern, und arbeitsame Menschenhände regen sich Tag und Nacht. So geräumig auch die Gehöfte erscheinen: sie vermögen die Menge der hier zusammengeströmten Leute nicht zu fassen, und neben den Schiffen müssen noch roh errichtete torfbedachte Hütten am Strande notdürftige Unterkunft gewähren.

Um die Zeit der Tiefsommerwende, wenn wir unser Weihnachts-, die Normannen ihr Julfest feiern, regt sich das Getriebe am lebendigsten. Schon seit Wochen spendet das Meer seinen Segen. Beherrscht von dem mächtigsten Drange, welcher die lebenden Wesen erregt und bewegt, geleitet von dem unwiderstehlichen Triebe, Samen zu streuen für kommende Geschlechter, erheben sich aus den tiefsten Gründen des Meeres unschätzbare Scharen von Fischen, Kabeljaus, Schellfische und andere, steigen zu den oberen Wasserschichten empor, nähern sich der Küste, dringen ein in alle Straßen, Sunde und Fjorde und erfüllen die Oberfläche des Meeres auf viele Meilen hin mit ihrer Menge. So dicht schwimmen die nur von einem Gefühle beseelten, gleichsam sinnbetörten Fische, daß das Boot buchstäblich zwischen ihnen sich Bahn brechen muß, daß das Netz, überfüllt von ihrer Last, der Reckenkraft der fischenden Männer spottet oder zerreißt, daß ein zwischen die aneinandergepreßten Fische senkrecht eingestoßenes Ruder einige Augenblicke lang in seiner Lage erhalten wird, bevor es sich zur Seite neigt. So weit die Felseninseln freigewaschen wurden von der tosenden Hochflut, von der mittleren Flutmarke an bis zum unteren Rande der ihre Gipfel überlagernden Torfschicht, deckt den nackten Felsen ein ununterbrochener Ring von zerspaltenen Fischen, welche hier zum Trocknen ausgelegt wurden, während darüber Gerüste sich erheben, an denen man andere Fische zu gleichem Zwecke der scharfen und dennoch dörrenden Luft preisgab. Wohl leert man Felsen und Gerüste von Zeit zu Zeit, um die getrockneten Fische, zu Bündeln verpackt, in den für sie bestimmten Scheuern aufzuspeichern, aber nur um Platz zu schaffen für die inzwischen wieder gefangenen und vorbereiteten.

Wanderfalke und Lemminge

Monatelang währt das Getriebe, monatelang ein ununterbrochener Markt; monatelang tauschen der Süden und der Norden ihre Schätze aus. Erst in den Tagen, in denen um die Mittagszeit heller Schein im Süden der noch verborgenen Sonne vorausgeht oder in denen diese selbst einen kurzen Blick wirft auf das Land, endet allmählich der reiche Fang. Aus den Speichern hinab zu den Schiffen trägt man den getrockneten Stock- oder Klippfisch, füllt alle Räume vom Kiel bis zum Deck und rüstet sich zur Heimkehr oder zur Fahrt in alle Welt. Eins der Schiffe nach dem andern hißt seine braungesäumten Segel und steuert davon.

Stiller wird es im Norden, einsamer das Land, öde das Meer. Endlich, um die Frühlingstag- und -nachtgleiche, haben fast alle fremden Schiffer die Erntestätte verlassen und alle Fische wiederum nach dem tiefen Grunde des Meeres sich zurückgezogen. Aber schon sendet das Meer neue Kinder aus, um wiederum die Sunde, Buchten und Fjorde, und nicht sie allein, sondern auch die Schären und Inseln zu beleben: und bald schauen Millionen von hellen Vogelaugen von denselben, an deren Fuße jenes winterliche Getriebe herrschte, hinab auf das Meer.

Es ist ein tiefergreifender Zug des Lebens aller eigentlichen Seevögel, daß nur zweierlei Ursachen sie bewegen können, das Land zu besuchen: das freudige Gefühl der allenzlich neu erwachenden Liebe und die düstere Ahnung des nahenden Todes. Nicht der Winter mit seiner langen Nacht, seiner Kälte, seinen Stürmen treibt sie dem Lande zu: sie sind gefeit gegen alle Unbill des hohen Nordens und gewohnt, ihre Geschäfte auf oder unter den Wellen zu betreiben; auch nicht Furcht vor dem ihnen drohenden Zahne des Raubfisches scheucht sie auf das Land; sie besuchen dasselbe, eine einsam im Meer gelegene Insel zum Beispiel, wenn überhaupt, bloß gelegentlich und immer nur auf kurze Zeit, um ihr Gefieder einmal gründlicher zu durchfetten, als solches im Wasser zu geschehen pflegt. Wenn aber mit dem ersten Aufleuchten der Sonne in ihrem Herzen die Liebe sich regt: dann strebt alt und jung, und ob auch Tausende von Seemeilen durchschwommen und durchflogen werden müßten, der Stätte wieder zu, auf welcher sie zuerst das Licht der Welt erblickten. Und wenn inmitten des eisigen Winters, nachdem jene Brutstätten seit Monaten verödet lagen, ein Seevogel den Tod im Herzen fühlt: dann eilt er, solange seine Kräfte nicht versagen, womöglich derselben Stätte zu, um da zu sterben, wo seine Wiege stand.

Die alljährlichen Versammlungen zahlloser Vögel auf den Brutplätzen sind es, welche diese monatelang in unbeschreiblicher Weise beleben. Verschieden, wie die Seevögel selbst, sind die Vereinigungen; verschieden auch die Plätze oder, wie der Normanne sagt, die Berge, welche sie bevölkern. Während die einen nur solche Schären zu Brutplätzen wählen, welche eben über die Hochflutmarke sich erheben und nicht mehr Pflanzen hervorbringen, als erforderlich werden, um das im ausgeworfenen Tange eingemuldete Nest notdürftig auszukleiden, müssen andere auch solche Eilande erkiesen, welche schroff und steil Hunderte von Metern über das Meer sich erheben und entweder reich an Vorsprüngen, Gesimsen, Höhlen, Spalten und sonstigen Schlupfwinkeln sind oder von einer dicken Decke aus vertorften Pflanzenresten umhüllt werden. Jene niederen Schären pflegt der Normanne den auf ihnen mit besonderer Vorliebe gehegten, wertvollsten oder, was dasselbe, nutzbarsten aller Seevögel zuliebe Eiderholme, zu deutsch »Eidervogelhügel« zu nennen, während er unter Vogelbergen gemeiniglich nur die steiler dem Meere entsteigenden höheren, der Hauptsache nach von Alken oder von Möwen bewohnten Inseln versteht.

So verlockend es für den beobachtenden Forscher sein muß, jeden einzelnen Brutvogel des Meeres genauer ins Auge zu fassen und ausführlicher zu schildern, so zwingend gebietet die Reichhaltigkeit der Bevölkerung hochnordischer Vogelberge und die Eigenart des Lebens der auf ihnen sich versammelnden Vögel Beschränkung. Auch ich muß, der mir vergönnten Zeit Rechnung tragend, mir versagen, eingehende Lebensbilder aller Bergvögel zu zeichnen, glaube aber doch wohl verpflichtet zu sein, wenigstens die Lebensweise des einen und des andern flüchtig zu schildern, um einige hauptsächliche Züge des Lebens der Seevögel hervorzuheben. So schwer die Auswahl werden mag: einer von denen, welche allenzlich zu denselben Brutinseln zurückkehren und sie und ihre Umgebung in wunderbarer Weise schmücken helfen, der Eidervogel, darf unter den erkorenen nicht fehlen.

Drei Arten dieser prachtvollen Enten bewohnen oder besuchen Europas Gestade; eine von ihnen, der Eidervogel selbst, allsommerlich selbst die nordwestlichen Inseln Deutschlands, insbesondere

Eiderente

Sylt. Ihr Gefieder ist ein treues Spiegelbild des hochnordischen Meeres. Schwarz und rot, aschgrau, eisgrün, weiß, braun und gelb sind die Farben, welche auf ihnen sich vereinigen. Der Eidervogel ist der am wenigsten schöne unter ihnen, immerhin aber noch ein prächtiger Vogel. Nacken und Rücken, eine Binde über den Flügeln, und ein Fleck an den Seiten des Unterkörpers sind weiß, wie der Schaum der Wellen; Hals und Kropf auf weißem Grunde rosig überhaucht, als ob Mitternachtssonnenglut haften geblieben wäre; ein Streifen auf den Wangen zartgrün wie das Eis der Gletscher;

Unterbrust und Bauch, Flügel und Schwanz, Unterrücken und Bürzel aber schwarz wie die Tiefe des Meeres selber. Ein solches Prachtkleid kommt jedoch nur dem Männchen zu; das Weibchen kleidet sich, wie alle Enten, in ein viel bescheideneres und doch nicht minder ansprechendes Gewand, welches ich ein Hauskleid nennen möchte. Den vorherrschend rostfarbenen, bald mehr bald minder ins Braune spielenden Grund zeichnen Längs- und Querflecke, Linien und Schnörkel in solcher Zartheit und Mannigfaltigkeit, daß das Wort gebricht, um die Zeichnung entsprechend zu beschreiben.

Keine andere Entenart ist in so vollgültigem Sinne Meeresbewohner wie die Eiderente; keine watschelt schwerfälliger am Lande dahin, keine fliegt minder gewandt, keine schwimmt rascher, keine taucht geschickter und tiefer als sie. Bis fünfzig Meter sinkt sie der Nahrung halber unter die Oberfläche hinab, und bis fünf Minuten, eine außerordentlich lange Zeit, soll sie unter Wasser verweilen können. Vor Beginn der Brutzeit verläßt sie die hohe See entweder gar nicht oder nur in unmaßgebenden Ausnahmefällen, mehr einer Laune als der Notwendigkeit folgend. Schon gegen Ausgang des Winters haben sich die Schwärme, welche auch diese Art bildete, in einzelne Paare getrennt, und nur diejenigen Männchen, denen es nicht gelang, ein Weibchen zu erwerben, schwimmen noch in kleinen Trupps umher. Unter den Gatten des Paares herrscht beiderseitig beglückende Eintracht. Nur ein Wille, unzweifelhaft der der Ente, ist maßgebend für beider Tun. Erhebt sich die Ente vom Wasserspiegel, um fliegend einige hundert Meter zu durchmessen, so folgt ihr auch der Entenvogel; taucht sie hinab in die Tiefe, so verschwindet unmittelbar später auch er; wohin sie sich auch wenden mag, er folgt ihr getreulich; was sie beginnt, entspricht seinen Wünschen. Noch lebt das Paar draußen auf hoher See wenn auch nur da, wo deren Tiefe nicht über fünfzig Meter beträgt, und immer nur an solchen Stellen, wo Mies- und andere Muscheln in reicher Menge die Felsen oder den Grund bedecken. Diese Weichtiere sind es, welche die oft ausschließliche Nahrung unserer Enten bilden; ihrethalben tauchen sie in die bedeutende Tiefe hinab; diese Muscheln aber bewahren sie auch jederzeit vor dem Mangel, welcher so viele andere Enten zuweilen hart bedrückt.

Im April, spätestens im Anfange des Mai, nähern sich die Paare mehr und mehr dem Schärengürtel und damit der Küste. Im Herzen der Ente regen sich Muttersorgen, und ihnen ordnet sie alle übrigen unter. Draußen auf hohem Meere war das Paar so scheu, daß es niemals Annäherung eines Schiffes oder Bootes abwartete und den Menschen, wie er auch auftreten mochte, mehr fürchtete als jedes andere Geschöpf; jetzt, in der Nähe der Inseln, ändert sich das Benehmen vollständig. Nur dem mütterlichen Drange gehorchend, schwimmt die Ente an eine der Brutinseln heran; ohne auf den Menschen ferner zu achten, watschelt sie auf das Land hinaus. Besorgt auch jetzt noch folgt ihr der Entenvogel, nicht ohne sein warnendes »Ahua, Ahua« erschallen zu lassen, nicht ohne immer ersichtlicher zu zögern, zeitweilig zurückzubleiben, lange sich zu besinnen und dann erst wieder vorwärts zu schwimmen. Die Ente achtet all dessen nicht. Unbekümmert um die ganze Welt um sie her, wandert sie über die Insel, um einen passenden Brutplatz zu suchen. Eigenwillig wie sie ist, begnügt sie sich keineswegs mit dem ersten besten Tanghaufen, welchen die Hochflut an das Land warf, mit dem niederen Wacholderstrauch, dessen auf dem Boden hinrankendes Gezweige einen sicheren Versteckplatz bietet, mit der halbzerbrochenen Kiste, welche der Besitzer der Insel als Schutzdach aufstellte, mit dem Genist- und Reisighaufen, den er, sie einladend, zusammentrug, nähert sich auch furchtlos, als wenn sie ein Haustier wäre, der Wohnung des Besitzers, tritt in das Innere derselben, durchmißt die Flur, beengt die Hausfrau in Küche und Gemach, ersieht, launenhaft und starrsinnig, vielleicht gerade das Innere des Backofens zu ihrer Niststelle und zwingt dadurch die Hausfrau, monatelang ihr Brot auf einer anderen Insel zu backen. Mit erkennbarem Entsetzen folgt ihr der treue Enterich so weit als möglich: wenn sie aber nach seiner Meinung alle Sicherung gänzlich aus den Augen setzte und sich vermißt, mit dem Menschen unter einem Dache zu wohnen, versucht er nicht länger gegen ihre Laune anzukämpfen, sondern läßt sie einfach und fliegt zunächst auf das sichere Meer hinaus, hier mit Sehnsucht ihrer alltäglichen Besuche harrend. Unsere Ente läßt sich auch hierdurch nicht beirren, schleppt etwas Reisig und Genist zusammen, gestattet gern, daß der Normanne sie unterstützt, schichtet die Neststoffe, außer Reisern namentlich auch Tange, zu einem Haufen, gräbt, mit den beiden Rudern arbeitend, eine Mulde aus, rundet dieselbe unter beständigem Drehen mit der glatten Brust und beginnt nunmehr die eigentliche Ausfütterung zu beschaffen und dem Neste einzuverleiben. Nur ihrer Brut denkend, rupft sie sich die unvergleichlich weichen Daunen von ihrer Brust, bildet aus ihnen einen Filz, welcher die ganze Mulde bedeckt und auch noch an ihrem oberen Rande einen Kranz von solcher Dicke herstellt, daß er beim Verlassen des Nestes zu einer alle Kälte von den Eiern abhaltenden Decke verwendet werden kann. Noch ehe sie die innere Auskleidung gänzlich vollendet hat, beginnt sie ihre verhältnismäßig kleinen, glattschaligen, schmutzig- oder graugrünen Eier zu legen, bis der aus sechs bis acht, seltener weniger oder mehr Eiern bestehende Satz vollzählig geworden ist.

Auf diesen Zeitpunkt hat der Normanne gewartet. Eigennutz war es, welcher ihn zum Gastfreunde des Vogels werden ließ. Der Gastfreund wandelt sich jetzt zum Räuber. Rücksichtslos nimmt er dem Neste die Eier, ohne Bedenken auch die innere, aus den kostbaren Daunen bestehende Ausfütterung. Vierundzwanzig bis dreißig Nester liefern ein Kilogramm an Daunen im Werte von mindestens dreißig Mark an Ort und Stelle: diese Zahlen erklären die Handlungsweise des Normannen besser als jede andere Auseinandersetzung.

Traurigen Herzens sieht die Ente ihre diesjährige Hoffnung vernichtet; bestürzt und erschreckt fliegt sie aufs Meer hinaus zu dem ihrer harrenden Gatten. Ob dieser ihr auch gegenwärtig noch seine Warnungen eindringlich wiederholt, vermag ich nicht zu sagen; wohl aber kann ich versichern, daß er sie bald zu trösten weiß. Noch regt sich Frühlingslust und Frühlingsmut in beider Herzen: nur wenige Tage, und unsere Ente watschelt, als wäre ihr nie etwas geschehen, wiederum auf das Land hinaus, um ein zweites Nest zu errichten. Wahrscheinlich meidet sie diesmal die frühere Stelle und begnügt sich mit dem ersten besten noch nicht vollständig besetzten Tanghaufen. Wiederum schaufelt und rundet sie eine Mulde, und wiederum beginnt sie suchend im eigenen Gefieder zu nesteln, um die ihr unumgänglich notwendig scheinende Daunenauskleidung zu beschaffen. Doch wie sehr sie sich auch müht, wie lang sie den Hals streckt, in wie verwickelte Schlangenwindungen sie ihn legt: ihr Vorrat ist erschöpft. Wann aber wäre eine Mutter, und liefe sie in Entengestalt über die Erde, ratlos gewesen, wenn es sich darum handelt, für ihre Kinder zu sorgen? Auch unsere Ente ist es nicht.

Sie selbst hat keine Daunen mehr, – ihr Gatte trägt solche noch unversehrt auf Brust und Rücken. Jetzt muß er zur Stelle. Und wie sehr er sich vielleicht auch sträubt; wie lebendig die Erinnerung an frühere Jahre in ihm werden mag: er ist der Gatte und sie die Gattin, – das heißt, er gehorcht. Rücksichtslos nestelt die besorgte Mutter ihm im Gefieder, und binnen wenigen Stunden, mindestens binnen zwei Tagen, hat sie ihn ebenso kahl gerupft, als sie selbst ist. Daß nach solcher Behandlung der Enterich, sobald er kann, aufs hohe Meer hinausfliegt, fortan für einige Monate nur mit seinesgleichen verkehrt und sich um die brütende Gattin und werdende Brut nicht im geringsten mehr kümmert, finde ich sehr begreiflich. Und wenn man wirklich, wie es auf allen Brutinseln der Fall, noch einen Enterich neben der brütenden Ente stehen sehen sollte, so meine ich, daß dies nur ein solcher sein kann, welcher noch nicht gerupft wurde.

Unsere Ente brütet nunmehr eifrig. Und jetzt erweist sich ihr Hauskleid als das einzig geeignete, ich möchte sagen, einzig mögliche Gewand, welches sie tragen kann. In dem das Nest umgebenden Tange verschwindet sie vollständig, selbst dem scharfen Falken- oder Seeadlerauge. Nicht bloß die allgemeine Färbung, auch jedes Pünktchen, jedes Strichelchen stimmt mit dem vertrockneten Tange derartig überein, daß der brütende Vogel, sobald er seinen Hals niedergedrückt und die Flügel ein wenig gebreitet hat, von der Umgebung geradezu aufgenommen wird. Viele, viele Male ist es mir begegnet, daß ich, mit dem geübten Jäger- und Forscherauge suchend, über Eiderholme schritt und auf eine vor meinen Füßen brütende Eiderente erst dadurch aufmerksam gemacht wurde, daß sie abwehrend mir an den Stiefeln knabberte. Wer die Hingabe kennt, mit welcher Enten brüten, wird darüber, daß es möglich ist, einer im Neste sitzenden Eiderente so weit zu nahen, nicht sich wundern: wohl aber erregt es billig auch das Erstaunen des erfahrenen Forschers, wenn er lernt, daß die Eiderente, ohne aufzufliegen, handliche Untersuchung der Eier unter ihrer Brust gestattet, daß sie im Brüten sich nicht einmal dann stören läßt, wenn man sie vom Neste abhebt und wieder auf dasselbe oder in geringer Entfernung davon auf den Boden setzt, um sich das reizende Schauspiel zu verschaffen, sie der Brut wieder zuwatscheln zu sehen.

Die mütterliche Hingabe und Mutterseligkeit der Eiderente erweist sich jedoch noch anderweitig. Jede weibliche Eiderente und vielleicht jede Ente überhaupt, erstrebt nicht bloß das Glück, Kinder zu erzielen, sondern will ihr Mutterauge auch über möglichst viele Küchlein gleiten lassen. Dies hat zur Folge, daß sie ohne Bedenken andere, neben ihr brütende benachteiligt, sofern sie dies vermag. So hingebend sie brütet: einmal am Tage muß sie das Nest verlassen, um sich mit Nahrung zu versorgen, und das unter der sich entwickelnden Bruthitze erheblich leidende Gefieder zu reinigen, einzufetten und neu zu ordnen. Einen mißtrauischen Blick auf die Nachbarinnen zur Rechten und zur Linken werfend, erhebt sie sich in den ersten Vormittagsstunden, vielleicht schon seit langem vom nagenden Hunger gequält, tritt neben das Nest und breitet mit dem Schnabel sorgsam den umliegenden Kranz zu einer die Eier verhüllenden und schützenden Decke aus; dann fliegt sie eilend auf das Meer hinaus, taucht wiederholt in die Tiefe hinab, füllt sich hastig Kropf und Speiseröhre bis zum Schlunde herauf mit Muscheln, badet, putzt und fettet sich, kehrt zum Lande zurück und läuft nun, unterwegs noch beständig die Federn trocknend und glättend, dem Neste wieder zu. Beide Nachbarinnen sitzen anscheinend ebenso harmlos wie früher auf ihren Nestern, und doch haben sie, wenigstens die eine, inzwischen ein Diebesstück ausgeführt. Sobald jene abgeflogen war, hat sich die eine erhoben, die Decke über den fremden Eiern gelüftet und mit den beiden Ruderfüßen ein, zwei, drei, vier Eier rasch in ihr eigenes Nest gerollt, sodann den Rest sorglich wieder bedeckt und sich beglückt auf ihr unrechtmäßigerweise vermehrtes Gelege gesetzt. Wohl mag die heimkehrende Ente erkennen, welcher Streich ihr gespielt wurde; merken aber läßt sie sich von dem, was in ihr vorgeht, nicht das geringste, setzt sich vielmehr ruhig zum Brüten nieder und tut, als dächte sie: »Warte nur, Frau Nachbarin, auch du wirst hinausfliegen auf das Meer, und dasselbe, was du mir getan, wird dir geschehen.« Tatsächlich wandern die Eier mehrerer nebeneinander stehender Eidervogelnester beständig aus dem einen nach dem andern. Ob dann die eigenen oder fremde Kinder unter der glücklichen Mutterbrust zum Leben reifen: der Eiderente scheint das gleichgültig zu sein; – sind es ja doch Kinder!

Sechsundzwanzig Tage etwa brütet die Ente, bevor die Eier gezeitigt sind. Der Normanne, welcher verständig zu Werke geht, läßt sie diesmal gewähren und behelligt sie nicht nur nicht, sondern sucht sie nach Kräften zu unterstützen, indem er soviel als möglich alle Feinde und Störenfriede überhaupt von dem Eilande abhält. Er kennt seine Enten, wenn auch nicht persönlich, so doch so weit, daß er weiß, wann ungefähr diese oder jene ausgebrütet haben und mit ihrer Küchleinschar den Weg nach dem sicheren Meere antreten werden. Dieser Weg bringt vielen unbeaufsichtigten jungen Eiderenten jähes Verderben. Nicht alleine die auf den Inseln brütenden oder sie besuchenden Falken, sondern auch, und mehr noch, Kolkraben, Raub- und große Seemöwen belauern den ersten Ausgang der Küchlein, überfallen sie unterwegs und rauben das eine oder das andere. Dem sucht der Schutzherr der Insel in einer Weise vorzubeugen, welche ebenfalls für das Gebaren der sonst so wilden und scheuen, während der Brutzeit aber zu förmlichen Hausvögeln gewordenen Eiderenten bezeichnend ist. Gegen das Ende der Brutzeit hin begeht er allmorgendlich die Brutinsel, um den Müttern behilflich zu sein und die zweite Daunenernte einzuheimsen. Auf seinem Rücken hängt ein Tragkorb, an dem einen Arm ein breiter Handkorb. So wandelt er von einem Neste zum andern, hebt jede Eiderente auf und sieht nach, ob die Küchlein ausgeschlüpft und schon hinlänglich trocken geworden sind. Ist letzteres der Fall, so packt er die ganze krabbelnde Gesellschaft in seinen Handkorb, entkleidet mit geschicktem Griffe das Nest von seiner daunigen Ausfüllung, wirft diese in den Tragkorb und schreitet weiter. Vertrauensvoll wackelt die Ente hinter ihm, oder vielmehr hinter ihren piependen Jungen einher. Ein zweites, drittes, zehntes Nest wird in derselben Weise entleert, überhaupt damit fortgefahren, solange der Handkorb die Küchlein noch bergen kann, und eine Mutter nach der andern schließt sich jetzt, mit den Leidensgefährtinnen unterwegs ihre Meinung austauschend, dem Gefolge an. Am Meere angekommen, kehrt der Mann den Korb um und schüttet damit die gesamte Küchleinschar einfach auf das Wasser. Sofort stürzen alle Enten den piependen Jungen nach; lockend, rufend, alle Zärtlichkeit der Mutter entfaltend, schwimmen sie unter die Herde, und jede sucht so viele Küchlein als möglich hinter sich zu scharen. Mit ersichtlichem Stolze schwimmt die eine dahin, ein langes Gefolge hinter sich nachziehend; doch schon kreuzt eine zweite, minder beglückte, den wie eine Schleppe hinter ihr einherziehenden Schwarm und sucht so viele Junge, als ihr möglich, an sich zu ketten, und wiederum kommt eine dritte herbei, in der Absicht, zu eigenen Gunsten einige abspenstig zu machen. So schwimmen, schnatternd und rufend, gackernd und lockend, alle Mütter durcheinander, bis endlich jede einzelne ein Trüppchen Küchlein hinter sich hat: ob die eigenen, ob die fremden, wer kann es wissen! Die betreffende Ente weiß es sicherlich nicht; ihre Mutterlust aber wird dadurch nicht beeinträchtigt: sind es doch Kinder, welche hinter ihr einherschwimmen!

In jedem Falle folgt auch eine in solcher Weise zusammengeraffte Schar schon in den ersten Stunden ihres Lebens der Mutter oder Pflegemutter getreulich nach. Diese führt die Küchlein zunächst auf solche Stellen, wo die Miesmuscheln bis zum Stande der tiefsten Ebbe hinauf an den Felsen sitzen, pflückt von denselben, so viele sie und ihre Familie bedarf, zerbricht die Gehäuse der kleinsten und legt den Inhalt ihren Kindern vor. Letztere sind vom ersten Tage ihres Lebens an befähigt zu schwimmen und zu tauchen, trotz ihrer Eltern, übertreffen diese sogar in einer Beziehung, indem sie ungleich gewandter auch auf dem Lande sind und hier mit überraschendem Geschick sich zu bewegen verstehen. Ermüden sie in der Nähe einer Insel, so führt sie die Alte auf dieselbe hinauf, und sie rennen dann wie junge Rebhühner dahin, wissen sich auch auf den ersten Warnungsruf hin durch einfaches Niederdrücken so vortrefflich zu verbergen, daß man sie nur nach längerem Suchen aufzufinden vermag; ermüden sie, wenn sie sich weiter von den Schären entfernt haben, so breitet die Alte ihre Flügel ein wenig und bietet ihnen diese und den Rücken zum Ruhesitze dar. Da sie niemals Mangel leiden, wachsen sie außerordentlich rasch heran und haben schon nach Verlauf von zwei Monaten beinahe die Größe, mindestens alle Fertigkeiten ihrer Mutter erlangt. Nunmehr findet sich auch der Vater wieder bei ihnen ein, um fortan mit der Familie, meist noch mit vielen anderen Familien vereinigt, unter Umständen zu Tausenden geschart, den Winter zu verbringen.

Der hohe von Jahr zu Jahr steigende Preis der unvergleichlichen Daunen erhebt die Eidervögel zu den wertvollsten aller Bergvögel. Tausend Paare Eidervögel gelten für ein Besitztum, mit welchem gerechnet wird. Auf den meisten Eiderholmen brüten jedoch mindestens drei- bis viertausend Paare, und der glückliche Besitzer noch zahlreicher besuchter Brutstellen erzielt durch die Vögel Einnahmen, um welche ihn mancher Gutsbesitzer Deutschlands beneiden könnte. Außer den Eidervögeln brüten aber auf den Holmen auch noch Austernfischer und Teisten, deren Eier ausgehoben, monatelang zu allerlei Nahrungsmitteln verwendet und auf weithin versendet werden. Zudem salzt man hier und da die Jungen für den Winter ein, und somit bilden die Holme auch ihrerseits Äcker, welche reiche Ernte bringen, dementsprechend unter strenger Aufsicht gehalten und durch besondere Gesetze geschützt werden.

Ebenso eigenartig als fesselnd ist das Schauspiel, welches eine mit Eider- und anderen Seevögeln besetzte Brutinsel gewährt. Eine mehr oder minder dichte Wolke von blendend weißen Möwen umhüllt das Eiland. Ohne Unterlaß kommen Trupps und Schwärme dieser Brutvögel auf der Insel an und fliegen wieder auf das Meer hinaus, besuchen auch wohl die benachbarten Schären und werden unter Umständen den entsumpften zu grünen Rasenflächen umgewandelten Mooren vor den roten Blockhäusern zu einem wunderba-

Eiderentenfelsen

ren Schmucke. Mit gerechtem Stolze deutete ein Bewohner der Lofoten auf mehrere Hundert von Sturmmöwen, welche dicht geschart unmittelbar vor seinem Hause nach Kerbtieren suchten. »Unser Land ist zu arm, zu kalt und zu rauh«, sagte er, »als daß wir ebenso wie Sie im Süden Hausgeflügel halten könnten. Unsere Tauben aber sendet uns das Meer, und ich frage Sie, haben Sie wohl jemals schönere gesehen?« Ich mußte die Frage verneinen; denn das Bild der blendend weißen und zartblaugrauen Möwen auf dem üppigen grünen Rasen in der großartigen Umgebung der nordischen Gebirgswelt war in der Tat überaus anziehend. Diese Möwen sind es, welche vor allem die Brutholme auf weithin zur Geltung bringen und von anderen genau ebenso aussehenden Schären unterscheiden lassen. Von der übrigen gefiederten Bevölkerung bemerkt man wenig, obwohl sie nach vielen Tausenden zählt. Erst wenn man in einem jener leichten, unübertrefflichen Boote des Landes von dem bewohnten Ufer stößt und dem Holme zurudert, ändert sich das Stilleben der Vögel. Einige Austernfischer, welche unmittelbar über der Flutmarke ihre Nahrung suchten, haben das Boot bemerkt und fliegen ihm eilig entgegen. Denn diese Vögel, welche keiner größeren Insel, kaum einer Schäre fehlen, sind die Sicherheits- und Wohlfahrtsbeamten der friedlich vereinigten Bergvögel. Neugieriger und regsamer als alle übrigen mir bekannten Strandvögel, selbstbewußt, vorsichtig und bedachtsam, vereinigen sie alle Eigenschaften, um sie zu tonangebenden Gliedern gemischter Ansiedelungen zu erheben. Jedes neue, ungewohnte oder ungewöhnliche Ereignis reizt ihre Wißbegier und bewegt sie, eine genauere Untersuchung anzustellen. So fliegen sie jedem Boote entgegen, umschwärmen es fünf- bis sechsmal in immer enger sich schlingenden Kreisen, schreien dabei ununterbrochen, ziehen dadurch andere ihrer Art herbei und erregen schon jetzt die Aufmerksamkeit aller übrigen klugen Vögel der Ansiedelung. Sobald sie sich von dem Vorhandensein wirklicher Gefahr überzeugt haben, eilen sie rasch zurück und teilen das Ergebnis ihrer Untersuchungen in warnenden Tönen allen Bergvögeln mit, welche darauf achten wollen und in der Tat darauf achten. Einige Möwen beschließen nun, ebenfalls durch eigenen Augenschein sich von der Ursache der Störung zu überzeugen. Ihrer fünf bis sechs fliegen dem Boote entgegen, stellen sich in der Luft nach Falkenart auf, stoßen vielleicht jetzt schon kühn auf die

Eindringlinge herab und kehren schneller, als sie gekommen, zum Holme zurück. Gerade als ob man ihnen mißtraue, erhebt sich nunmehr die doppelte, drei-, vier-, zehnfache Anzahl, um genau ebenso zu verfahren, wie die ersten Späher taten. Schon schichtet sich eine aus Vögeln bestehende Wolke über dem Boote. Sie dichtet sich mehr und mehr und wird immer bedrohlicher, da die Vögel nicht allein mit beständig steigender Kühnheit nach den Insassen des Fahrzeuges stoßen, sondern sie auch mit Stoffen begaben, welche Gesicht und Kleidern nicht gerade zum Schmucke gereichen. In der Nähe der Brutinsel steigert sich die Erregung zu scheinbar sinnlosem Wirrwarr, das Geschrei der einzelnen zu tausendfach wiederholtem, sinnbetörendem Lärme. Noch ehe das Boot gelandet, sind die zum Besuche ihrer Weibchen zugegen gewesenen männlichen Eidervögel dem Strande zugewatschelt und schwimmen jetzt unter warnendem »ahua, ahua« auf das Meer hinaus. Ihnen folgen Schopfscharben oder Kormorane und Säger, wogegen Austernfischer, Regenpfeifer, Teisten, Eidervögel, Möwen und Seeschwalben sowie die etwa vorhandenen Felsenpieper und Bachstelzen sich nicht entschließen können, das Eiland zu verlassen. Aber die Laufvögel rennen, wie vom bösen Feinde getrieben, zahllos am Strande auf und ab; die Teisten, welche geneigte Felsblöcke rutschend erklimmt haben, ducken sich platt auf ihnen nieder und starren harmlos verwundert den Fremdling an; die Eiderenten bereiten sich vor, im geeigneten Augenblicke in ihrer Weise sich unsichtbar zu machen.

Das Boot landet. Man betritt den Holm. Tausende von Stimmen kreischen gleichzeitig auf; die aus fliegenden Vögeln bestehende Wolke verdichtet sich bis zur Undurchsichtigkeit; Hunderte von brütenden Möwen erheben sich krächzend, um sich mit den fliegenden zu vereinigen; Dutzende von Austernfischern schreien laut, und das Gewirr der sich bewegenden, der Lärm der kreischenden, rufenden Vögel wird so betäubend, daß man meint, des Blocksbergs Hexenwirrwarr mit leiblichen Sinnen wahrzunehmen.

Hörst du Stimmen in der Höhe,
In der Ferne, in der Nähe?
Ja, den ganzen Berg entlang
Strömt ein wütender Zaubergesang.

Mephistos Worte werden zur Wahrheit. Das Lärmen und Brausen, das Wirrsal der Gestalten und Töne ermüdet alle Sinne; es schwirrt und flimmert vor den Augen, saust und braust in den Ohren, daß man zuletzt weder Farbe noch Lärm mehr aufzufassen vermag und selbst den meist sehr eindringlichen Geruch nicht mehr empfindet. Wohin man sich auch wenden mag: auf der ganzen Insel umhüllt einen die erwähnte Wolke, wohin man schaut: nichts anderes sieht man vor sich als Vögel, und wenn Tausende zur Ruhe sich niederließen, haben andere Tausende sich erhoben, und ihre Sorge, ihre Angst um die Brut läßt sie die eigene Ohnmacht vergessen und ermutigt sie zu zwar ungefährlicher, dem Vordringenden aber doch hinderlicher Abwehr.

Wesentlich verschieden von dem doch recht harmlosen Treiben auf den Eiderholmen ist das Bild, welches eine mit Silber-, Herings- oder Mantelmöwen besetzte Insel zeigt. Auch sie scharen sich um zu brüten auf bestimmten Inseln, Hunderte von Paaren zu anderen Hunderten, so daß solche Insel unter Umständen von drei- bis fünftausend Paaren bevölkert werden kann. Die Insel selbst gewährt dem Auge ein ebenso schönes und großartiges Schauspiel wie der Eiderholm. Die großen blendend weiß und hell oder dunkelgrau gefärbten Gestalten heben sich wundervoll ab von der ganzen Umgebung und ihre Bewegungen entbehren durchaus nicht der Anmut, welche alle Möwen auszeichnet. Aber sie, die starken, kräftigen und raublustigen Vögel, sind zwar gesellige, nicht jedoch friedfertige Nachbarn. Kein Glied solcher Ansiedelung traut dem andern. Jedes einzelne Paar lebt für sich, grenzt sich ein bestimmtes Brutgebiet ab, wie gering der Durchmesser desselben auch sein mag, duldet innerhalb dieses Gebietes kein anderes Paar und verläßt das Nest nie gleichzeitig, eilt auch, sobald es durch einen gemeinsamen übermächtigen Feind aufgestört wurde, so schnell als möglich zum Neste zurück, um dieses gegen die eigenen Artgenossen zu sichern.

Minder geräuschvoll, aber keineswegs weniger großartig ist das Leben auf den eigentlichen Vogelbergen, da wo Alken, Lummen und Lunde brüten und höchstens hier und da eine oder die andere Möwe, eine oder die andere Scharbe dazwischen sich eingenistet hat. Es wird genügen, wenn ich einen einzigen dieser Berge zu schildern versuche und zur Erzählung übergehe.

Im Norden der großen zur Lofotengruppe gehörigen Insel liegen,

einige dreihundert Meter von dem Strande entfernt, drei glockenförmige Felseneilande, die Nyken, welche schroff und steil dem Meere entsteigen, sich etwa hundert Meter über dessen Spiegel erheben und ringsum von einem Kranze kleiner Schären umlagert werden. Einer dieser Felsenkegel ist ein Vogelberg, wie er in seiner Art großartiger kaum gedacht werden kann.

Es war an einem wundervollen Sommertage, als wir uns anschickten, ihn zu besuchen, das Meer glatt und ruhig wie selten, der Himmel klar und blau, die Luft warm und angenehm. Zwischen zahllosen Schären hindurch ruderten kräftige Normannen unser leichtes Boot. Wohin das Auge blickte, traf es auf Vögel. Fast jeder Stein, welcher über die Meeresfläche emporragte, zeigte sich belebt. Einzelne waren weiß übertüncht von dem Kote der Scharen, welche dort regelmäßig einige Stunden des Tages zubrachten, um zu ruhen. Reihenweise geordnet wie aufgestellte Soldaten saßen sie zu zehn, zu zwanzig, zu Hunderten in den seltsamsten Stellungen, die langen Hälse gedehnt und gereckt, die Flügel ausgebreitet, um jedem Teile ihres Leibes die Wohltat der Besonnung zu verschaffen, mit ihnen fächelnd, als wollten sie sich gegenseitig Kühlung zuwehen, aufmerksamen Auges nach allen Seiten spähend; unter dumpfem Schreien stürzten sie sich bei unserer Annäherung in plumper Weise in das Meer hinab, nunmehr schwimmend und tauchend aller Annäherungsversuche unsererseits spottend. Andere Schären waren bedeckt von Möwen, immer von Hunderten und Tausenden einer und derselben Art, ebenso von männlichen Vögeln, welche von irgendeinem Eiderholme hergekommen sein mochten, um sich nach Männerart zu unterhalten, dieweil die Weibchen dem Brutgeschäfte oblagen. Um andere Felseneilande hatten die blendenden Eiderenten, vielleicht bereits gerupfte Männchen, sich geschart und stellenweise einen Kranz gebildet, vergleichbar großen, weißen Wasserrosen unserer stillen Süßgewässer. In den nicht allzutiefen Sunden sah man fischende Säger und Seetaucher, von denen der eine oder andere dann und wann auch wohl seinen auf weithin gellenden Schrei zum besten gab: einen Ruf, so lang ausgezogen und so vielfach vertönt, daß man ihn als Gesang bezeichnen würde, wäre er nicht eine wilde Melodie, wie sie nur ein Kind des Nordmeeres vortragen kann, welches dem Heulen und Brausen winterlicher Stürme gelauscht und von dem dröhnenden Wogenschwalle gelernt und in sich aufgenommen. Stolz wie ein Fürst auf seinem Throne saß hier und da ein Seeadler, der Schrecken aller gefiederten Wesen des Meeres, vielleicht auch eine ganze Gesellschaft beutesatter Räuber dieser Art; pfeilschnell durcheilte sein meilenweites Gebiet der Jagdfalke, welcher an einer der steilen Felsenwände seinen Horst gegründet; gaukelnde Sturm- und Stummelmöwen, fischende Seeschwalben zogen auf und nieder; Austernfischer begrüßten uns mit ihren trillernden Rufen; Alken und Lummen erschienen und verschwanden auf- und untertauchend rings um uns her.

Unter solcher Gesellschaft zogen wir weiter. Nachdem wir etwa zehn Seemeilen zurückgelegt hatten, gelangten wir in den Schwarmbereich der Nyken. Wohin wir unsere Blicke wandten, allüberall sahen wir einige der zeitweiligen Bewohner des Berges, im Meere fischend, tauchend, durch unser Boot erschreckt auffliegend und so hart über dem Wasser wegziehend, daß die brennendroten Ruderfüße den Saum der Wellen schlugen. Wir sahen Schwärme von dreißig, fünfzig bis hundert Stück, sahen solche überall von dem Berge herkommend oder demselben zuströmend und konnten nicht im Zweifel bleiben, daß wir uns einer stark bevölkerten Brutansiedelung näherten. Aber man hatte uns von Millionen brütender Vögel gesprochen, und von solchen Massen vermochten wir denn doch nichts zu entdecken. Endlich, nachdem wir einen vorspringenden Felsenkamm umrudert hatten, lag die Nyke vor uns. Im Meere ringsum traf das Auge auf schwarze, an dem Fuß des Berges auf weiße Punkte. Jene zeigten sich ohne Ordnung und Regel, diese meist in Reihen oder scharf umgrenzten Trupps: es waren die schwimmenden, mit Kopf, Hals und Nacken über die Oberfläche emporragenden und die auf dem Berge sitzenden, mit der weißen Brust dem Meere zugekehrten Alken, welche wir sahen. Es waren sicherlich viele Tausende, keinesfalls aber Millionen.

Nachdem wir auf der gegenüberliegenden Insel gelandet und im Hause des Besitzers der Nyke uns erquickt hatten, fuhren wir nach dieser hinüber, sprangen an einer von der Brandung nicht allzu arg umtobten Stelle auf den Fels und kletterten nun rasch bis zu der Torfhaube empor, welche die ganze Nyke bis auf wenige durchbrechende und zutage tretende Zacken, Vorsprünge und Winkel überdeckt. Hier fanden wir zunächst, daß die Torfrinde überall mit Bruthöhlen nach Art unserer Kaninchenröhren durchlöchert, daß nicht ein einziges tischgroßes Plätzchen auf dem ganzen Berge ohne die Mündung einer solchen Röhre gewesen war.

In Schraubenlinien schritten wir, mehr kletternd als gehend, zum Gipfel des Berges empor. Unter unseren Tritten zitterte die unterwühlte Torfschicht. Und hervor aus allen Höhlen lugten, krochen, rutschten, flogen mehr als taubengroße, oberseits schieferfarbene, auf Brust und Bauch blendend weiße Vögel mit phantastischen Schnäbeln und Gesichtern, kurzen, schmalen, spitzigen Flügeln und stummelhaften Schwänzen. Aus allen Löchern erschienen sie, aus Ritzen und Spalten des Gesteines nicht minder. Wohin man blickte, nichts anderes mehr als Vögel sah das Auge, und leises, dröhnendes Knarren, das vereinigte schwache Geschrei derselben traf das Ohr. Jeder Schritt weiter entlockte neue Scharen dem Bauche der Erde. Von dem Berge herab nach dem Meere begann es zu fliegen; von dem Meere nach dem Berge hinauf schwärmten bereits unzählbare Massen. Aus den Dutzenden waren Hunderte, aus den Hunderten Tausende geworden, und Hunderttausende entwuchsen fortwährend dem braungrünen Boden. Eine Wolke, nicht minder dicht wie jene über dem Holme, umhüllte uns, umhüllte den ganzen Berg, so daß dieser zauberhaft wohl, aber doch den Sinnen noch begreiflich, zu einem riesenhaften Bienenstocke sich wandelte, um welchen nicht minder riesenhafte Bienen schwirrend und summend schwebten und gaukelten.

Je weiter wir kamen, um so großartiger gestaltete sich das Schauspiel. Der ganze Berg wurde lebendig. Hunderttausende von Augen sahen auf uns Eindringlinge herab. Aus allen Enden und Ecken, von allen Winkeln und Vorsprüngen her, aus allen Ritzen, Höhlen und Löchern wälzte es sich hervor, zur Rechten, zur Linken, ober- und unterhalb, in der Luft wie auf dem Boden wimmelte es von Vögeln. Von den Wänden wie vom Gipfel des Berges herab ins Meer stürzten sich ununterbrochen Tausende in so dichtem Gedränge, daß sie den Augen ein festes Dach vorzutäuschen vermochten. Tausende kamen, Tausende gingen, Tausende saßen, Tausende tänzelten unter Zuhilfenahme der Schwingen in wundersamer Weise dahin; Hunderttausende flogen, Hunderttausende schwammen und tauchten, und neue Hunderttausende harrten des auch sie aufscheuchenden Fußtrittes. Es wimmelte, schwirrte, rauschte, tanzte, flog, kroch um uns herum, daß uns fast die Sinne vergingen, daß das

Auge den Dienst versagte, daß die erprobte Fertigkeit selbst den Schützen, welcher versuchte, unter den Tausenden aufs Geratewohl Beute zu gewinnen, im Stiche ließ. Betäubt, kaum unserer selbst noch bewußt, schritten wir weiter, bis wir endlich den Gipfel erklommen hatten. Unsere Erwartung, dort oben endlich wieder zur Ruhe, zur Besinnung, zur Betrachtung zu gelangen, erfüllte sich zunächst noch nicht. Auch hier wimmelte und schwirrte es, wie es weiter unten an den Wänden gewimmelt und geschwirrt; auch hier umlagerte die aus Vögeln gebildete Wolke uns so dicht, daß wir das Meer unter uns nur wie im Dämmerlichte, unklar und unbestimmt vor uns liegen sahen. Erst ein Jagdfalkenpaar, welches in einer der benachbarten Felsenwände horstete und das ungewohnte Getriebe gesehen haben mochte, veränderte plötzlich das wunderbare Schauspiel. Vor uns hatten die Alken, Lummen und Lunde sich nicht gefürchtet; beim Erscheinen ihrer wohlbekannten und unabwendbaren Feinde aber stürzte die dichte Wolke wie auf einen Befehl eines Zauberers mit einem Schlage herab auf das Meer, und klar und frei wurde der Blick. Zahllose dunkle, Punkte, die Köpfe der im Meere schwimmenden Vögel, welche sich deutlich von dem Wasser abhoben, unterbrachen die blaugrüne Färbung der Wogen. Ihre Menge war so groß, daß wir von der Spitze des über hundert Meter hohen Berges aus nicht entdecken konnten, wo der Schwarm endete, nicht wahrzunehmen vermochten, wo das Meer frei war von Vögeln. Um nur einigermaßen zu schätzen, zu rechnen, nahm ich mir ein kleines Viereck ins Auge und begann die Punkte in ihm zu zählen. Es waren ihrer mehr als hundert. Ich setzte in Gedanken rasch ähnliche Vierecke aneinander und kam in die Tausende. Aber ich hätte viele Tausende solcher Vierecke bilden können und den von Vögeln bedeckten Raum noch nicht erschöpft. Die Millionen, von denen man gesprochen hatte, waren vorhanden. Nur auf Augenblicke bot sich das Bild scheinbarer Ruhe unseren Blicken dar. Bald begannen die Vögel wieder aufwärts zu fliegen, und wie vorher entstiegen Hunderttausende zu gleicher Zeit dem flüssigen Elemente, um zum Berge empor zu klettern; wie vorher bildete sich die Wolke um ihn, wie vorher verwirrten sich unsere Sinne. Unfähig noch zu sehen, betäubt durch das unbeschreibliche Geräusch um mich her, warf ich mich auf den Boden nieder, und von allen Seiten herbei strömten die Vögel. Aus den Höhlen hervor krochen noch immer neue, in sie hinein solche, welche wir früher aufgescheucht; um mich her ließen sie sich nieder; mit erheiterndem Staunen betrachteten sie die fremde Gestalt unter sich; tänzelnden Ganges näherten sie sich mir bis auf so geringe Entfernung, daß ich nach ihnen zu greifen versuchte. Die Schönheit, der Reiz des Lebens zeigte sich in jeder Bewegung der absonderlichen Vögel. Mit Erstaunen sah ich, wie steif und kalt auch die besten Abbildungen sind; denn ich bemerkte eine Regsamkeit und eine Lebhaftigkeit in den wundersamen Gestalten, welche ich ihnen nicht zugetraut hätte. Nicht einen Augenblick saßen sie ruhig, bewegten mindestens Kopf und Hals fort und fort nach allen Seiten hin, und ihre Umrisse gewannen wahrhaft künstlerische Linien. Es war, als ob die Harmlosigkeit, mit welcher ich mich ganz der Beobachtung hingab, durch unbeschränktes Vertrauen von ihrer Seite vergolten werden sollte. Ich verkehrte mit den Tausenden um mich her, als ob sie Haustiere wären; und die Millionen schenkten mir zuletzt nicht mehr Beachtung, als ob ich einer der ihrigen gewesen.

Achtzehn Stunden verweilte ich auf diesem Vogelberge, um das Leben der Alken kennenzulernen. Als die Mitternachtssonne groß und blutigrot am Himmel stand und ihr rosiges Licht auch auf die Wände unseres Berges warf, trat die Ruhe ein, welche die Mitternacht auch im hohen Norden zu bringen pflegt. Das Meer um die Berge herum war leer geworden; alle die Vögel, welche bis dahin in ihm gefischt und getaucht, waren zum Berge aufgeflogen. Hier saßen sie jetzt, wo sie ein Plätzchen zum Sitzen fanden, in langen Reihen bei zehn, bei Hunderten, bei Tausenden, bei Hunderttausenden, lange, blendendweiße Linien bildend, da alle ausnahmslos die Brust dem Meere zukehrten. Ihr »Arr« und »Err«, welches trotz der Schwäche der einzelnen Stimmen unsere Ohren betäubt hatte, war verklungen, und nur die Brandung, welche sich tief unten am Felsen brach, rauschte und tönte nach wie vor zu uns herauf. Erst als die Sonne sich wiederum erhoben, begann das alte wirre Getriebe von neuem, und als wir endlich, heimkehrend, auf denselben Wegen wie vorher aufwärts, abwärts stiegen, umhüllte uns nochmals die dichte Wolke der gescheuchten Tiere.

Nicht die Massenhaftigkeit des Auftretens allein ist es, durch welche die Alken fesseln; auch ihr Leben und Treiben bietet des Anziehenden viel. Ihre geselligen Tugenden erreichen während der Brutzeit eine unvergleichliche Höhe. Als vollendete Seevögel leben alle Alken bis zu jener Beginne ausschließlich auf hoher See, dem strengsten Winter wie den wütendsten Stürmen gleichmütig trotzend. Auch in der langen Winternacht verlassen sie nicht oder doch nur sehr einzeln ihre nordische Heimat, streifen vielmehr in Scharen und Flügen von Hunderten und Tausenden von einem Fischgrunde zum anderen und wissen alle offenen Stellen zwischen dem Eise ebenso sicher zu finden, wie andere Nahrung versprechende Orte außen auf hohem Meere. Wenn aber die Sonne wiederum sich hebt, regt sich in ihnen nur ein Gefühl: das der Liebe, nur eine Sehnsucht: so bald als möglich den Berg zu erreichen, auf welchem ihre eigene Wiege stand. Jetzt, um die Osterzeit etwa, ziehen alle, mehr schwimmend als fliegend, dem Berge zu. Nun aber gibt es auch unter den Alken mehr Männchen als Weibchen, und nicht jedes der ersteren ist so glücklich, eine Gattin zu erringen. Unter anderen Vögeln führt dieses Mißverhältnis zu ununterbrochenem Streite; unter den Lummen wird der Friede nicht gestört. Die beklagenswerten Wesen, welche wir, in menschliches Sein und in menschliche Sprache übersetzt, als Hagestolze bezeichnen, wandern ebensogut wie die glücklichen, unterwegs kosenden und tänzelnden Paare dem Berge zu, fliegen mit ihnen zur Höhe hinauf und ziehen mit ihnen zur Jagd auf das benachbarte Meer hinaus. Die Paare beginnen, sobald die Witterung es gestattet, ihre alten Höhlen neu herzurichten, sie auszuräumen, zu vertiefen, ihre Kammer zu vergrößern, erforderlichenfalls auch eine neue Brutstätte auszugraben, und sobald dies geschehen, legt das Weibchen auf den nackten Boden der am hinteren Ende ausgewölbten Brutkammer sein einziges, aber sehr großes, kreiselförmiges, buntgetüpfeltes Ei und beginnt nun abwechselnd mit dem Männchen zu brüten. Für die armen Junggesellen bricht damit eine traurige Zeit an. Auch sie würden unendlich gern Vatersorgen auf sich nehmen, wenn sie nur die Gattin zu finden vermöchten, welche ihnen zu denselben verhelfen wollte. Aber alle Weibchen sind vergeben, und alles Werben ist umsonst. So entschließen sie sich denn, ihren guten Willen wenigstens insofern zu betätigen, daß sie glücklichen Paaren zu Hausfreunden sich aufdrängen. Wenn in den Stunden um Mitternacht im Neste das Weibchen brütet und außen vor demselben das Männchen sitzt, gesellen sie sich letzterem, und wenn das Männchen die im Meere fischende

Gattin ablöst, halten sie außen Wache, wie vorhin das rechtmäßige Männchen tat. Wenn aber beide Eltern gleichzeitig ins Meer hinabfliegen, beeilen sie sich, wenigstens einigen Lohn für ihre Treue zu ernten. Ohne Zögern rutschen sie in das Innere der Höhle und wärmen inzwischen das verlassene Ei. Sie, die Armen, welche zur Ehelosigkeit verurteilt sind, wollen mindestens ein wenig brüten! Diese selbstlose Hingebung hat eine Folge, um welche wir Menschen die Alken beneiden könnten. Auf den Bergen, welche diese Vögel bewohnen, gibt es kein Waisenkind. Sollte der Gatte verunglücken, so bietet sich der Witwe augenblicklich Ersatz, und sollte der seltenere Fall eintreten, daß beide Nestinhaber, beide Eltern eines Jungen zu gleicher Zeit ihr Leben verlören, so sind die gutmütigen Überzähligen sofort bereit, das Ei vollends auszubrüten, das Junge zu erziehen. Letzteres unterscheidet sich wesentlich von dem der Enten und Möwen. Es ist nicht Nestflüchter, sondern Nesthocker. In dichtem graulichem Daunenkleide entschlüpft es der Eihülle, in welcher es zum Leben erwachte, muß aber nun noch wochenlang in seiner Höhle verweilen, bevor es imstande ist, den ersten Ausflug zum Meere zu wagen. Dieser Ausflug ist, wie zahllose Leichen auf den Klippen am Fuße der Berge beweisen, stets ein gewagtes und gefahrbringendes Unternehmen. Geführt von beiden Eltern, ängstlich die noch ungeübten Beine, kaum minder besorgt die eben erst zur Entwicklung gelangten Schwingen gebrauchend, folgt das Junge seinen Erzeugern, welche es nach und nach bergabwärts oder doch zu einer Stelle geleiten, von welcher aus der Absprung in das Meer möglichst gefahrlos erfolgen kann. Auf solchem Vorsprunge verharren beide Eltern und das Kind oft längere Zeit, bevor es ersteren gelingt, das letztere zum Sprunge zu vermögen. Der Vater wie die Mutter reden förmlich zu; das sonst wie alle Vogeljungen gehorsame Kind achtet nicht ihrer Zurufe. Der Vater entschließt sich vor den Augen des zögernden Sprossen hinabzustürzen in das Meer; der unerfahrene Sprößling bleibt sitzen. Neue Versuche, neues Zureden, förmliches Drängen: da endlich wagt er den gewaltigen Sprung, stürzt wie ein fallender Stein tief in das Meer hinab, arbeitet sich, unbewußt dem Triebe gehorchend, wieder zur Oberfläche empor, schaut um sich, blickt über das unendliche Meer und – ist ein Seevogel geworden, welcher fortan keine Gefahr mehr scheut.

Wiederum verschieden ist das Leben und Treiben auf denjenigen

Vogelbergen, welche von der Stummelmöwe zu Brutplätzen gewählt werden. Ein solcher Berg ist das Vorgebirge Swärtholm, hoch oben im Norden zwischen dem Laxen- und Porsangerfjord unweit des Nordkap. Ich wußte wohl, wie die gedachten Möwen auf ihren Brutplätzen auftreten. Faber, der treffliche Kenner hochnordischer Vögel, hat es mit wenigen Worten geschildert:

»Sie verbergen die Sonne, wenn sie auffliegen, sie bedecken die Schären, wenn sie sitzen; sie übertäuben das Donnern der Brandung, wenn sie schreien; sie färben die Felsen weiß, wenn sie brüten.« Ich glaubte, nachdem ich Eiderholme und Alkenberge gesehen, dem trefflichen Faber und zweifelte doch, wie jeder Naturforscher muß, war daher aufs eifrigste bestrebt, Swärtholm zu besuchen. Ein liebenswürdiger Normanne, der Führer des Postdampfschiffes, welches mich trug, erfüllte, nachdem wir miteinander befreundet worden, gern meine Bitte, an dem Brutorte vorüberzufahren. So näherten wir uns denn in den Spätstunden eines Abends dem Vorgebirge. Schon in einer Entfernung von sechs bis acht Seemeilen überholten uns fortwährend Flüge von dreißig bis hundert, zuweilen auch zweihundert Stummelmöwen, welche sämtlich dem Nistplatze zuflogen. Je näher wir Swärtholm kamen, um so rascher folgten sich diese Flüge, und um so zahlreicher waren sie. Endlich zeigte sich dem Auge das Vorgebirge, eine fast senkrecht in das Meer abfallende, von unzähligen Höhlen durchbrochene Felsenwand von etwa achthundert Meter Länge und anderthalb bis zweihundert Meter Höhe. Aus weiter Ferne erschien sie grau; mit Hilfe eines Fernrohres konnte man eine unzählige Menge von weißen Pünktchen und Linien unterscheiden. Es sah aus, als ob eine riesige Schiefertafel von einem scherzenden Riesenkinde mit allerlei Zeichnungen bekritzelt worden wäre; es schien, als ob der ganze Felsen sonderbares Geschmeide von Kettengewinden, Ringen und Sternen trüge. Aus den dunklen Gründen größerer oder kleinerer Höhlen leuchtete es weiß hervor; von durchlaufenden Absätzen hob es sich lebhafter und greller ab. Es waren die brütenden oder in den Nestern sitzenden Möwen, welche die Zeichnung hervorriefen, und als der Wahrheit entsprechend erwies sich das Wort Fabers: »Sie bedecken die Felsen, wenn sie sitzen.«

Unser Schiff schreckte, hart an dem Felsen dahinfahrend, einen Teil der Möwen auf, und nun gestaltete sich vor meinen Augen ein ähnliches Bild, wie ich es auf vielen Eiderholmen und anderen Möweninseln gesehen. Da donnerte der Hall eines von meinem Freunde gelösten Geschützes gegen die Felsenwand. Wie wenn ein tosender Wintersturm durch die Luft zieht und schneeschwangere Wolken aneinander schlägt, bis sie, in Flocken zerteilt, sich herniedersenken: so schneite es jetzt von oben lebendige Vögel herunter. Man sah weder den Berg noch den Himmel, sondern nur ein Wirrsal ohnegleichen. Eine dichte Wolke verhüllte den ganzen Gesichtskreis, und erfüllt war das Wort: »Sie verbergen die Sonne, wenn sie fliegen.« Heftig blies der Nordwind, und wütend brandete das Eismeer am Fuße der Klippe: aber lauter noch erklangen die kreischenden Schreie der Möwen, damit auch das letzte Wort Fabers bewahrheitet werde: »Sie übertäuben das Tosen der Brandung, wenn sie schreien.« Die Wolke senkte sich endlich auf das Meer hernieder, die bisher von ihr umnebelten Umrisse von Swärtholm traten wieder hervor, und ein neues Schauspiel fesselte die Blicke. An den Felsenwänden schienen noch ebenso viele Möwen zu sitzen als vorher, und Tausende flogen noch ab und zu. Und als ein zweiter Donner neue Scharen aufscheuchte, schneite es zum zweiten Male Vögel auf das Meer herab, und immer noch war die Wand bedeckt mit anderen Hunderttausenden. Auf dem Meere aber, soweit wir es überschauen konnten, lagen, leichten Schaumballen vergleichbar, die Möwen und schaukelten mit den Wogen auf und nieder. Wie soll ich diesen herrlichen Anblick beschreiben? Soll ich sagen, daß das Meer Millionen und andere Millionen lichte Perlen in sein dunkles Wellenkleid geflochten habe? Oder soll ich die Möwen mit Sternen und das Meer mit dem Himmelsgewölbe vergleichen? Ich weiß es nicht; aber ich weiß, daß ich auf dem Meere noch niemals Schöneres erschaut habe. Und als wäre es noch nicht genug des Zaubers, goß plötzlich die auf kurze Zeit verhüllte Mitternachtssonne ihr rosiges Licht über Vorgebirge und Meer und Vögel, beleuchtete alle Wellenkämme, als ob ein goldenes weitmaschiges Netz über die See geworfen wäre, und ließ die ebenfalls rosig überstrahlten blendenden Möwen nur um so leuchtender erscheinen. Da standen wir sprachlos im Schauen! Und wir, wie alle die Mitreisenden, selbst die Matrosen des Schiffes, verharrten regungslos lange, lange Zeit im Innersten ergriffen von dem wunderbaren Bilde vor uns, bis endlich einer das Stillschweigen brach und mehr, um an den tönenden Lauten der eigenen Stimme sich selbst wiederzufinden, als um dem inneren Gefühle Ausdruck zu geben, des Dichters Worte über die Lippen gleiten ließ:

»Mitternachtssonn' auf den Bergen lag
Blutrot anzuschauen.
Es war nicht Nacht, es war nicht Tag,
Es war ein eigenes Grauen.«

Noch im selben Jahr 1860 begann das geplante Vogelbuch unter dem Titel *Das Leben der Vögel. Dargestellt für Haus und Familie* in Lieferungen zu erscheinen; ein Jahr später lag es als großformatige gebundene Ausgabe von über 700 Seiten komplett vor. Der mit Recht stolze Verfasser widmete das Buch, das er einmal als sein bestes bezeichnet hat, seinem verehrten Vater und Lehrer Christian Ludwig Brehm zum 74. Geburtstag.

Dieses Werk, dessen volkstümliche, volksbildende Tendenz sich schon im Titel verrät, ist bis heute eine ergiebige Fundgrube für Ornithologen und Vogelliebhaber. Es ist freilich eine versteckte Fundgrube, denn seit der zweiten Auflage von 1867 ist das Buch unverständlicherweise nicht mehr vollständig neugedruckt worden. 1921 erschien lediglich eine kleine Auswahl in drei schmalen Reclambändchen, herausgegeben von dem Brehm-Kenner Professor Carl W. Neumann, der in seinem Vorwort rühmt: »Es ist nicht allein ein gutes Buch, es ist auch zugleich ein schönes Buch, das heute wie vor einem halben Jahrhundert im deutschen Schrifttum mit Ehren besteht und neben dem Forscher und Reisenden Brehm auch den Menschen in ihm, den Naturfreund und Dichter, den Anwalt und Fürsprech der Tiere zeigt.«

In seinem *Leben der Vögel* beschränkt sich Brehm nicht darauf, die Naturgeschichte der Gefiederten und ihr Verhalten (lange vor der Begründung der modernen Verhaltensforschung) liebevoll und anschaulich zu beschreiben, er geht auch ausführlich auf die kulturellen Aspekte seines Themas ein – ein Zeugnis für seine umfassende Belesenheit und seine oft unterschätzte Allgemeinbildung. Ein gewichtiges Kapitel, das wir wenigstens in ein paar Auszügen vorstellen wollen, befaßt sich mit der poetischen, symbolischen und mythologischen Bedeutung der Vögel:

Der edle Mensch ist Freund, wahrer Freund der Vögel und war es von jeher, wenn er sie auch zuweilen verfolgt und tötet. Ihn ketten Bande an diese lieblichen Geschöpfe, Bande, welche sich niemals lockern, sondern immer fester ziehen. Die Zuneigung, welche er gegen die Vögel hegt, ist gleichsam ein Erbteil vergangener Zeiten; denn ehe der Forscher seine gefiederten Lieblinge und ihr Treiben belauschte, tat es der Dichter, tat es der schlichte Mensch. Der eine wie der andere sah den Vogel mit Kindesaugen an, ließ sich hinreißen von der Schönheit seines Gefieders und der Anmut seines Wesens, flog mit ihm im Geiste über Berg und Tal, über Land und Meer, dichtete ihm im innersten Herzen seine Lieder, seine Klänge nach, erprobte die Freuden der Gastlichkeit an ihm, nahm ihn in seine Wohnung auf oder folgte der verlockenden Lust, den Flüchtigen mit Netz und Schlinge an sich zu fesseln. So knüpfte sich der Freundschaftsbund, welcher noch heutigestags in voller Kraft besteht.

Auch der gleichgültigste Mensch kann nicht verkennen, daß Gestalt und Färbung, Wesen und Sitten des Vogels eine unwiderstehliche Anziehungskraft auf uns äußern. Die Gestalt vereinigt Schönheit, Zierlichkeit und Leichtigkeit in sich; die Farben des Gefieders wetteifern mit des Himmels Ätherblau, des Morgens Purpurglut, der Blumen Schmelz, der Edelsteine Funkeln. Es ist, als ob die begabende Natur ihr Füllhorn über die Klasse der gefiederten Geschöpfe ausgeschüttet habe. Gestalt und Färbung heben sich gegenseitig, und vielen von denjenigen Vögeln, welche einfach gestaltet und einfach gefärbt erscheinen, ist dafür die bewunderungswürdige Gabe des Gesanges geworden. So erklärt es sich, daß fast jeder einzelne etwas von jener Anziehungskraft besitzt, daß wir die Gesamtheit als schöne, oder was hier dasselbe sagen will: als uns fesselnde Tiere bezeichnen. Wir finden die Sittiche schön, weil ihr Kleid in herrlichen Farben prangt, vergessen darüber das widerliche Gekreisch, welches sie mit größter Ausdauer hören lassen, und dulden sie in unserer Nähe, während wir uns voll Abscheu von schreienden Säugetieren abwenden; wir nennen die verschiedenen Finkenarten und namentlich die kleineren unter ihnen reizende Geschöpfe, befreunden uns auf den ersten Blick mit dem goldigen Pirol oder dem Stärling, der kreischenden Glanzdrossel und dem Atlasvogel, lassen uns von der Pracht gewisser Farben der Raben so hinreißen, daß wir ihnen den Namen Paradiesvögel geben, haben sogar an den echten Raben, trotz ihrer einfachen Färbung, unser Wohlgefallen und rechnen die bunteren Mitglieder der Zunft trotz mancher unliebenswürdigen Eigenschaft, welche sie besitzen, zu den schmucken Vögeln; wir sind selbst den Räubern in einem gewissen Grade gewogen, obgleich sie unser Besitztum zuweilen schädigen. Den Schwalben gönnen wir unsere Liebe, obwohl ihr Kleid sich nicht durch brennende Farben auszeichnet; ihre nächtlichen Vertreter betrachten wir höchstens mit Verwunderung, nicht aber mit Abneigung; den Singvögeln sehen wir gar nicht auf das Kleid, wenn es einfach ist, während unsere Zuneigung sich erhöht, wenn sie außer der klangvollen Stimme und dem liebenswürdigen Betragen auch noch andere Reize besitzen. Die Spechte in ihrem engen Artenkleide ziehen uns lebhaft an; die Schwirrvögel oder Kolibris begeistern alle, welche sie kennenlernen, und lassen selbst den Forscher zum Dichter werden; unter der zahlreichen Menge der Leichtschnäbler erringt sich fast jeder einzelne unser Behagen; Tauben und Hühner müssen uns Hausgenossen werden; die Sumpf- und Schwimmvögel sind uns fast ausnahmslos lieb und wert.

Es ist erklärlich, daß ein so fesselndes Geschöpf auf den minder unterrichteten Menschen noch größere Anziehungskraft ausübt als auf uns, die wir genaue Kunde von ihm erlangt haben. Der ungebildete Mensch verstand wohl zu beobachten, vermochte aber das Gesehene nicht zu erklären; deshalb erschien ihm der Vogel als ein wunderbares oder übernatürliches Wesen, und als das Wissen nicht ausreichte, mußte die Dichtung helfend eintreten. Der Vogel wurde je nach seinen Eigenheiten zum Sinnbilde erhoben und sein Flug ebenso wie seine Gestalt gedeutet und erklärt. Viele dieser Sinnbilder haben auch in unseren Tagen noch ihre Bedeutung behalten, weil wir anerkennen müssen, daß ihre Wahl eine glückliche war. Den Adler setzte die Dichtung an den Thron des Weltenbeherrschers und ließ ihn die Blitze halten, welche der Götterkönig herabschleudert auf das niedere Erdenvolk, weil sich der Adler selbst als mächtiger König und Herr wie ein Blitz herabstürzt auf seine Beute, und in dem Adler sehen wir noch jetzt ein herrliches Bild der Stärke, des Adels, weil uns der hochaufgerichtete, stolz gehobene Körper,

Wiedehopf

der steif herabhängende Schwanz, die wie starrende Lanzen gesträubten Spitzenfedern des Hauptes und das königliche, blitzende Auge, welches über der Ruhe des Leibes zu wachen scheint, immer und immer wieder jene Eigenschaften vor die Seele führen. An den Uhu, welcher die Nacht beherrscht wie jener den Tag, knüpfen sich von alters her die unheimlichen Sagen vom wilden Jäger und seiner schauerlichen Jagd; und wir, die wir das Grauen abgestreift, sehen in ihm wenigstens das Sinnbild eines argen Finsterlinges, denn wie ein solcher schleicht er in seinem warmen und weichen Federkleide unhörbar einher, begünstigt von Finsternis, kommt lautlos an in der Stille, wenn die ihn bei Tage verhöhnenden Lichtvögel schlafen, und ergreift und erwürgt sie. Den Uhu hassen wir, soviel wir einen Vogel hassen können, während es uns, wenn wir den ihn verwandten Kauz betrachten, begreiflich erscheint, daß die Griechen ihn als Sinnbild des ernsten Nachdenkens hinstellen und als Lieblingsvogel der weißen Göttin erklären konnten.

In dieser Weise vergeistigt die Dichtung unserer Vorfahren manchen anderen Vogel noch; mit keinem aber beschäftigt sie sich mehr, mit größerer Innigkeit, als mit dem Schwane. Seine Gestalt und seine Färbung sind es, welche ihn zum Lieblinge aller Völker und aller Zeiten erklärt haben; ihnen dankt er die Achtung, in welcher er heutigen Tages bei uns steht. Die Stimme des Singschwanes, welche der Isländer mit Flötenlauten und Geigentönen vergleicht, ist ein unangenehmes Gänsegeschrei; die Stimme seines Verwandten wird nur selten vernommen, und deshalb eben nennt man ihn den stummen Schwan. Aber die Dichtung bemächtigt sich dennoch dieser Laute. In den Sterbestunden, so sagt das Märchen, lösen sich auch beim stummen Schwane der Zunge Bande und fließen ihm Abschiedsklagen von den harten Lippen, welche dann, vom Abendwinde getragen und von der klangreich am Ufer sich brechenden Welle gewiegt, zum Gesange werden. Des Schwanes Wesen entspricht durchaus nicht seiner blendend weißen Farbe; denn er ist wild, scheu und heftig. Und dennoch ist er der Held der Sage seit Jahrtausenden. Wo er uns auch immer begegnen mag, im lieblichen Irrgarten des Märchens oder im Blumengelände der Sage: überall erhebt und vergeistigt ihn die Dichtung. Der Göttervater Zeus wählt seine Gestalt, einer Jungfrau liebeahnendes Herz zu betören; im Schwanenkleide kommen die halbgöttlichen Jungfrauen vom fernen Süden her in unsere Gaue gezogen, um in den mit zauberischen Kräften begabten Weihern ihre Körperschöne und Jugend zu frischen; der Schwan führt das Schiff des namenlosen Ritters vom Grale, welchen das Gebet der hartbedrängten fürstlichen Maid herbeiruft, auf daß er sie schütze und schirme; der Schwan ist überall der an die Jungfrau gesandte Bote oder die Jungfrau selbst. Diese Verherrlichung verdankt er unzweifelhaft seiner Gestalt und Färbung, obgleich auch der Aufenthaltsort etwas dazu beigetragen haben mag. Ein Weiher, von hohen Kastanien, Linden und Ahorn oder

Erlen und Weiden begrenzt, mit Schilf eingerahmt, mit Wasserrosen geziert, auf welchen Schwäne stolz dahinschwimmen oder sich in der ihnen eigenen anmutigen Weise durch wechselvolle Bewegungen gegenseitig unterhalten, muß jedes Auge fesseln und erscheint namentlich des Nachts, wenn sich des Mondlichtes glitzender Schein auf die Wellen legt, geheimnisvoll und zauberhaft. In der Dichterseele aber wandeln sich die Schwäne sichtbarlich zu badenden Jungfrauen um, welche Herz und Sinn umstricken und locken wollen mit Blicken und Zeichen, mit Neigen des Hauptes und Winken des Halses, herabzusteigen in die kühlen Wellen, mit ihnen zu scherzen und zu kosen – und das Märchen ist erklärt ...

Ebenso fesselnd wie die Gestalt des Vogels erscheint uns seine Bewegung. Uns entzückt der Lauf des Hirsches oder Rehes und noch mehr die Flucht der Gazelle; aber was ist solche Bewegung, was ist Laufen anderes als Hangen an der Scholle, Kleben am Irdischen? Der Vogel ist mit anderen Werkzeugen begabt worden und einer Bewegung fähig, welche der Mensch sich ersehnt mit aller Glut der Seele:

Denn es ist jedem eingeboren,
Daß sein Gefühl hinauf und vorwärts bringt,
Wenn über uns, im blauen Raum verloren,
Ihr schmetternd Lied die Lerche singt;
Wenn über schroffen Fichtenhöhen
Der Adler ausgebreitet schwebt
Und über Flächen, über Seen
Der Kranich nach der Heimat strebt.

Der Vogelflug ist die herrlichste, die vollendetste aller Bewegungen des tierischen Körpers, denn sie vergeistigt sich gleichsam den sterblichen Leib. Darin finde ich es begründet, daß der Mensch vom Uranfang an die Gabe des Fluges beneidenswert, göttlich fand, daß er sich vermaß, aus dem Fluge den dunklen Lauf zukünftiger Zeiten zu bestimmen. Wir lächeln so oft über diesen kindlichen Glauben – und vergessen, daß heutzutage noch Tausende mit aller Innigkeit an Flugeswunder glauben, daß unsere Phantasie heute noch der Menschenseele Schwingen entsprießen läßt!

Wenn der altägyptische Priester seinen Zöglingen die Geheimnisse des Vogelfluges zu enthüllen bemüht war; wenn der römische

Augur oder der Druide unserer Wälder den Vogelflug befragte, um ratzuschlagen über die noch im dunklen Schoße zukünftiger Zeiten ruhenden Schicksale des Volkes, welches gläubig an seinen Lippen hing, so war es ihm wahrscheinlich keine leere Feierlichkeit und das, was er aussprach, kein absichtlich von ihm angelegtes Truggespinst. Es hatte aber das zergliedernde Messer des Forschers den Vogelkörper noch nicht in seine einzelnen, feinsten Teile zerlegt, um den Flug nur ein Zusammen- und Ineinanderspielen verschiedener Muskeln und der sie bewegenden Nerven nennen zu können; damals kannte der Mensch die Feder noch nicht als Haar beim Säugetier oder als Schuppe beim Lurch, ihm war der Vogel noch ein unbegriffenes göttliches Ganzes, ein Diener, ein Boote der Himmlischen. Als solcher Diener und Bote trug auch Hermes beschwingte Sohlen. Die Wunder von ehedem sind uns zum Märchen geworden, das Geheimnisvolle ist gewichen, die Dichtung ist geblieben! Denn heute noch stellt der christliche Maler den Heiligen Geist in Gestalt einer Taube dar; heute noch hat des christlichen Kindes Engel, der »vom Throne des alliebenden Vaters herabsteigende, müden Seelen Ruhe, traurigen Herzen Trost bringende« Bote des christlichen Gottes goldene Schwingen.

Und wir, wir alle, erwachsen und verständig geworden, belehrt, daß mit des Menschen Körperbau Flügel unvereinbar sind, wir schauen gleichwohl fast neidisch der im lustigen Jagen und pfeilschnellen Fluge sich befehdenden Schar der Segler nach, welche zur Sommerszeit das alte Turmgemäuer des Heimatortes bewohnen und uns so oft mit gellem Geschrei von der Arbeit weg an das Fenster locken. Und so ergrimmt wir auch im Anfange über die Schreihälse sind, wir vergessen unseren Ärger über die Bewunderung des rasenden Fluges; die entzückten Augen beschwichtigen die Klagen der gemißhandelten Ohren. Und bald hören wir nichts mehr von dem scharfen Geschrei, ja, weiter und weiter sich entfernend, will dieses sogar wohlklingend werden. Das ist die Gewalt der dichterischen Bewegung des Fluges! ...

Es scheint mir unnötig, noch mehr von der Dichtung des Fluges zu sagen. Wer viel gewandert ist, namentlich den Süden besucht hat, weiß von dem Eindruck zu erzählen, welchen die Zugvögel der Heimat ausüben können, wenn sie auf ihrer jährlichen Reise in der Fremde erscheinen. Man begrüßt sie wie traute Bekannte, wie

Freunde aus der Kinderzeit, wie Boten aus der Heimat. Nach ihr rufen sie auch in dem verhärteten Gemüte alle Sehnsucht wach, zugleich aber den Neid; denn sie können ihren Wünschen folgen und von der ungeheuren Reise trägt sie des Fluges Göttergabe nach dem Orte zurück, an dem sie geboren wurden.

Und nicht allein ihr Flug erscheint uns beneidenswert, denn viele von ihnen beherrschen ja auch das Wasser in demselben Grade wie die Luft. Wer dem Treiben des Wasserkönigs oder Wasserschwätzers in einem Gebirgsbache zugeschaut, hat sicherlich in seinem Herzen eine gelinde Regung von Neid verspürt. Denn er hat sehen müssen, daß sich der muntere Gesell gerade da am liebsten aufhält, wo es am stärksten schäumt und braust, sprudelt und zischt, wo die Wasserfälle donnern und rauschen. Dort sitzt er minutenlang ruhig auf einem feuchten, von Wasserflechten übersponnenen Steine; plötzlich erspäht er etwas – und im Nu geht's ins Wasser. Erst watet er nur; aber das Bächlein nimmt immer mehr und mehr an Tiefe zu: Das Wasser steigt ihm bis an den Hals, an den Kopf. Was tut's? Mag es über ihn wegfließen – ihm gilt es gleich! Er läuft ebenso ruhig unter dem Wasserspiegel wie auf festem Lande an dem Ufer dahin; er fliegt durch den tollsten Wassersturz, taucht lustig in die Tiefe – und wenn er wieder ans Tageslicht kommt, rollt das an seinem Gefieder hängende Wasser in schmückenden Perlen von ihm herab. Er ist auf der Erde heimisch, mit dem Wasser vertraut, in der Luft bekannt: drei Elemente sind sein eigen; er beherrscht, er bezwingt sie.

Wie glücklich sind die Vögel! Die Möwe begleitet den Schiffer vom sicheren Hafen aus weit hinaus in das ewige Meer – und wenn ihr die Schwingen ermüden, ruht sie behaglich, unbekümmert um die unendliche, menschenfeindliche Tiefe unter ihr, auf dem flüssigen Spiegel. Sie netzt sich die Fittiche in der Wellen Schaum, läßt sie schwellende Polster zu ihrer Ruhe sein, und immer bleiben sie ihr gewogen, freundschaftlich zugetan.

Wie gern erinnert sich jeder, welcher zur See war, der kaum mehr als taubengroßen Sturmtaucher mit den langen Flügeln, welche das Schiff noch umfliegen, wenn es die Möwen schon längst verlassen haben. Sie erscheinen wie neckische Geister hart vor dem Buge des Schiffes; man weiß nicht, woher sie kommen. Sie schießen mit Gedankenschnelle über die Wellen hin und sind plötzlich verschwunden, den Augen entrückt; man weiß nicht, wohin sie gingen. Aus der Tiefe des Meeres tauchen sie auf, in seine Tiefe tauchen sie nieder. Ihre Bewegungen sind ein Spielen mit Luft und Wasser, mit Tageslicht und Wellennacht; jubelnd verschwinden sie, fröhlich erscheinen sie wieder. Verwandte von ihnen spielen in Schiffersagen und Seegeschichten eine bedeutungsschwere Rolle, weissagen Glück oder Unheil, je nachdem sie erscheinen; die Schiffer sehen sie als heilige Tiere an. Die Art und Weise ihres Auftretens ist der Grund der Märchen aus des Seemanns Munde. Bei ruhiger See sieht man sie selten; wenn aber Sturm das Schiff wie einen Spielball umherschleudert, sind sie plötzlich da und folgen dem stöhnenden Gebäude. Es ist märchenhaft, wie sie sich zeigen: sie laufen auf den Wellen. Die Bewegungen der kleinen, für sie aber gewaltigen Flügel bemerkt man kaum, so selten sind sie; es sieht aus, als trügen sie die Schwingen bloß ausgebreitet, um den Körper im Gleichgewicht zu halten; hart über die Wellen gleiten sie dahin, immer gleichhoch über ihnen; sie sinken und steigen, fallen und erheben sich wie diese. Sie, die Sturmvögel, sind die wahren Kinder des Sturmes. Man kennt sie in allen Meeren; jeder Seemann hat sie gesehen, und jeder weiß etwas von ihnen zu erzählen. Noch heute hat man einen Aberglauben aus alter Zeit nicht ganz überwinden können, und der gewöhnliche Reisende wird von dem Schiffsvolke mit grollenden Blicken angesehen, wenn er versuchen will, eines der Tierchen zu erlegen. In ihren Bewegungen liegt ein so mächtiger Zauber, so viel Dichtung, daß selbst der rohe Matrose ergriffen wird. »Geister der im Meere Begrabenen« nennt sie seine Sage. Geister scheinen sie jedem anderen zu sein, denn geisterhaft ist ihr Gang auf den Wellen.

Man könnte von jedem Schwimmvogel und namentlich von jedem meerbewohnenden etwas Ähnliches berichten. Jeder einzelne hat mehr oder weniger seine eigene Weise, seine eigene Bewegung – die an die öden Klippen des Pols gebannte Fettgans oder der Pinguin ebensowohl wie der das Meer durchwandernde Fregattvogel, der Alk wie der Lumme, die Eidergans wie die Scharbe: jeder einzelne Vogel weiß uns zu fesseln.

So reich begünstigt der Vogel durch seine mannigfachen Begabungen aber auch ist, keine von diesen erwirbt ihm in gleicher Weise des Menschen Liebe und Freundschaft, des Menschen ganzes, volles Herz, wie sein Gesang. Der singende Vogel tritt gleichsam als

Dichter auf, denn wir legen seinen Liedern die Worte unter. Ein Frühlingsabend im Walde webt bunte, liebe Träume um das Menschenherz, aber nur weil die Vögel jenem Stimme und Sprache leihen. »Der düstere Laubwald«, sagt Roßmäßler, »würde uns nur verstimmen ohne die munteren Stimmen der Vögel; der schauervolle Urwald würde ohne den tausendstimmigen Chor der befiederten Geschöpfe der stumme Garten eines Zauberers sein.« Der Schwarzwald ist im Winter nicht weniger schön als im Sommer; gerade, wenn es bitter kalt, legt er sein Festkleid an. Die weiße Decke, welche der Winter über Flur und Feld breitet, läßt diese öde und einförmig erscheinen; im Walde ruft sie ein wunderbares Leben in Farben und Gestalten hervor. Malerisch beugen sich die Zweige hernieder unter der Last des Schnees, jeder einzelne gewinnt an Ausdruck. An einigen hängen lange kristallene Nadeln herab, an andere und an die Stämme legt sich eine glänzende Eisschale. An einzelnen Felsen ist kaum eine einzelne Schneeflocke hängengeblieben, und das sie überwebende Moos grünt in Sommerfrische dort. Draußen hat alles abgeblüht und abgereift, im Walde blüht das Moos und reifen die Samen der Föhren, Tannen und Fichten. Man muß nur alle die Winterfarben des Waldes, das Dunkelgrün, das Weiß, Braun, Rot und Silbergrau zusammenstellen, um seine winterliche Schönheit zu verstehen; man muß den Wald gesehen haben, wenn kein Wölkchen am reinen Himmel steht und die Sonne herabblitzt auf diesen Zauberpalast mit den gewaltigen Säulenhallen und dem smaragdenen und diamantenen Dache, um jene Schönheit zu würdigen. Das ist ein Glitzern und Leuchten, Schimmern und Glänzen, daß man den sommerlichen Wald unmöglich schöner nennen kann! Aber sein eigentliches Leben fehlt ihm doch. Vielen vielleicht unbewußt, schweift das Auge suchend von Wipfel zu Wipfel, mit Befriedigung klammert es sich an die muntere Weise oder das fast lautlose Goldhähnchen an, welche dem winterlichen Walde noch blieben, und entzückt folgt es jeder Bewegung des jetzt im Wintergraus brütenden Kreuzschnabels.

Das wahre Leben im Walde erwacht erst, wenn der Frühling seinen Herold voraussendet, die liederreiche Singdrossel, die »Waldnachtigall«. Doch auch alle übrigen Waldbewohner verdienen gepriesen zu werden. Kein einziger von ihnen darf dem Walde fehlen, es würde uns sonst das herrliche Tonwerk, welches sie gemein-

Wintergäste im Dorf

schaftlich aufführen, unvollständig erscheinen; denn es will uns vorkommen, als ob jedem einzelnen seine Stimme zuerteilt worden ist. Waldnachtigall, Amsel, Drossel, Grasmücke und Mönch, Rotschwanz, Rotkehlchen, Laubsänger, Zaunkönig, Goldhähnchen, Fliegenfänger, Fink, Hänfling, Grünling, Goldammer, Baumpieper, Heidelerche, Baumläufer und Meise singen die wunderbare, uralte und ewig neue, längst bekannte und stets wechselnde, das Gemüt ergreifende Weise, Rabe und Krähe begleiten im tiefsten Baß, Schwarzspecht, Grün- und Buntspecht trommeln in verschiedener Stärke und Höhe dazu oder jauchzen laut schallend darein; Habicht, Bussard und Baumfalk geben ihre gellenden Stimmen dazwischen; Häher und Würger sind die Altsänger; des Kleibers Ruf ist wie ein einzelner Flötenton, und das Rucksen und Girren der Tauben helfen begleitend das Ganze tragen. Zum Waldkonzert darf nicht ein einziger Ton fehlen, sondern sie alle müssen sein: nicht einer ist störend, nicht einer überflüssig.

Im Laubwalde ist der Chor der Vögel noch etwas reicher und wegen der herrlichen Lieder, welche der Sänger Königin, unsere Nachtigall, vernehmen läßt, vielleicht noch ergreifender als im Schwarzwalde. Über die Nachtigall und ihr Lied aber brauche ich nichts zu sagen; denn jeder, welcher es hört, legt selbst so viel hinein, daß das schwache Wort es nicht ausdrücken kann. »Rosenduft macht die Seele krank, und Nachtigallensang tut dem Herzen wehe; aber rosige Lippen heilen, was der Rosen wegen erkrankte, und Liebesworte sühnen, was der Nachtigall Lied verbrach«, sagt ein arabischer Dichter und damit mehr als hundert andere, welche das Lied der Nachtigall nachzudichten versuchten.

Der Vogelgesang erheitert, tröstet und erhebt den Menschen aller Orten und zu jeder Zeit, selbst in den Ländern, in denen der Sonne Glut gleichsam der Vögel klangreichen Mund verschließt, und noch im Winter, in welchem uns wenigstens einige Sänger bleiben mit ihren Liedern: vor allem der muntere Zaunkönig, welcher von Zeit zu Zeit sein Federkleid von Schneeflocken reinschüttelt und hell hinaussingt in die Winterluft, als wolle er alle anderen Geschöpfe auffordern, froh zu sein wie er in dieser bösen Zeit und auszuharren, bis sie vorüber, oder sein ihm in Gestalt und Wesen innig verwandter Vetter, der Wasserschmätzer, welcher selbst von den Eisschollen herab sein Lied vorträgt. Der Vogelgesang ist dem, welcher ihn zu deuten weiß, ein Gedicht voller Leben und Frische, voller Wahrheit und guter Lehren. Er wird uns Aufmunterung zur Freude, Heimatgruß in der Fremde und Trost in schweren Stunden.

Das große Vogelbuch mehrte Brehms Ruhm, verbesserte aber seine wirtschaftliche Lage nicht grundlegend. Das Dasein eines freien Schriftstellers, der abhängig bleibt von unregelmäßigen und nicht vorherbestimmbaren Honorarzahlungen, war schon immer eine unsichere Sache, auch für einen so bekannten und erfolgreichen Autor wie Alfred Brehm.

Was die Dinge des praktischen Lebens angeht, war Brehm kein Freund von Risiken und Abenteuern. Außerdem hatte er sich damals längst in seine Kusine Mathilde Reiz aus Greiz verliebt (seine Mutter war, wie erwähnt, eine geborene Reiz), und er wollte so schnell wie möglich einen eigenen Hausstand gründen. Deshalb legte er (oder sie?) besonderen Wert auf eine feste Bestallung und ein solides Einkommen. So trat Brehm 1861 in den Schuldienst ein und wurde Lehrer für Geographie und Naturwissenschaften an Dr. Zilles Modernem Gymnasium und dann an einer Höheren Töchterschule in Leipzig. Man kann sich leicht ausmalen, wie begeistert Schüler und Schülerinnen ihrem neuen, erst zweiunddreißigjährigen, aber schon weithin berühmten Lehrer zuhörten, der so aufregend von fremden Ländern und exotischen Tieren zu erzählen wußte!

Der Hochzeit stand nun nichts mehr im Wege. Am 14. Mai 1861 wurden Dr. Alfred Brehm und Mathilde Reiz, Tochter des Regierungsrats Rudolph Reiz, in der Greizer Pfarrkirche getraut. Wieder drängt sich hier eine biographische Übereinstimmung mit Charles Darwin auf, der 1839 ebenfalls eine Kusine, die Fabrikantentochter Emma Wedgwood, geehelicht hatte. Die Parallele läßt sich noch weiterführen: Beide Frauen, Emma wie Mathilde, waren ideale Lebensgefährtinnen ihrer genialen Männer. Sie waren der gute Geist des Hauses, der ruhende Pol in Ehe und Familie, und sie machten, sich bescheiden im Hintergrund haltend, ihren eigenwilligen, schwierigen, ganz von ihrer Aufgabe besessenen Gatten das Leben so leicht und angenehm wie möglich. Man darf ohne Übertreibung behaupten, daß Darwin und Brehm es nicht zuletzt ihren großherzigen, selbstlosen, stets ausgleichend wirkenden Ehefrauen verdanken, daß sie die inneren Gefährdungen und Anfechtungen ihrer angespannten Existenz heil überstanden und ihr großes Werk in häuslicher Geborgenheit vollenden konnten.

Brehms Lehrtätigkeit, die ihm offensichtlich Spaß gemacht hat, dauerte nicht sehr lange. Schon im Frühjahr 1862 bot sich ihm die Chance zu einer zweiten Afrikareise. Das Angebot kam vom regierenden Herzog Ernst II. von Sachsen-Coburg-Gotha, der sich im immer noch geheimnisumwitter-

Der Weidmann Alfred Brehm

ten Dunklen Erdteil umsehen wollte, und zwar im leicht zugänglichen Bogosland, das damals zu Habesch (Abessinien) gehörte und heute ein Teil von Äthiopien ist.

Brehm, der thüringische Afrikaexperte, der überdies die arabische Sprache leidlich beherrschte, war dazu ausersehen, die vielköpfige Expedition – der Herzog reiste wie damals üblich mit großem Gefolge, dem übrigens auch der Schriftsteller Friedrich Gerstäcker angehörte – zu leiten und die notwendigen organisatorischen Vorbereitungen zu treffen. Natürlich nahm Brehm das ehrenvolle Angebot an, zumal er die Erlaubnis erhielt, seine junge Frau mitzunehmen.

Am 6. März 1862 brach er als Quartiermacher nach Massaua am Roten Meer auf, aber er hatte nur wenig Zeit zu Tierbeobachtungen und Jagdausflügen. Außerdem wurde er bald nach dem Eintreffen der herzoglichen Reisegesellschaft wieder von seinem alten Leiden, dem »Klimafieber« (Malaria), heimgesucht, so daß er längst nicht so viele Naturstudien betreiben konnte, wie er sich vorgenommen hatte.

Dennoch hat er im äthiopischen Hochland vielfältige neue Eindrücke gesammelt, wie sein 1863 veröffentlichtes Buch *Ergebnisse einer Reise nach Habesch* bezeugt. Das vergleichsweise spröde Werk, das sich ausschließlich mit den Vögeln und Säugetieren der Region befaßt, enthält keinerlei Illustrationen, dafür aber eine Fülle von kommentarlosen Aufzählungen, Tabellen und systematischen Übersichten. »Es reicht mir zur Beruhigung«, rechtfertigte sich der Verfasser im Vorwort, »daß ich hinsichtlich der Geringfügigkeit, Dürftigkeit und Unvollständigkeit meiner ›Ergebnisse‹ im voraus der Nachsicht meiner Leser, einschließlich der Fachgenossen, sicher sein darf. Zwei böse Feinde haben mich während der Reise gehindert und gequält: der Mangel an Zeit und das Fieber! Ich bin nicht lässig gewesen. Vom Bord des Schiffes und vom Rücken des Maultiers aus habe ich rastlos nach rechts und links gespäht und mit dem Merkbuche in der Hand die reichhaltigen Gegenden durcheilt, welche *zu durchforschen* mir nicht vergönnt war.« Wenn man das unscheinbare Buch daraufhin durchblättert, ist man verblüfft, wie viele Tierarten Brehm in der kurzen Zeit, die ihm zur Verfügung stand, trotzdem intensiv beobachten und in ihren Lebenszusammenhängen exakt erfassen konnte.

Solche unmittelbare Anschauung der Tiere und die darauf beruhende detaillierte Beschreibung ihrer Lebensumstände und -gewohnheiten waren, wie wir wissen, das eigentliche Anliegen des Forschers und Schriftstellers Alfred Brehm, schon lange bevor er mit der Arbeit an seinem *Tierleben* begann. Diese Einstellung war um die Mitte des vorigen Jahrhunderts etwas völlig Neues, geradezu eine Revolutionierung der zoologischen Wissenschaft, wie sie an den Schulen und Universitäten praktiziert wurde. Brehm war sich dessen bewußt und hat es in einer Vorbemerkung zu seinem

Habesch-Buch deutlich ausgesprochen. Seine Sätze klingen fast wie ein Programm für sein Hauptwerk, das ihn vermutlich schon längst innerlich beschäftigte: »In den neueren tierkundlichen Werken wird sonderbarerweise das *Leben* der Tiere kaum berücksichtigt. Man begnügt sich mit genauen Beschreibungen des Leibes und wendet weitaus die größte Aufmerksamkeit auf die Zergliederung desselben. Gewöhnlich erhalten wir nur über das Vorkommen eines Tieres die dürftigsten Nachrichten, während über die Lebensweise, die Sitten, Gewohnheiten, die Nahrung usw. meist ein tiefes Stillschweigen herrscht.«

Daß sein Bericht über die Reise nach Habesch so karg geriet und sich fast nur auf aneinandergereihte Tierbeschreibungen beschränkte, hat neben der Zeitknappheit noch einen anderen Grund: Der Herzog hatte die Absicht, seine Expedition in einem selbstverfaßten Monumentalwerk darzustellen, das dann tatsächlich auch 1865 erschien, und Brehm wollte und durfte dem hohen Herrn natürlich nicht durch einen eigenen Reisebericht die Schau stehlen.

Gleichwohl ist Brehms Werk nicht ohne Reiz, der allerdings mehr im wissenschaftlichen Gehalt als in der erzählerischen Vergegenwärtigung liegt. Als typisches Beispiel für die »Originalbeobachtungen«, die in diesem Band versammelt sind, sei die plastische Schilderung der Meerkatzen wiedergegeben; es ist eine Verhaltensstudie fast modernen Zuschnitts.

Über das Leben der Meerkatzen

Auf unserer Reise fanden wir die graugrüne Meerkatze (*Cercopithecus griseoviridis*, Desmarest [gemeint ist zweifellos die Äthiopien-Grünmeerkatze, *C. aethiops aethiops*]) nur im Mensatale, und zwar in nicht eben zahlreichen Gesellschaften auf. Das Gebirge befriedigt die Anforderungen dieser Baumaffen nicht; denn es hat zu wenig zusammenhängende, dichtere Baumbestände. Anders ist es in den eigentlichen Nilländern und zumal dort, wo ausgedehnte Urwaldungen die Ufer der Ströme besäumen. Hier begegnet man den Tieren häufiger, zuerst etwa unter derselben Breite, unter welcher die Bogosländer liegen, und zwar immer an denselben Orten, wo auch ihre Vertreter in der Klasse der Vögel, die Papageien, vorkommen. Die Meerkatzen ziehen feuchte oder wenigstens von Flüssen durchschnittene Waldungen den trockenen Baumgegenden vor und bewohnen gerade die Stellen am liebsten, welche am dichtesten bewaldet sind. Finden sich Durrah- oder Maisfelder in der Nähe eines

dichtbestandenen Waldes, so werden diese, wie leicht erklärlich, zu besonders angenehmen Sammelpunkten mehrerer Affenherden, welche dann vom Walde aus tagtäglich in den Feldern einfallen.

Die Meerkatzen gehören fast sämtlich zu den geselligsten, beweglichsten, lustigsten und gemütlichsten aller Affen, und gerade bei dem »Abalandj« scheinen diese Eigenschaften besonders ausgebildet zu sein. Familien kommen kaum oder niemals vor – auch nicht in den engen Gebirgstälern des Mensalandes, wo eine unbedeutende Baumgruppe unsere Tiere fesselt –; man sieht sie im Gegenteil immer in ziemlich starken Banden. Ihr Leben fließt ruhig und gemütlich dahin. Sie sind vollendete Affen, ewig in Regsamkeit, ununterbrochen beschäftigt, und wäre es auch nur mit Spiel oder anderem Zeitvertreib. Ungeachtet ihrer Geselligkeit hört unter ihnen doch niemals der Streit auf; aber so schnell als er gekommen, ist er auch beendet. Krieg und Frieden wechseln beständig.

Selbst im Urwalde findet man leicht eine Bande der Meerkatzen auf. Wenn man auch die wechselnden Ausrufe der Leitaffen nicht vernimmt, hört man doch wenigstens das Geräusch, welches die laufende oder springende Gesellschaft auf den Bäumen verursacht; und wenn das Ohr die Affen nicht entdecken sollte, wissen sie sich doch dem Auge durch ihre Beweglichkeit bald bemerklich zu machen. Sie sind nichts weniger als scheu, fürchten sich mindestens vor dem Menschen nicht und sehen, solange sie nicht verfolgt werden, ohne die Flucht zu ergreifen, ruhig von den Baumwipfeln auf ihn hernieder. Oft habe ich beobachtet, daß sie Fußgänger oder Reiter, Maultiere oder Kamele unter sich wegziehen ließen, ohne zu mucksen. Großes Entsetzen flößt ihnen dagegen ein Hund ein, und beim Anblick eines Leoparden vernimmt man das Angstgeschrei von sämtlichen Gliedern der Gesellschaft, obgleich doch eigentlich für sie, die Schnellen, keine Gefahr vorhanden ist. Auf den Boden herab kommen sie bloß dann, wenn sie da unten Nahrung sich holen wollen; sonst verbringen sie ihre ganze Lebenszeit in der Höhe der Bäume, ganz gleichviel ob diese günstig oder ungünstig, d. h. dornenlos oder mit den furchtbarsten Dornen gespickt sind.

Ihre Beweglichkeit und Gewandtheit auf den Bäumen ist unglaublich groß. Es scheint kein Hindernis für sie zu geben; die furchtbarsten Dornen, die dichtesten Hecken, weit auseinanderstehende Bäume: Nichts hält sie auf! Jeder Sprung wird mit einer Sicherheit ausgeführt, welche den Nordländer in größtes Erstaunen versetzen muß, weil kein bei uns heimisches Klettertier den Affen es auch nur annähernd nachtun kann. Die Meerkatzen sind imstande, mit Hilfe des steuernden Schwanzes noch im Sprunge die einmal beabsichtigte Richtung in eine andere umzuwandeln: sie fassen, wenn sie einen Ast verfehlen, sicher noch einen zweiten; sie werfen sich von dem Wipfel des Baumes auf die Spitze eines tiefstehenden Astes und lassen sich weiterschnellen; sie setzen mit einem Sprunge von dem Gipfel hochstämmiger Bäume auf die Erde herab, fliegen gleichsam über Gräben hinweg einem anderen Baume zu, laufen schnell an den Stämmen empor und flüchten weiter und immer weiter. Nur wenn man einige der Herde herabschoß, beschleicht die übrigen eine gewisse Angst oder Mutlosigkeit: solange man ihnen nicht mit dem furchtbaren Feuergewehr nachstellt oder sie durch Hunde ängstigt, zeigen sie eine unter allen Umständen sich gleichbleibende Geistesgegenwart und wissen aus jeder Lage noch einen Ausweg zu finden.

Wirklich beachtenswert ist die Geschicklichkeit, mit welcher sie sich auf den Ästen der dortigen Mimosen bewegen. Sie springen ohne Besinnung so recht eigentlich mitten in die nadelscharfen harten Dornen hinein und eilen, scheinbar unbelästigt, so schnell weiter, als wären sie auf gebahntem Wege gegangen. Und dennoch werden ihnen die Dornen oft gefährlich: ich selbst erlegte eine Meerkatze, welche beim Springen dergestalt auf einen Dorn gestoßen war, daß dieser ihr die Hand vollständig durchbohrt hatte. Er stak noch so fest in der eiternden Wunde, daß der Affe nicht imstande gewesen war, ihn herauszuziehen wie sonst wohl zu geschehen pflegt. Wer die Bewaffnung der Mimosen kennt, dem dünkt es geradezu unmöglich, daß ein schnell sich bewegendes oder gar springendes Säugetier überhaupt nur zwischen den Tausenden von Dornen unbeschädigt hindurchkommen kann: und gleichwohl gehören Fälle, wie der eben erzählte, nach meinen Beobachtungen zu den größten Seltenheiten.

Jeder Affenherde steht ein altes, geprüftes und in den verschiedensten Gefahren des Lebens wohlerfahrenes Affenmännchen vor. Dieses ist der unumschränkteste Herr und Gebieter in seinem Staate und zugleich auch der Stammvater des größten Teiles der Herde. Schwächere Männchen werden von ihm unbarmherzig abgetrieben; stärkere bekämpft er mit großer Wut und Ausdauer, bis er sich das unbestreitbare Recht der Alleinherrschaft errungen hat. Liebesverhältnisse zwischen einem jüngeren Affen und einer Äffin der Herde werden von ihm nicht geduldet und beide Teile nach Befinden bestraft. Die Lüsternheit der Affen und zumal der jüngeren Affenmännchen, welche sich bei jeder Gelegenheit kundgibt, findet hierin eine Erklärung und zugleich Entschuldigung; denn solange der junge männliche Affe es nicht im Kampfe mit anderen Gleichgesinnten aufzunehmen vermag, ist nicht daran zu denken, daß er zur Begattung gelangt. Ich habe mehrmals die nebenbuhlerischen Kämpfe der Meerkatzen mit angesehen und dabei beobachten können, daß der Leitaffe jüngere Männchen mit beispielloser Wut verfolgt, sobald sie sich nur bei der Herde sehen lassen. Selbst bei Gefahr trollt ein solcher junger Affe, welcher die Rachsucht des alten Herrn erregte, immer nur ein gutes Stück hinter der Bande her; denn der Stammvater würde selbst auf der Flucht noch Zeit finden, um ihn gehörig abzuzausen.

Es scheint, daß weder die Zeit der Paarung noch die des Wurfes an bestimmte Monate gebunden ist. Man findet zu jeder Zeit des Jahres Äffinnen mit kleinen Jungen und bei jeder Herde solche, welche eben der mütterlichen Zucht entwachsen sind. Möglich ist es, daß die meisten Meerkatzen mit Beginn der großen Regenzeit in den ostafrikanischen Ländern, also Ende Juli oder Anfang August geboren werden; doch fand ich auf unserer Reise im März bereits junge oder noch sehr kleine Affen an der Brust ihrer Mutter.

Alle Meerkatzen tragen ihre Jungen an der Brust und am Bauche. Der Kleine hat sich mit den Vorderhänden an den Schultern, mit den hintern an den Weichen der Mutter angeklammert und somit die für beide Teile bequemste Lage eingenommen. Er hindert die Alte nicht am Gehen, Klettern und Springen und wird selbst nicht am ruhigen und behaglichen Saugen gestört. Oft hat er sein Schwanzende in einen Haken gekrümmt und dieses noch um den Schwanz der Alten geschlagen; doch ist dies nur zufällig und dient schwerlich dazu, dem Körper noch besonderen Halt zu geben.

Eine neugeborne Meerkatze macht einen widerlichen und zugleich auch lächerlichen Eindruck. Das dünne Haar, welches den Leib deckt, läßt alle Glieder verhältnismäßig viel länger erscheinen, als sie sind; der Leib und die Arme sehen klapperdünn aus. Das

Gesicht hat tiefe Falten und Runzeln, wie das eines Greises: – es ist abschreckend häßlich.

Die Mutterliebe zeigt sich bei jeder Gelegenheit. Ohne Unterlaß hat die Alte nach ihrem Sprößling zu schauen, an seinem Fell zu glätten und zu putzen, Ungeziefer, Dornen und Disteln abzusuchen, es zu lecken und zu streicheln. Während des ersten Monats läßt sie ihr Kind nicht aus ihren Armen; später gewährt sie ihm etwas mehr Freiheit. Ungezogenheiten oder Unfolgsamkeiten bestraft sie sofort durch Püffe oder durch Raufen am Haare; und dank dieser Strenge sind die Affenkinder auch so folgsam geworden, daß sie manchem Menschenkind als gutes Beispiel dienen können. Wenn das Junge etwa den dritten Teil seiner Größe erreicht hat, trennt es sich von der Mutter und treibt sich dann mit der übrigen Bande, zumal mit den anderen Jungen umher. Man sieht oft fünf bis sechs junge Meerkatzen auf einem niederen Baum sitzen, während die Alten schon ihr Heil in der Flucht gesucht haben. Recht deutlich kann man an ihnen bemerken, daß erst Erfahrung die Tiere zu dem macht, was sie sind. Die Alten haben sich längst in Sicherheit gebracht, da sitzen die Jungen noch dumm zutraulich an der alten Stelle und schauen dem Jäger dreist in das Rohr oder sehen verwundert den Steinen nach, welche der Eingeborene in der Hoffnung nach ihnen wirft, sie zu treffen, zu betäuben und in seine Gewalt zu bekommen. Nach vier oder fünf jungen Affen im Mensatale warfen wir wohl fünf Minuten lang, ehe sie sich anschickten, dem Steinhagel aus dem Wege zu gehen.

Die Nahrung der Meerkatzen besteht vorzugsweise aus Baumknospen, Blättern, Baumfrüchten aller Art und, wo sie es haben können, aus Getreide. Letzteres lieben sie ungemein und im halbreifen Zustande noch mehr, als wenn die Körner bereits hart geworden sind. Vogelnester werden von ihnen unbarmherzig ausgeplündert und nicht bloß die Eier, sondern auch die jungen Vögel leidenschaftlich gern gefressen; Kerbtiere aller Art sind ihnen eine Leckerei: man sieht sie oft minutenlang eifrig bohren und arbeiten, um gewisser Larven habhaft zu werden, welche im Holze leben. Heuschrekken und Schmetterlinge wissen sie sehr geschickt auch im Fluge zu erhaschen, und höchstwahrscheinlich gelingt es ihnen auch gar nicht selten, ein junges, frisch ausgeflogenes und ungeschicktes Vögelchen zu ertappen. Bei Gefangenen beobachtete ich, daß sie mit einem schnellen Bisse zuerst den Kopf eines ihnen vorgeworfenen Vogels zertrümmerten, dann das Gehirn fraßen, hierauf den Vogel teilweise rupften und abhäuteten und sich nun erst den übrigen Leib schmecken ließen.

Äußerst anziehend für den unbeteiligten Forscher wird die Beobachtung einer auf Raub ausziehenden Bande. Unter Führung des Leitaffen zieht die Rotte dem Getreidefelde zu. Anfangs nähert sie sich mit großer Vorsicht, womöglich nur, indem sie von Wipfel zu Wipfel springt, selbst wenn sie hierdurch Umwege machen müßte. Der Stammvater geht immer voran, die übrige Herde richtet sich nach ihm und betritt nicht nur dieselben Bäume, sondern sogar dieselben Äste wie er. Bisweilen steigt der vorsichtige Führer auf einem Baume bis zum Wipfel empor und hält von dort aus sorgfältige Umschau. War das Ergebnis derselben ein günstiges, so wird es durch beruhigende Gurgeltöne, wenn nicht, durch die übliche Warnung seinen Untertanen angezeigt. Von einem dem Felde nahen Baume wird abgestiegen, und nun geht es mit lustigen Sprüngen dem Paradiese zu. Hier beginnt jetzt eine wirklich beispiellose Tätigkeit. Man deckt sich für alle Fälle. Rasch werden einige Maiskolben oder Durrahähren abgerissen, die Körner enthülst und nun mit ihnen die weiten Backentaschen so vollgepfropft als nur immer möglich. Erst wenn diese Vorratskammern gefüllt, gestattet sich die Herde etwas mehr Lässigkeit, zeigt sich aber sogleich auch immer wählerischer in der Auslese der Nahrung. Der hungrige Affe frißt, was ihm vorkommt, der halbgesättigte oder wenigstens für den Notfall gedeckte beriecht alle Ähren und Kolben, welche er abgebrochen, und wirft sie unberührt weg, wenn sie die Probe nicht aushalten, welche der launische Geselle ihnen aufzuerlegen für gut findet. So vergeudet eine Meerkatze wohl zehnmal mehr, als sie verzehrt, und selbst aus den besten Ähren nimmt sie nur ein paar Körner und wirft die übrigen weg.

Nachdem das erste Bedürfnis gestillt ist, wandelt sich das Fruchtfeld in einen Tummelplatz lustiger Spiele um. Die Mütter erlauben ihren Kindern, sie zu verlassen und mit ihresgleichen sich zu vergnügen; immer aber bleiben die Jungen unter strenger Aufsicht. Jede Affenmutter beobachtet mit wachsamem Blick ihren Liebling, während sie selbst sich ganz auf den Leitaffen verläßt, welcher für das Wohl der Gesamtheit zu sorgen hat. Auch während der schmackhaftesten Mahlzeit erhebt sich der letztere von Zeit zu Zeit besorgt auf die Hinterfüße, stellt sich aufrecht wie ein Mensch und schaut in die Runde. Nach jeder Umschau verkündet er durch beruhigende Gurgeltöne, daß keine Gefahr vorhanden; im entgegengesetzten Falle stößt er ein unnachahmliches, zitterndes oder meckerndes Geschrei zur Warnung aus. Hierauf sammelt sich augenblicklich die Schar; jede Mutter ruft ihr Kind zu sich heran, und im Nu sind alle zur Flucht bereit. Jeder aber sucht selbst in der größten Eile noch soviel Futter mit fortzubringen, als er kann: ich habe es mehr als einmal gesehen, daß Affen nicht weniger als fünf Maiskolben mit sich fortschleppten. Sie umklammerten zwei mit dem einen Vorderarme, die übrigen nahmen sie in die andere Hand, und zwar so, daß sie beim Gehen mit den Kolben den Boden berührten. Bei wirklicher Gefahr müssen sie freilich nach und nach die ganze Last abwerfen. Der letzte Fruchtkolben aber wird regelmäßig noch weit mitgenommen. Immer wendet sich die Flucht dem ersten, besten Baume zu, selbst wenn dieser ein einzelnstehender sein sollte, von welchem die Bande bei Annäherung des Feindes wieder absteigen muß. Sobald die Gesellschaft den wirklichen Wald erreicht hat, ist sie geborgen. Ihre Gewandtheit und Behendigkeit vereitelt jede Verfolgung. Der Leitaffe führt seine Untertanen so weit mit fort, als ihm gerade gutdünkt. Dann unterbricht er plötzlich seinen eigenen Lauf, steigt auf die Höhe eines Baumes, vergewissert sich der neuerlangten Sicherheit und ruft die Schar wieder zusammen. Diese hat nun zunächst ein wichtiges Geschäft zu besorgen: sie muß Fell und Glieder von Kletten und Dornen, welche während der eifrigen Flucht aufgelesen und angestochen wurden, erst reinigen. Malerisch gruppiert sich die Bande auf dem Wipfel eines größeren Baumes und leistet sich hier gegenseitig die so erwünschten Liebesdienste. Ein Affe legt sich der Länge lang auf einen Ast hin, ein anderer setzt sich neben ihn und durchsucht ihm das Fell auf das gewissenhafteste. Jede Klette wird ausgelöst, jeder Dorn herausgenommen, ein etwa vorkommender Schmarotzer mit Leidenschaft gejagt und mit Begier gefressen. Erst wenn dieses wichtige Geschäft im großen Ganzen beendet ist, geht die Gesellschaft weiter, d. h. womöglich wieder zum Felde zurück, aus welchem sie der Eingeborne eigentlich niemals los wird. Da die wenigsten Innerafrikaner Feuergewehre besitzen, wissen sie sich nur durch sorgfältigstes Bewachen der Felder vor den Affen zu schützen: denn auch die nach Ansicht der Sudanesen und Abessinier so wirksamen Amulette oder Schutzbriefe helfen gegen die Affen nichts!

In den Bogosländern und im Sudan jagt man die Affen nirgends ihres Fleisches wegen, denn dieses gilt Christen und Mohammedaners als unrein. Hier und da fängt man Meerkatzen ein, um sie in den nächstgelegenen Städten an Leute zu verkaufen, welche Affen in der Gefangenschaft halten wollen. Dazu gebraucht man Netze, welche durch irgendeine beliebte Lockspeise geködert werden. Die Europäer machen selten mehr als eine Meerkatzenjagd, weil der sterbende Affe so große Menschenähnlichkeit zeigt, daß auch der roheste Jäger ein peinigendes Gefühl nicht zu verscheuchen vermag.

Außer in dem Menschen dürften die Meerkatzen nur in einigen großen Raubvögeln Feinde haben. Vielleicht erlistet sich der Leopard dann und wann ein unvorsichtiges junges Äffchen; im allgemeinen aber ist die Wachsamkeit der Tiere viel zu groß, als daß der schlaue Räuber einem Mitgliede der Herde etwas anhaben könnte. Wenn ein Raubvogel Affen angreift, verteidigt die Gesamtheit den einzelnen: so beobachtete ich, daß der kühne und kräftige Habichts- oder Schopfadler (*Spizaëtos occipitalis [= Lophoaëtus occipitalis]*) einmal fürchterlich zerzaust wurde, als er ein junges Äffchen von einem Aste wegnehmen wollte, an welchen sich dieses so lange anklammerte, bis die übrigen zu seiner Rettung herbeikamen. Unglaubliche Furcht zeigen die Affen vor Lurchen aller Art, zumal vor Schlangen. Der Affe, welcher eine Baumhöhlung nach Vogelnestern oder sonst etwas untersuchen will, ist äußerst vorsichtig, wahrscheinlich weil er fürchtet, daß hier eine Schlange verborgen sein könnte. Gefangene geraten in Verzweiflung, wenn man ihnen eine lebende, ja selbst eine tote Schlange zeigt; schon ein Frosch ist für sie ein Gegenstand des größten Entsetzens.

Obgleich die Eingebornen im Sudan, wie in Abessinien, gezähmte Affen mit einer gewissen Zuneigung behandeln, also gernzuhaben scheinen, sieht man doch nur höchst selten eine Meerkatze in der Gefangenschaft. Es sind fast immer Europäer oder Türken, kurz Weiße, welche sich diese Tiere zu Hausgenossen machen. Für den Forscher sind gefangene Meerkatzen sehr wichtig, weil er nur an ihnen das geistige Wesen studieren kann. Ich habe während meines ersten, langjährigen Aufenthaltes in Afrika viele Meerkatzen gehalten und darf versichern, daß jede ihr eigenes Wesen hatte und mir beständig Gelegenheit zu ebenso anziehenden als unterhaltenden Beobachtungen gab. Die eine war zänkisch und bissig, die andere friedfertig und zahm, die dritte mürrisch, die vierte etwas heiter, diese ruhig und einfach, jene pfiffig und schlau: alle aber kamen in dem überein, daß sie größeren Tieren gern einen Schabernack antaten, kleine dagegen beschützten, hätschelten und pflegten. Sie gaben mir so viel Beweise eines großen Verstandes, wahrhaft berechnender Schlauheit und wirklich vernünftiger Überlegung, daß ich sie wohl dreist den klügsten Affen beizählen darf. Wiederholt habe ich beobachtet, daß auch die Männchen ebenso erpicht auf Pfleglinge waren wie die Weibchen, ganz gleichviel, ob diese Pfleglinge Schwache, Hilfebedürftige ihrer eigenen Art oder die Jungen anderer Tiere waren. Sie zogen allerdings junge Meerkatzen allen übrigen Pfleglingen vor; allein eine junge Katze oder ein junger Hund war für sie immer ein Gegenstand der zärtlichsten Teilnahme. Ein Männchen, welches seinen Pflegesohn durch den Tod verlor, war ganz außer sich, hielt die kleine Leiche traurig in den Armen, riß sich los, als wir sie ihm nahmen, holte sie sich und kehrte ruhig wieder auf den alten Platz zurück, sah das verendete Tierchen mit wirklichem Schmerz an und schrie immer und immer wieder laut auf. Es zerbiß, als wir das Tier zum zweiten Mal ihm entrissen, einen Strick, suchte im ganzen Gehöfte nach dem Leichnam und verließ, als es denselben nicht fand, unser Haus auf Nimmerwiedersehen. Derselbe Affe hatte sich vordem mit einem großen Nashornvogel (*Bucorax abyssinicus* [gemeint ist wohl der Nördliche Hornrabe, *Bucorvus abyssinicus*]) auf das innigste befreundet und diesen sonst nicht eben klugen Gesellen durch seine Zärtlichkeit dahin gebracht, daß er die Zuneigung, welche ihm wurde, dankbarlich vergalt und auch seinerseits den Affen soviel als möglich zu unterhalten suchte. Eine Affenmutter, welche ich besaß, starb vor Gram über den Verlust ihres Kindes; sie berührte von Stund an kein Futter mehr und war schon wenige Tage später ihrem vorausgegangenen Liebling gefolgt. Dies sind Tatsachen, welche ich verbürgen kann; ob sie als vereinzelte zu betrachten sind, lasse ich unentschieden.

In gleicher Weise, wie die Meerkatzen Jüngere, Schwächere pflegen, lassen sie sich selbst von größeren Affen liebkosen und hätscheln. Ich hielt zugleich mit den Meerkatzen einige weibliche

Paviane, deren Herzen ebenfalls mütterliche Regungen erfüllten. Sie schienen die vollkommen erwachsenen Meerkatzen als geeignete Pfleglinge zu betrachten, und diese besannen sich keinen Augenblick, das ihnen gebotene Los anzunehmen. Nach wenigen Tagen hatte sich gegenseitig ein so großes Anhänglichkeitsgefühl gebildet, daß wir die Meerkatzen ganz frei im Gehöft umherlaufen lassen konnten, weil wir sicher waren, daß sie ihre angeketteten Pflegemütter nicht verlassen würden. Ich brachte ein Pavianweibchen und ihren Pflegling, ein Meerkatzenmännchen, mit nach Deutschland und habe oft mit dem Paviane große Spaziergänge gemacht, bei denen die Meerkatze vollkommen frei neben uns her lief. Sie antwortete nicht nur jedem Rufe ihrer Pflegemutter, sondern folgte ihr auch überall nach, sie mochte freiwillig oder unfreiwillig gehen, wohin sie wollte.

IV
Als Zoodirektor in Hamburg

Alfred Brehm war kaum aus Abessinien heimgekehrt, als ihm ein neues, noch verlockenderes Angebot ins Haus flatterte. Der Verwaltungsrat des neugegründeten Hamburger Zoologischen Gartens – nicht zu verwechseln mit Hagenbecks Tierpark, der erst 1907 in Hamburg-Stellingen eröffnet wurde – wollte den weitgereisten Tierforscher als ersten Direktor engagieren. Man machte ihm die Entscheidung leicht: er werde freie Hand haben und über genügend finanzielle Mittel verfügen, die Anlage nach neuesten Erkenntnissen umzugestalten und den Tierbestand fachkundig zu erweitern. Die ehrgeizigen Hanseaten wollten mit Brehms Hilfe ihren Tiergarten zu einem der führenden Zoos in Europa machen.

Brehm hatte bereits mit der Arbeit an seinem *Tierleben* begonnen, griff aber sofort zu, bot sich ihm doch in Hamburg die einmalige Gelegenheit, durch den täglichen Umgang mit Tieren aller Art seine zoologischen Kenntnisse erheblich zu vertiefen. Das würde seinem großen Werk sehr zugute kommen …

Im Mai 1863 unterzeichnete Dr. A. E. Brehm seinen »Anstellungs-Contract«, dessen § 3 ihm alle Vollmachten als Leiter des Tiergartens übertrug: »Zu den Obliegenheiten des Direktors gehört vor allen Dingen die Oberaufsicht über den Garten und das gesamte lebende und tote Inventar desselben sowie über das gesamte im Garten, dauernd oder zeitweilig, angestellte Dienstpersonal, welches ihm ohne Ausnahme untergeordnet ist und alle Instruktionen von ihm zu empfangen hat.«

Darüber hinaus hatte sich Brehm in § 2 ausdrücklich einen Freiraum für seine schriftstellerische Tätigkeit ausbedungen: »Es soll jedoch dem Herrn Dr. Brehm die Vollendung derjenigen literarischen Arbeiten, mit deren Herausgabe für seine Rechnung er bereits beschäftigt ist, unbenommen sein.«

Damit schien alles aufs beste geregelt zu sein. Brehm stürzte sich mit Eifer in die neue Aufgabe. Er modernisierte die ziemlich verlotterte Anlage, plante großzügige und tiergerechte Schaugehege, so etwa einen mächtigen Vogelfelsen für das Wassergeflügel, und erwarb zahlreiche neue, attraktive Tiere. Schon nach einem Jahr beherbergte der Zoo die beachtliche Zahl von rund 1200 Tieren in 330 Arten. In dem Bestreben, den Tierbestand zu mehren, versuchte Brehm sich sogar direkt in den internationalen Tierhandel und -tausch einzuschalten – eine Praxis, die heutzutage im Tiergartenwesen allgemein üblich ist. Über diesen Versuch seines »Konkurrenten« berichtet der renommierte Hamburger Tierhändler Carl Hagenbeck in seinem Erinnerungsbuch *Von Tieren und Menschen* (1909) nicht ohne Schadenfreude: »Mit großer Freude erinnere ich mich meiner vielen Gespräche mit dem durch sein großes Werk ›Tierleben‹ weltberühmt gewordenen Dr. Alfred Brehm. Der Gelehrte wurde bekanntlich 1863 als erster Direktor in den neugegründeten Zoologischen Garten nach Hamburg berufen. Hier habe ich, und auch in unserm alten Heim am Spielbudenplatz, manche Stunde mit dem interessanten Mann verplaudert. ... Brehm war eine rührige Natur, stets beschäftigt mit Problemen und Versuchen aller Art. Eines Tages kam er auf den Gedanken, der ihm wahrscheinlich bei Besuchen in unserer Tierhandlung gekommen war, ebenfalls eine Tierhandlung anzufangen, natürlich nicht für eigene, sondern für Rechnung der Zoologischen Gesellschaft in Hamburg. Zunächst wurde der Vogelhandel in Angriff genommen, dauerte aber nicht lange. Der Gelehrte sah bald ein, daß das Tiergeschäft nicht so leicht zu betreiben sei, als er geglaubt hatte. Er hatte die Nase voll und gab den Versuch schleunigst auf.«

Bereits kurz nach seinem Amtsantritt hatte Brehm einen für die damalige Zeit vorbildlichen Zooführer (*Verzeichnis der lebenden Tiere des Zoologischen Gartens*, 1863) verfaßt, und zwei Jahre später legte er einen stattlichen, von Th. F. Zimmermann hübsch illustrierten Band mit dem Titel *Bilder und Skizzen aus der Tierwelt im Zoologischen Garten zu Hamburg* vor. All diese Aktivitäten zeugen vom starken Engagement des neuen Direktors und fanden natürlich auch den Beifall des Verwaltungsrats.

Doch schon bald begann es zu kriseln, sowohl innerhalb des vielköpfigen Verwaltungsrats als auch zwischen diesem und Brehm, dessen Befugnisse man immer mehr zu beschneiden trachtete. Wahrscheinlich waren die hanseatischen »Kaffesäcke«, wie ein Brehm-Freund die Herren respektlos nannte, mit den kühnen (und kostspieligen) Ausbauplänen ihres Direktors nicht einverstanden und suchten nur einen Vorwand, ihn zu bremsen und gefügig zu machen.

In einem »Protocoll-Extract aus der Sitzung des Verwaltungsrathes« vom 23. Februar 1866 wurden die Kompetenzen des Direktors und des ihm angeblich unterstellten Inspektors neu geregelt. In diesem Protokoll steht der provozierende Satz: »Zum Geschäftskreise des Inspektors gehören: ... Die Aufsicht über das im Garten zeitweilig oder dauernd angestellte Dienstpersonal, welches ihm, mit Ausnahme des Kassenpersonals, untergeordnet ist und alle Instruktionen nur von ihm zu empfangen hat.« Das stand im offenen Widerspruch zum oben zitierten Paragraphen in Brehms Anstellungsvertrag.

Brehm war zu Recht empört über diese Einschränkung seiner personal-

politischen Entscheidungsgewalt. Aber es kam noch schlimmer. Zwei Tage später prangte in der sogenannten Futterstube des Tiergartens eine neue Verordnung, in der es unter anderem hieß: »Der Inspektor erteilt sämtlichen Angestellten im Garten, mit Ausnahme des Kassenpersonals, alle Befehle.«

Die öffentliche Demütigung des anerkannt tüchtigen Tiergärtners Brehm brachte das Faß zum Überlaufen. Brehm, zeitlebens ein unbeugsamer und streitbarer Mann, wenn es um seine Rechte und Überzeugungen ging, protestierte energisch, aber vergebens, und reichte schließlich am 29. Oktober 1866 seine Kündigung ein – »unter lebhaftem Bedauern, daß sich ein anderer Ausgleich nicht hat finden lassen«.

Danach entspann sich in Hamburg eine heftige Fehde zwischen Brehm-Anhängern und Brehm-Gegnern, die mit Stellungnahmen, Gutachten, Zeitungsartikeln und Leserbriefen ausgetragen wurde. Brehm hat die wichtigsten Dokumente in einer 28seitigen Rechtfertigungsschrift abgedruckt, die noch 1866 im Hamburger Verlag Otto Meißner unter dem Titel *Meine Stellung zum Zoologischen Garten in Hamburg und meine Entlassung* erschien und für zusätzliche Aufregung sorgte.

Das geschickt gemachte Pamphlet beginnt mit den Worten: »Es war meine Absicht, vor meinem Weggange aus Hamburg einige Worte über den Zoologischen Garten, dem ich fast vier Jahre lang meine Kräfte gewidmet, zu sagen. Ich war der Meinung, daß es dem Garten nur zum Vorteile gereichen könne, wenn ich den überhaupt Beteiligten über das innere Getriebe desselben Auskunft erteilen und meine Ansichten bezüglich einer gedeihlichen Weiterentwicklung äußern würde ... Ich glaubte endlich, meinen Freunden und mir schuldig zu sein, mich über die Gründe auszusprechen, welche es mir mindestens in demselben Grade rätlich erscheinen ließen, meine Entlassung zu nehmen, als dem Verwaltungsrate, sie mir zu geben. Ein unangemessenes Eingehen auf persönliche Verhältnisse lag mir fern. Die in Nr. 280 der ›Hamburger Nachrichten‹ veröffentlichte Erklärung des Verwaltungsrates der ›Zoologischen Gesellschaft‹ legt mir eine Pflicht gegen mich selbst näher als derartige Erörterung: die Pflicht der *Abwehr*.«

Und Brehm beschließt seine Schrift mit der selbstbewußten Feststellung: »Ich bin mir bewußt, nach besten Kräften und Wissen zugunsten des Gartens gewirkt und denselben in einer Weise vertreten zu haben, welche sicherlich niemand eine unwürdige nennen kann. Wenn ich meinerseits nicht mehr gewirkt, so ist nach meiner festen Überzeugung die Ursache zu suchen in der ganzen Einrichtung des Gartens – einer Einrichtung, über welche unter Fachmännern nur eine Stimme sein wird und kann.«

Die hanseatischen Kauflaute, Konsuln und Senatoren, die sich für den Tiergarten zuständig fühlten, waren gründlich verstimmt. Diese Verstimmung hielt sehr lange an, denn in den späteren Zooführern, die ausführlich auf die Gründungsgeschichte des Zoos eingingen, wurden der Name und die Verdienste des ersten Direktors mit keinem Wort erwähnt!

Es wäre indes nicht ganz fair, den »Kaffeesäcken« die alleinige Schuld an der unseligen Entwicklung zu geben. Auch Brehm hat mit seinem schroffen, selbstgerechten Wesen und seiner unverhüllten Abneigung gegen die feine Hamburger Lebensart, gegen Frack, Lackschuhe und Krawatten, viele Wohlmeinende gegen sich aufgebracht und einiges zu dem schließlich unheilbaren Zerwürfnis beigetragen.

Die Hamburger Jahre waren für Brehm allerdings nicht nur ein Martyrium. Er konnte, zunächst fast ungestört, seine guten Ideen in die Praxis umsetzen und wertvolle tiergärtnerische Erfahrungen sammeln, und er konnte neben seinem Hauptberuf kontinuierlich an seinem *Tierleben* weiterarbeiten, das möglicherweise mehr Zeit beanspruchte, als den Herren vom Verwaltungsrat lieb war. Und vor allem erlebte er 1864 das Erscheinen eines neuen Buches, dessen Manuskript er jedoch noch in Leipzig abgeschlossen hatte. Dieses Werk, die schönste Frucht der Zusammenarbeit mit seinem Freund und Lehrmeister Roßmäßler, war der erste Teil einer zweibändigen Monographie mit dem Gesamttitel *Die Tiere des Waldes. Geschildert von A. E. Brehm und E. A. Roßmäßler* und behandelte in populärwissenschaftlicher Form *Die Wirbeltiere des Waldes*. Der zweite Teil, *Die wirbellosen Tiere des Waldes*, der von Roßmäßler stammte, kam erst 1867 heraus, kurz nach dem Tode des Verfassers, dem Brehm eine eindrucksvolle Gedenkrede hielt. Er erwies ihm posthum noch einen weiteren Dienst, als er 1869 die zweite Auflage von Roßmäßlers Buch *Das Süßwasser-Aquarium*, das erstmals 1857 erschienen war und als das erste volkstümliche Aquarienbuch in Deutschland gilt, aufgrund neuer Erkenntnisse gründlich bearbeitete.

Die Tiere des Waldes gehören zu den vielen Arbeiten Brehms, die durch sein alles überstrahlendes *Tierleben* unverdient völlig in Vergessenheit geraten sind. Es ist eine umfassende, hervorragend geschriebene und bebilderte Sammlung von Tierporträts, die der Waldwanderer und Jäger Brehm ebenso liebevoll wie sorgfältig nach der Natur gezeichnet hat. Wenigstens in einer kleinen Kostprobe soll dieses Volksbuch hier wieder zum Leben erweckt werden:

Der Edelhirsch, Cervus elaphus Linné

(Cervus vulgaris Linné. Cervus nobilis Klein. Cervus germanicus Brisson. Cervus corsicanus Bonaparte.)

Die Berechtigung des Namens, welchen der Weidmann seinem Lieblingswilde erteilte, muß man auch dann noch anerkennen, wenn man den Rot- oder Edelhirsch mit einer größeren Anzahl sei-

ner Verwandten vergleicht. Es gibt wenige Arten, welche bei gleicher Anmut denselben Stolz und Adel zeigen, wie grade der Hirsch unseres Waldes.

Die Gestalt des Hirsches ist so bekannt, daß eine ausführliche Beschreibung derselben kaum nötig erscheint. Der Rumpf ist wohlgebildet, vorn stärker als hinten, an den Schultern hervortretend, der Hals ziemlich lang, doppelt so hoch als breit, erhaben und nach dem Rücken gekrümmt, der Kopf hinten ziemlich breit, vorn spitzig, an der Stirn flach, zwischen den Augen ausgehöhlt, an der fast gleich breit abgerundeten Schnauze senkrecht abgestutzt, mit großen, lebhaften Lichtern oder Augen von brauner Farbe und langen eirunden, sehr beweglichen Gehören oder Ohren. Der Wedel oder Schwanz ist kurz, höchstens neun bis zehn Zoll lang, die Läufe oder Beine sind schmächtig, hoch und schlank, seitlich stark zusammengedrückt. Die schwarzen Hufe sind außen gewölbt und gerundet, innen bis zur Mitte durch eine dicke Bindehaut vereinigt. Die Afterhufe oder Oberrücken berühren gewöhnlich den Boden nicht und drücken sich nur auf der Flucht oder im Schnee ab. Das Gebiß besteht aus 34 Zähnen. Die Behaarung ist ziemlich gleichmäßig, am Kopf und an den Läufen am kürzesten, am Halse am längsten. Das Nasenfeld, welches von der Oberlippe bis dicht unter die Nasenlöcher reicht und den Vordergrund derselben umfaßt, ist nackt, durch Falten netzförmig zerteilt und nur mit wenigen längeren Borsten oder Haarbüscheln besetzt. Die Unterlippe ist an der Kante nackt. Dagegen findet sich auf der Außenseite der Hinterläufe eine Wulst heller gefärbter bürstenartiger Haare. Im ganzen läuft der Strich der Haare von vorn nach hinten, von der Mitte der Unterseite jedoch nach vorn. Außerdem finden sich über den Schulterblättern, auf der Stirn und über den Tränengruben Haarwirbel. Das Haar selbst ist weicher als bei den meisten übrigen Hirschen, etwas gewellt und gedreht, im Winter stärker und länger als im Sommer, wie denn auch seine Färbung nach den Jahreszeiten wechselt, nämlich von dem allgemeinen Braungrau des Winters in das Rötlichbraun des Sommers übergeht. Die Seiten des Kopfes und die Ohren sind graulicher, die Unterseite des Halses, wie die Läufe dunkler, die Innenseite des Ohres, der Läufe und Schenkel lichter, fast weißlich. Bezeichnend für unsern Edelhirsch ist der lichtbraune, gelbliche Spiegel, d. h. ein Schild auf dem Hinterrücken, welchen mit gleicher Regelmäßigkeit nur noch die nächsten Verwandten unseres Edelwildes zeigen. Die Kälber oder Jungen sind bis zum ersten Haarwechsel weiß gefleckt, die Hirsche oder Männchen stets stärker und größer als die Tiere oder Weibchen, außerdem durch ein besonderes Brustkleid, durch dunkle Haare am Halse und braunschwarze am Bauche, welche sich vor der Brunst bilden, unterschieden. Manchfache Farbenabwechselungen kommen vor. Es gibt dunkelbraune, gefleckte, gelbliche und endlich weiße Edelhirsche.

Fast ganz Europa und ein guter Teil des südlichen Sibirien sind die Heimat des Edelhirsches. Vom 65. Grad nördlicher Breite an findet er sich bis zu Grenzgebirgen der Mandschurei, dem Kaukasus und den Grenzen Südeuropas. Neuere Forschungen haben dargetan, daß in den Atlasländern ein Hirsch vorkommt, welcher wahrscheinlich auch nur als unser Edelhirsch anzusprechen ist, obgleich er von diesen unter den Namen *Cervus barbarus* getrennt wurde. Im Norden ist der Edelhirsch seltener als in Mitteleuropa und Südsibirien und in Nadelwaldungen nicht so häufig als in Laubwäldern. Im Gebirge steigt er nicht über die Baumgrenze empor. Gegenwärtig findet sich das stolze Tier nur noch in großen, zusammenhängenden Waldungen und dicht bewachsenen Bruchgegenden, immer bloß da, wo er seitens der Waldbesitzer einen gewissen Schutz genießt. Aus vielen Gegenden unseres Vaterlandes, zumal aus den Ebenen ist er bereits vollständig verdrängt worden. Er hängt fest an dem einmal gewählten Stande und verläßt ihn nur unter gewissen Umständen oder zu bestimmten Zeiten. Von den hohen felsigen Gebirgsgegenden, welche er sehr liebt, zieht er sich mit Eintritt des Winters in die wärmeren Vorberge und Vorhölzer herab; während der Brunstzeit schwärmt er oft ziemlich weit umher, um sich zu dem Rudel der Tiere zu gesellen, und beim Aufsetzen neuer Geweihe vertauscht er die Dickichte, in denen er sich sonst gern verbirgt, mit dem Stangenholz oder niederem Gebüsch, weil ihm dann das Anstreifen an niederen Zweigen unangenehm oder schmerzhaft ist. Wenn sich die Umstände geändert haben, nimmt er seine alten Standplätze wieder ein.

Der Edelhirsch kann nur in beschränktem Sinne ein geselliges Tier genannt werden. In Trupps oder Rudeln lebt der männliche Hirsch bis zum Mannbarwerden, während das Tier oder der weibliche Hirsch freiwillig sich niemals von der Gesellschaft anderer trennt. Alte, starke Hirsche leben stets einsam und vereinigen sich nur während der Brunst mit den Tierrudeln. Die zahlreichsten Trupps werden von den Tieren und den jungen Hirschen gebildet. Mittelstarke Hirsche vereinigen sich in abgesonderte Rudel, bei denen jedoch wenigstens einige alte Tiere sich finden. Diesen Rudeln pflegt regelmäßig eins der ältesten weiblichen Tiere, das Kopftier, vorzustehen. Ihm liegt die Pflicht ob, das Rudel sicher zu führen, und seinem Vorgange folgt die ganze Gesellschaft blindlings nach.

Während des Tages verbirgt sich das Edelwild in den ruhigsten Dickichten des Waldes. Sobald der Tag anbricht, zieht es zu Holz, tut sich womöglich auf Anhöhen nieder und bleibt hier, falls es nicht gestört wird, bis zum Abend ruhig sitzen. Gegen Sonnenuntergang steht es auf, zieht zuerst in den Dickichten umher und tritt dann mit der Dämmerung zur Äsung aus dem Walde. Das Kopftier sichert sich durch Wittern, Lauschen und Äugen und tritt zuerst, immer mit äußerster Vorsicht, aus dem Walde hervor. Das übrige Wild folgt ihm in einer gewissen Reihe und auch in einer gewissen Ordnung. Hinter jedem alten Tiere geht sein Kalb oder Schmaltier einher; den Beschluß machen die Hirsche, welche noch zu den Rudeln sich halten. Der Trupp zieht nun während der ganzen Nacht auf den Blößen und Feldern umher, um sich zu äsen, und kehrt, wenn er sich vollständig gesättigt hat, vor Anbruch des Tages wieder zum Walde zurück. Eine Änderung dieses regelmäßigen Tageslaufes findet statt, wenn der Hunger, die Mücken, starke Regengüsse oder große Hitze das Wild plagen und zu früherem Aufstehen bestimmen oder Mangel an Geäse es zwingt, weit umherzustreifen und nachts mehr Zeit zu verlieren als gewöhnlich.

Das Geäse ist nach der Jahreszeit sehr verschieden: Gras, Getreide und Gemüsearten, Blätter, Knospen, Früchte und Baumschale bilden es. Im Frühjahre äst sich das Wild hauptsächlich von der sprossenden Wintersaat oder vom jungen Kohle, im Sommer von Gras, jungen Erbsen, Linsen, Wicken und dgl., auch von den jungen Trieben verschiedener Laubholzarten. Ebenso nimmt es Schwämme, Kohl, Rüben, Kartoffeln, wildes Obst, Eicheln, Kastanien und Weintrauben auf. Bei solchem Geäse wird es feist, während der böse Winter, welcher ihm oft nur dürres Gras, Heiden und Flechten, Knospen, Baumrinde und dgl. bietet, es sehr vom Leibe bringt. Bei eintretendem Mangel tut es dem Walde empfindlichen

Schaden. Es schält dann die jungen weichrindigen Bäume der verschiedensten Art und richtet dadurch zuweile ganze Strecken zugrunde. Am traurigsten gestaltet sich das Schicksal des Edelwildes, wenn bei tiefem Schnee erst Tauwetter und hierauf Frost eintritt, wodurch der Schnee mit einer Eisdecke belegt wird. Diese verwundet dem Wild die Läufe und versetzt es in so große Furcht, daß es oft nicht wagt, weiter zu gehen, und zuweilen im Schnee stehend verendet. Salz leckt das Wild wie alle Wiederkäuer leidenschaftlich gern, und deshalb kommt es zu allen salzhaltigen Quellen meilenweit herbei, falls ihm der sorgende Weidmann nicht besondere Salzlecken oder Sulzen im Walde anlegt. Demungeachtet trinkt es wenig. Die saftigen Kräuter, welche es sich zum Geäse auswählt, ersetzen ihm das Wasser, und nur im Winter, wenn es viel trockene Nahrung zu sich nimmt, leckt es oft den Schnee oder kommt regelmäßiger als sonst zu den Quellen.

Das Edelwild gehört zu den begabtesten unserer Waldtiere. Seine Bewegungen sind ebenso anmutig als kräftig und gewandt. Ein wohlgenährter Hirsch kennt keine Ermüdung. Für gewöhnlich ist der Gang des Edelwildes ein ruhiger, aber weit ausgreifender und deshalb fördernder Schritt; nach einer Störung aber trollt oder trabt es sehr rasch und ausdauernd dahin, und bei wirklicher Gefahr wird es flüchtig. Dann bewegt es sich satzweise mit außerordentlicher Schnelligkeit und bewunderungswürdiger Kraft. Der starke Hirsch legt dabei sein Geweih auf den Rücken nieder, um möglichst wenig durch Baumzweige und dgl. im Laufe gehindert zu werden, und seine Geschicklichkeit, die ihm im Walde sich entgegenstellenden Hindernisse zu vermeiden, ist gradezu unbegreiflich. Erst wenn ihm wirkliche Gefahr droht, lernt man die ganze Schönheit seiner Bewegungen kennen. Nichts scheint ihn aufzuhalten. Er springt mit gewaltigen Sätzen über Büsche und Gehege oder breite Gräben hinweg, jagt mit gleicher Schnelligkeit bergab oder bergan, mit wunderbarer Sicherheit an steilen Berglehnen oder selbst Felswänden dahin und stürzt sich, wenn er nicht anders kann, ohne Besinnen in das Wasser; denn auch das Schwimmen versteht er meisterhaft. Gejagte Hirsche sind über breite Seen und brünstige über schmale Meeresarme geschwommen. – Unter den Sinnen des Edelwildes stehen Gehör und Geruch obenan; auf sie folgt das Gesicht. Das Gehör ist, wie man im voraus von den sehr entwickelten Sinneswerkzeugen schließen kann, ein ganz vortreffliches: aber auch die Witterung ist sehr scharf. Uns stumpfsinnigen Menschen erscheint es geradezu unglaublich, daß ein Hirsch vermittelst seines Geruchs einen Feind auf mehr als hundert Schritte wahrnehmen kann, und doch ist dies nach allen Erfahrungen sicher begründet. Auch das Gesicht kann ein wohl entwickeltes genannt werden, obgleich sich nicht bestimmen läßt, in wie große Fernen das Auge reicht. Die geistigen Eigenschaften des Edelwildes scheinen sich in vielfacher Hinsicht zu widersprechen. Der Hirsch ist vorsichtig, scheu und furchtsam, aber auch mutig und unter Umständen herausfordernd kühn. Brünstige Hirsche gehören zu den gefährlichsten Tieren, welche man gefangen halten kann: vor ihnen hat man sich mehr in acht zu nehmen als vor den furchtbarsten Katzen. Sie gehen dem Menschen oft dreist zuleibe, lassen sich nicht abschrecken und wissen ihr Gehörn in vorsichtgebietender Weise zu gebrauchen. Ebenso beweisen sie im Freileben hohen Mut gegen andere ihrer Art, und wenn sie sich gereizt fühlen, gegen jeden Feind, welcher sich ihnen entgegenstellt. Verwundete oder in die Enge getriebene Hirsche pflegen Menschen und Hunde regelmäßig anzunehmen und sich dann auf das äußerste zu verteidigen. Die sogenannte Furchtsamkeit ist also keineswegs eine allseitig begründete. Übrigens sind dem Wilde noch andere Eigenschaften des Geistes nachzurühmen. Es besitzt ein vortreffliches Gedächtnis, ist klug und lernt sehr bald das ihm Gefährliche von dem Ungefährlichen unterscheiden, auch Mittel und Wege erfinden, den Gefahren, oft mit wirklicher List, auszuweichen. Mit anderen Tieren und den Menschen befreundet es sich innig, sobald es Vertrauen gefaßt hat: Dem, welches es fürchten muß, sucht es mit der größten Vorsicht zu entgehen. Dabei macht sich ein großer Unterschied zwischen den verschiedenen Geschlechtern bemerklich: der Hirsch ist ebenso stolz, mutig, kühn und streitsüchtig, als das Tier bescheiden, furchtsam, sanft und verträglich.

Zur Brunst oder Begattungszeit tritt das Wesen des Edelwildes in eigentümlicher Weise hervor. Im Monat September verlassen die starken Hirsche ihre Sommerstände und finden sich bei den Rudeln der Tiere ein. Sie erklären allen anderen Hirschen Krieg auf Leben und Tod. Die schwächeren werden ohne weiteres abgetrieben; von zwei gleich starken sucht einer den andern abzukämpfen. Der Sieger, welcher Platzhirsch genannt wird, behauptet den Plan und beanspruchtungestüm alle Rechte des Eheherrn. Die Tiere ergeben sich ihm ohne Umstände; doch genießt er selten ungetrübt der Liebe Freuden. Ganz abgesehen von den furchtbaren Kämpfen, welche er mit andern Gleichstarken auszufechten hat, machen ihm auch die schwachen Hirsche, welche ihm gegenüber als Feiglinge sich zeigen, viel Not. Während er einen abtreibt, naht sich ein anderer an die schüchternen Tiere, erkürt sich eins und wird von diesem auch regelmäßig ohne Abwehr angenommen. Er genießt eigentlich die Frucht des Streites und der Mühen, welche dem Platzhirsch zukommen sollte. Dieser gebärdet sich wie ein Halbtoller. Er vergißt alle Scheu, kümmert sich auch um den Menschen sehr wenig und schreit seine Herausforderung mit lauter Stimme durch den Wald, während die schwächeren Hirsche nur ab und zu, und eigentlich niemals kräftig, ihre Stimme vernehmen lassen, weil sie sich fürchten, andere stärkere herauszufordern. Namentlich in den Abend- und Morgenstunden vernimmt man das Schreien der Hirsche, ein häßliches Blöken, welches mit dem Gebrüll eines gereizten Bullen noch die meiste Ähnlichkeit hat. Durch die ungewohnte Anstrengung der Stimmeswerkzeuge schwillt ihnen der Hals so an, daß er fast noch einmal so dick erscheint als sonst. Das Schreien, die Kämpfe mit anderen, die ewige Unruhe bringt den starken Hirsch schließlich ganz von Leibe, so daß er zu Ende der Brunst sehr abgemagert ist. Sein Wildbret bekommt während der Brunst einen höchst unangenehmen Geschmack und einen wahren Bocksgeruch. Nur schwächere Hirsche verweilen in trauter Gesellschaft mit den von ihnen so sehr begehrten Tieren, die stärkeren treiben das Rudel zwar zu Holz, tun sich aber selten neben ihm nieder, sondern setzen sich den Tag über ziemlich entfernt im Dickicht, um auszuruhen. Sie verlassen ein Rudel, wenn es ihnen nicht zahlreich genug ist, auch wohl gänzlich und suchen ein zweites auf.

Wie ernsthaft die Kämpfe sind, welche zwei gleich starke Nebenbuhler unter sich ausfechten, geht daraus hervor, daß man oft genug die Leiche eines im Zweikampf erlegten Hirsches findet. Wiederholt hat man auch beobachtet, daß beide Streiter tot auf dem Kampfplatze bleiben. Sie stoßen mit den Geweihen rücksichtslos gegeneinander, verfangen oder verwickeln sich nicht selten, und einer bricht dann dem andern das Genick, ohne sich jedoch von dem toten Feinde befreien zu können. So wurde im Jahre 1859 ein starker Vierzehnender, welcher mit einem Zwölfender gekämpft und sich verfangen hatte, von einem Forstbeamten Thüringens erschossen, damit seiner Qual ein Ende gemacht werde. Aber auch im Tode konnte man die Geweihe nicht trennen.

Die Brunst währt ungefähr einen Monat, bei dem einzelnen Hirsche aber nur vierzehn Tage. Die stärksten Hirsche brunsten zuerst, die schwächeren später. In der Mitte Oktobers verlassen die starken Hirsche den Brunstplatz, welcher von dem Edelwild regelmäßig aufgesucht wird, und ziehen nach ihren alten Ständen zurück. Sobald sie weg sind, gesellen sich die geringen Hirsche wieder zu den Tieren und machen, wie Hartig sagt, oft bei den später brunstenden Schmaltieren ihr Glück.

Vierzig Wochen nach der Brunst, gewöhnlich in der zweiten Hälfte des Mai oder im Juni, schleicht sich ein beschlagenes Tier nach dem andern vom Rudel ab, sucht sich ein heimliches Plätzchen im Dickicht und setzt dort gewöhnlich nur ein Kalb, in seltenen Fällen jedoch zwei. Es sind kleine allerliebste, auf rotbraunem Grunde weißlich gefleckte Tiere, welche schon nach wenig Tagen der Mutter folgen, von ihr gegen Raubtiere und andere Feinde mit wirklichem Mute verteidigt werden und bald so gewandt und flüchtig sind, daß ihnen nur die schlimmsten Feinde noch etwas anhaben können. Unter sich scherzen und spielen die Tiere und Kälber sehr niedlich, namentlich stellen sie sich oft auf die Hinterläufe und schlagen mit den vorderen gegeneinander oder vergnügen sich durch Hin- und Herspringen. Dies tun die Tiere aber nur, wenn sie sich ganz sicher fühlen. Bei Gefahr läßt das Tier einen eigenen, kurz abgestoßenen und ziemlich lauten Ton hören, es »schreckt« oder »schmält«, wie der Weidmann sagt, und hierauf ergreift das Rudel unter Vortritt des Kopftieres eilig die Flucht.

Etwa acht bis neun Monate nach der Geburt bemerkt man am Hirschkalbe, welches bis dahin Schmalspießer genannt wird, das Hervorsprossen des ersten Geweihes. Dasselbe besteht aus zwei einfachen, gerade in die Höhe stehenden Stangen oder Spießen und macht den jungen Hirsch zum Spießer. Im zweiten Lebensjahr wirft er die Spieße ab und setzt dafür die Gabeln auf, Spieße mit einer einzigen Sprosse am untern Ende. Jetzt wird er Gabler genannt. Im dritten Lebensjahre kommt zu der ersten Sprosse oder Augenende eine zweite, die Eissprosse, hinzu, und der Hirsch wird jetzt ein

Sechsender oder Sechser. Im vierten Lebensjahre setzt der Hirsch gewöhnlich 8, zuweilen aber auch 10 Enden, im fünften Jahre 10 oder 12, im sechsten 12 oder 14, und bei recht reichlicher Äsung kann er es bis zu einer Zahl von 20, 24, 30 und noch mehr Enden bringen, d. h. einen Kopfschmuck aufsetzen, welcher seine 24 bis 30 Pfund wiegt. In der berühmten Geweihsammlung zu Moritzburg in Sachsen befindet sich sogar ein Geweih von 66 Enden, bei welcher Bestimmung man freilich festgehalten hat, daß der Jäger jede Zacke des Geweihes, an welcher er seinen Hirschfänger aufhängen kann, ein jagdgerechtes Ende nennt. Doch erörtert Blasius in klarer und übersichtlicher Weise, daß eigentlich die Form der Geweihe die Hauptsache oder das Bedingende ist; die Zahl der Enden dagegen sich der Form als unwesentlich oder bedingt anschließen. Genannter Naturforscher legt auf die Biegungen der Hauptstange ein ungleich größeres Gewicht als auf die Endenzahl und meint, daß vom Standpunkte des Tierkundigen aus man schwerlich von mehr als zwanzig regelmäßigen Enden sprechen könne. Die Zunahme der Endenzahl steht übrigens keineswegs immer im Verhältnis zum Alter des Hirsches; denn bei reichlicher Äsung überspringen die Hirsche ebenso oft eine Endenzahl, welche erfahrungsmäßig dem Alter entsprechend wäre, als sie bei ungenügender Äsung im Geweih zurückgehen, d. h. im nächsten Jahre Stangen aufsetzen, welche weniger Enden zählen. Der Weidmann hat natürlich für alle Geweihbildungen bestimmte Benennungen und auch für den Hirsch je nach seinem Alter allgemeingültige Bezeichnungen.

Erst der Hirsch, welcher zehn Enden trägt oder nach der Stärke seines Leibes tragen könnte, wird ein jagdbarer oder guter Hirsch genannt und kommt in seinen Augen zur Geltung. Schwacherer gedenkt er nur mit einem gewissen Mitleid, stärkerer dagegen, welche er Kapitalhirsche zu nennen pflegt, mit vollster Achtung.

Sehr auffallend ist es, daß gewisse Geweihbildungen sich unter den Hirschen von Geschlecht zu Geschlecht forterben, ja daß auch die Gestalt des Geweihes selbst bei jedem Wechsel im wesentlichen sich wiederholt. So haben Gebirgshirsche gewöhnlich ein schwächeres Geweih als Ebenen- und namentlich Auenhirsche, und in gewissen Gegenden tragen die Hirsche stets ein stark nebenausgelegtes, d. h. weit voneinander abstehendes Geweih, während bei anderen die Stangen viel näher zusammenstehen.

Das Tierkalb trägt bis zur ersten Brunstzeit den Namen Schmaltier, sodann heißt es Alttier bis an sein Lebensende.

Über das Alter, welches das Edelwild erreichen kann, weiß man nichts Sicheres; so viel aber ist gewiß, daß ihm der Mensch in unseren Zeiten stets ein weit früheres Lebensziel setzt, als dies vor Jahrhunderten der Fall war. In Tiergärten hat man beobachtet, daß Hirsche über dreißig Jahre alt geworden sind, und daraus schließt man, daß es im Freien vielleicht noch älter werden könne. Aus Altersschwäche ist aber wohl nur selten ein Stück Wild verendet.

Außer den Menschen werden dem Edelwild in Europa hauptsächlich der Wolf und Luchs gefährlich. Sehr jungen Kälbern stellen wohl auch Füchse, Wildkatzen, Adler und Uhus nach. Die Ochsenbremse (*Oestrus bovis*), die Nasenbremse (*Oestrus nasalis*) und die Hirschlaus (*Hippobosca cervina*), Schmarotzer der widerwärtigsten Art, plagen das Wild in hohem Grade. Erstere legen ihre Eier in die Haut, und die auskriechenden Maden erregen unter derselben Geschwüre, welche dem Wild entsetzlichen Schmerz verursachen, bis die Quälgeister, genährt von den Säften des Edelwildes, sich durchfressen und auf die Erde fallen, woselbst sie sich verpuppen. Auch von Krankheiten wird das Wild befallen, und durch den Genuß von Schwämmen vergiften sich zuweilen ganze Rudel. So wird also die Vermehrung der schönen Tiere vielfach beeinträchtigt.

Über die Jagd des Edelwildes sind ganze Bücher geschrieben worden. Ausführliches können wir also hier nicht bieten, und Andeutungen erscheinen uns unzulässig. Wir tun am besten, wenn wir diesen Teil der Geschichte des Edelwildes gänzlich mit Stillschweigen übergehen. Dagegen verdient noch hervorgehoben zu werden, daß jung eingefangenes Edelwild bei geeigneter Behandlung sehr zahm werden kann. Hartig besaß einen Hirsch, welcher ihn auf seinen Jagdausflügen im Walde begleitete und sehr viel Vergnügen daran fand, auf der Rebhühnerjagd mit den Hunden die Wälder zu durchstreifen oder auf Treibjagden mit seinem Herrn umherzuschweifen. Er stand ganz ruhig neben diesem und machte sich wirklich nützlich, weil er stets viel früher als sein Gebieter bemerkte, wenn ein Fuchs oder Hase im Dickicht ankam. Andere zahme Hirsche hat man zum Fahren abgerichtet oder zu Kunststücken mancher Art verwendet.

Der Nutzen, welche das Edelwild durch sein gutes Wildbret und

Ein Luchs beschleicht Rehwild

das allgemein beliebte Wildleder bringt, kann den Schaden, welchen es im Walde und auf dem Felde anrichtet, niemals aufwiegen; doch soll hiermit keineswegs gesagt werden, daß man das Edelwild, die größte Zierde des Waldes, mit Stumpf und Stiel ausrotten müsse. Unsere Bauern sorgen ohnehin dafür, daß der Wildstand kein übermäßiger werde; sie töten bekanntlich rücksichtslos den Hirsch oder das Tier, ja selbst das Kalb im Mutterleibe.

V

Das »Illustrierte Tierleben«

Der Dichter Hugo von Hofmannsthal nannte Brehms *Tierleben* einmal »ein Buch, das ins Volk gewirkt hat wie wenige und in einer der Natur sich entfremdenden Epoche den Sinn und die Sehnsucht nach den Naturwesen lebendig erhalten hat«. Hofmannsthal hat über dieses treffende Lob hinaus noch ein Weiteres gesagt: Er nahm einen Auszug aus Brehms Hauptwerk in sein *Deutsches Lesebuch* (1923) auf, eine bis heute maßgebliche Sammlung klassischer, sprachlich musterhafter deutscher Prosatexte, und stellte somit den Tierschriftsteller Brehm in eine Reihe mit Schiller und Goethe, Lessing und Kleist, Kant und Ranke.

Damit sind bereits zwei wesentliche Aspekte des *Tierlebens* angedeutet: Brehm war ein stilsicherer Schilderer und Erzähler, der die deutsche Sprache mit ähnlicher Vollendung wie unsere großen Dichter und Denker beherrschte, und er hat eine bedeutende kulturelle Leistung vollbracht. Als sich im vorigen Jahrhundert weite Teile Europas in eine graue Industrielandschaft zu verwandeln begannen, hat er den Menschen gezeigt, daß es noch etwas anderes und Schöneres gibt als den technischen Fortschritt, als Maschinen und Fabrikschornsteine. Mit seiner Tierliebe und Tierbegeisterung hat er ein ganzes Volk angesteckt, und mancher junger Mensch, der später ein berühmter Tierforscher wurde, ist durch ihn zuerst einmal zum Tiernarren gemacht worden. Dafür gibt es zahlreiche autobiographische Zeugnisse, etwa das von Professor Bernhard Grzimek: »Bereits als Schüler war es mein größter Wunsch, ›Brehms Tierleben‹ zu besitzen. Doch erst als Student konnte ich dann etwa im Jahre 1928 endlich die damalige 13bändige Ausgabe, die 1916 vollständig erschienen war, antiquarisch erwerben. Sie begleitet mich noch heute, inzwischen vielfach durchgearbeitet und mit zahlreichen Randbemerkungen und Hinweisen versehen.«

Brehms *Tierleben* wurde so berühmt und populär wie kein zweites zoologisches Werk in Vergangenheit und Gegenwart – ein echter Bestseller über Jahrzehnte hinweg. Bald hieß es nur noch kurz »der Brehm«, so wie wir auch »der Duden« oder »der Brockhaus« sagen, wenn wir auf allgemein bekannte Nachschlagewerke hinweisen wollen. Doch »der Brehm« war kein Nachschlagewerk, kein trockenes Lexikon, sondern ein lebendiges Lese- und Sachbuch, angefüllt mit Tausenden von Geschichten, Berichten und exakten Beschreibungen, die sich wie farbenprächtige

Frontispiz des ersten Bandes der ersten Ausgabe

Mosaiksteine zusammenschließen zu einem Panorama der gesamten Tierwelt.

Der Brehm wurde zu einem echten Volksbuch. Zu Großvaters Zeiten stand es in fast jedem gutbürgerlichen Bücherschrank. Die Jungen verschlangen es wie *Lederstrumpf* oder Karl May (der übrigens Brehm so manches abgeschaut hat), und die Alten lasen es genießerisch wie Charles Dickens, Wilhelm Raabe oder Felix Dahn. Ob jung oder alt – alle spürten den Hauch der großen, weiten Welt, der durch die engbedruckten Seiten wehte, und begeisterten sich für das aufregende, seltsame und kuriose Leben der Tiere, die man nun endlich komplett beieinander hatte.

Als Brehm, noch als freier Schriftsteller in Leipzig tätig, mit dem Verleger Hermann J. Meyer, dem Inhaber des Bibliographischen Instituts im thüringischen Hildburghausen (später in Leipzig, seit 1953 in Mannheim), den Plan für sein Hauptwerk erörterte, war er für die selbstgestellte große Aufgabe bestens gewappnet: Er hatte sich viele Jahre lang theoretisch und praktisch fast ausschließlich mit Zoologie beschäftigt; er hatte unzählige Tiere in der Heimat und in der Fremde, im Freileben und in Gefangenschaft beobachtet und gründlich studiert; er hatte sich durch vielfältige Vorarbeiten in Buch- und Aufsatzform auf die geplante Gesamtdarstellung vorbereitet und zugleich als fesselnder, eigenständiger Autor ausgewiesen – und er hatte ein überzeugendes Programm, das auch verlegerischen Erfolg verhieß.

Wie sah dieses Programm aus, wie mußte es aussehen nach allem, was wir über Brehm wissen? Wir haben schon verschiedentlich angedeutet, daß die zoologische Wissenschaft vor dem Erscheinen von Brehms *Tierleben* weitgehend geprägt war von akademischen Schreibstubengelehrten und Laborexperimentatoren, die sich mit Einzelproblemen der Anatomie und Physiologie, der Systematik und der Entwicklungsgeschichte der Tiere herumschlugen und ihre Erkenntnisse – zum Teil sehr wichtige, bahnbrechende Erkenntnisse – für den Kreis der Eingeweihten in Spezialuntersuchungen und dickleibigen Monographien veröffentlichten. Kaum jemandem kam es in den Sinn, die Tiere in ihrer natürlichen Umwelt aufzusuchen und ihre Einbettung in größere Naturzusammenhänge, ihre Lebensabläufe, ihre Verhaltensweisen und ihr »Gefühlsleben« vor Ort zu studieren. Brehm war dieses Manko seit langem bewußt, weil er selber gesättigt war mit lebhaften, unmittelbaren Natureindrücken. Hier also konnte und wollte er ansetzen: Er wollte endlich das *Leben* der Tiere, das »Tierleben«, das zum zutreffenden Titel seines Werkes wurde, in seiner Gesamtheit beschreiben. Und er wollte es ohne überflüssigen wissenschaftlichen Ballast und so anschaulich und packend beschreiben, daß auch ein breites Publikum, das bis dahin vom zoologischen Wissen der Zeit fast gänzlich ausgeschlossen war, etwas davon hatte. Der starke volksbildnerische Impuls, der von E. A. Roßmäßler ausgegangen war, blieb bei Alfred Brehm unvermindert wirksam. So gesehen, war das *Tierleben* eine kulturpolitische Meisterleistung, der erste großangelegte Versuch in Deutschland, naturwissenschaftliche Kenntnisse aus dem Elfenbeinturm hervorzuholen und dem ganzen Volk zugänglich zu machen.

Brehm tat noch ein übriges, indem er von Anfang an Illustrationen einplante, die das beschreibende Wort ergänzen sollten – also nicht Abbildungen von Skeletten, Organen und anatomischen Details, wie in den zeitgenössischen Lehrbüchern üblich, sondern solche, die das tierische Lebewesen als Individualität in seiner natürlichen Haltung und Umgebung zeigten. Und er hatte auch schon einen Künstler gefunden, der seine Intentionen ausführen konnte, den Maler Robert Kretschmer, mit dem er sich 1862 auf der Abessinienreise angefreundet hatte.

Brehms Idee wurde von dem als eigenwillig bekannten Verlagsherrn Meyer sofort aufgegriffen. Schon im Frühjahr 1863 konnte die ersten Lieferungen des Werkes erscheinen. Vorgesehen waren zunächst nur etwa 16 Lieferungen zu jeweils 48 Seiten; am Ende wurden 115 daraus! Das ergibt einen Gesamtumfang von mehr als 5500 Seiten, und so dick war denn auch die sechsbändige gebundene Erstausgabe, die unter dem Titel *Illustrirtes Thierleben. Eine allgemeine Kunde des Thierreichs von A. E. Brehm* von 1864 bis 1869 herauskam. Sie enthielt insgesamt 1500 Abbildungen und 112 ganzseitige Tafeln – ausnahmslos schwarz-weiß, denn mit dem Farbendruck war man damals noch nicht so weit.

Dem ersten Band der Buchausgabe, der merkwürdigerweise noch der »Zoologischen Gesellschaft zu Hamburg« gewidmet ist, hat Brehm ein lesenswertes programmatisches Vorwort vorangestellt, in dem er seine Ein- und Ansichten darlegt. Die wichtigsten Abschnitte lauten:

»Unser reiches Schrifttum besitzt viele tierkundliche Werke von anerkannter Trefflichkeit, aber wenige, in denen die Lebenskunde der Tiere ausführlich behandelt ist. Man begnügt sich, zumal in den oberen Klassen, mit einer möglichst sorgfältigen Beschreibung des äußeren und inneren *Tierlebens*, ja, man gibt sich zuweilen den Anschein, als halte man es für unvereinbar mit der Wissenschaftlichkeit, dem *Leben und Treiben der Tiere* mehr Zeit und Raum zu gönnen als erforderlich, um zu beweisen, daß der in Rede stehende Gegenstand ein lebendiges, d. h. nicht bloß ein fühlendes und bewegungsfähiges, sondern auch ein handelndes und wirkendes Wesen ist.

Die Ursachen dieses ebeno ungerechtfertigten als einseitigen Verfahrens sind unschwer zu erkennen. Unsere Meister der Tierkunde zieren die Hochschulen oder wirken an den öffentlichen Sammlungen. Hier haben sie eine für die Zergliederungs- und Systemkunde verlockende Menge von Stoff zur Verfügung, und wenn sie diesen Stoff wirklich bewältigen wollen, bleibt ihnen zur Beobachtung des Lebens der Tiere keine Zeit – ganz abgesehen davon, daß zu solcher Beobachtung ein Jäger- und Wanderleben eine der ersten Bedingungen ist.

Wir danken gedachten Forschern überaus wichtige Aufschlüsse über den äußeren und inneren Bau des Tierleibes und hierdurch Erklärung gewisser Lebensäußerungen; wir sehen in ihnen immer die das Ganze überblickenden und ordnenden Meister der Wissenschaft und sind geneigt, die jagenden und sammelnden Reisenden jenen gegenüber als Gehilfen und Handlanger zu betrachten, obgleich wir uns nicht verhehlen können, daß nur sie es sind, welche uns mit dem *ganzen* Tiere bekannt machen. Denn erst das *lebende* Tier ist ein ›fühlendes und bewegungsfähiges‹ Wesen: das tote, ausgestopfte, in Weingeist aufbewahrte ist und bleibt immer nur ein Gegenstand.

Die Reisenden und die unsere Fluren jagend durchstreifenden Forscher also sind es, von denen wir Schilderungen des *Tierlebens* fordern müssen und fordern dürfen. Ihnen ist die Aufgabe geworden, vor allem das lebende Tier ins Auge zu fassen; für die wissenschaftliche Behandlung des toten Tieres finden sich andere Kräfte: denn auch für das ersprießliche Gedeihen der Tierkunde ist Teilung der Arbeit unerläßliche Bedingung. –

Solche Ansichten haben mich bestimmt, das vorliegende Buch zu schreiben. Durch Lehre und Vorbild meines unvergeßlichen Vaters bin ich von Jugend auf zur eigenen Beobachtung der Tiere veranlaßt worden und habe hierzu später, während eines langjährigen Wanderlebens im Norden und Süden sowie in meinem jetzigen Wirkungskreis, manche Gelegenheit gefunden, die vielen anderen verschlossen blieb. Dessenungeachtet hielt ich meine Beobachtungen *allein* zu einer Veröffentlichung nicht für wichtig genug und glaubte deshalb, sie mit den Erfahrungen anderer verschmelzen zu müssen. Hierdurch mußte die Arbeit das Gepräge einer allgemeinen Tierkunde erhalten, und da diese Allgemeinheit nun einmal gebahnt, beschloß ich, den ursprünglichen Plan so zu erweitern, wie er jetzt in der Ausführung vorliegt.

Ein glücklicher Zufall brachte mich mit einer Verlagshandlung in Verbindung, welche genau die gleichen Grundsätze verfolgt, und wackere Künstler, vor allem mein treuer Mitarbeiter Herr Robert Kretschmer, machten meine Ansichten zu den ihrigen. Wir beschlossen also, ein Werk zu schaffen, welches dem *Leben* sein Recht werden ließ.

Wir sind gemeinsam durch die Tiergärten gezogen und haben gemeinschaftlich in Afrika gejagt und gesammelt; wir haben sorgfältig benutzt, was wir uns früher erwarben, und dankbar und ehrlich das Gute angenommen, welches wir bei anderen finden konnten; wir sind endlich nicht bloß treu unterstützt, sondern auch wohlwollend aufgemuntert und angespornt worden von der Verlagshandlung, welche kein Opfer gescheut, weil es ihr Ernst ist mit diesem Volksbuche: dennoch ist das Erreichte weit zurückgeblieben hinter dem Erstrebten: es ist uns aber, wie ich wahrheitsgemäß gestehen muß, unmöglich gewesen, *mehr* zu erreichen.«

Von den sechs Bänden des »Ur-Brehm« sind die ersten zwei den Säugetieren und die beiden folgenden den Vögeln vorbehalten; im 5. Band werden die Kriechtiere, Lurche und Fische zusammen behandelt, und für die Wirbellosen bleibt somit nur ein einziger Band übrig. Diese Gewichtsverteilung erscheint aus heutiger Sicht etwas unausgewogen, wissen wir doch, daß beispielsweise die Insekten die artenreichste Tierklasse überhaupt darstellen, und hinzu kommen die ungezählten anderen Wirbellosen, die Weichtiere, die Krebse, die Stachelhäuter usw. Daß diese vielgestaltigen Tiermassen auf so ungebührlich engem Raum zusammengedrängt sind, hat seinen Grund nicht nur in der damals noch sehr unvollkommenen Kenntnis und der vermeintlich geringen Attraktivität der wirbellosen Tiere, sondern auch in Brehms persönlicher Einstellung. Seine ganze Liebe galt den Säugetieren und vor allem den Vögeln; für die Fische, Reptilien und Amphibien hatte er schon weit weniger übrig, und das »niedere Getier« war ihm förmlich zuwider – vielleicht in Erinnerung an die Stechmücken und sonstigen kleinen Plagegeistern, die ihm in Afrika und anderswo so heftig zugesetzt hatten. Deshalb machte er sich auch gar nicht die Mühe, diese Tiere zu beschreiben. Dafür gewann er zwei tüchtige Mitarbeiter, die den 6. Band dies *Tierlebens* allein bestritten: Der bekannte hallische Entomologe E. L. Taschenberg behandelte die »Insekten, Tausendfüßler und Spinnentiere«, während Oskar Schmidt, Brehms einstiger Lehrer in Jena, sich der »Krebse, Würmer und ungegliederten wirbellosen Tiere« annahm.

In diesem Zusammenhang sei angemerkt, daß auch der Text der ersten fünf Bände nicht ausschließlich von Brehm selbst stammt. Er gibt, wo ihm die eigene Kenntnis und Anschauung fehlen, sehr gerne Originalberichte anderer Tierkenner und Forschungsreisender wieder, die sich aber stets harmonisch ins Ganze einfügen. Diese bewährte Praxis hat eine lange Tradition: Bereits in der Antike beriefen sich Gelehrte wie Aristoteles, Plinius d. Ä. und Aelianus in ihren tierkundlichen Schriften immer wieder auf andere Autoren; Conrad Gesner, der Brehm der Renaissance, verwertete reichlich Fremdmaterial in seiner *Historia animalium* (1551–87), die wenig später auch auf deutsch erschien und lange Zeit das zoologische Standardwerk blieb; und auch der Brehm des 20. Jahrhunderts, *Grzimeks Tierleben*, ist eine Gemeinschaftsarbeit zahlreicher Fachgelehrter und enthält eine Fülle von mehr oder weniger langen Zitaten. Selbst im vorigen Jahrhundert konnte kein Mensch, auch nicht der überaus kenntnisreiche Brehm, alles über alle Tiere wissen, obwohl sich die Zahl der bekannten Arten damals auf nur etwa 250000 belief (heute sind rund 1,5 Millionen Tierarten von der Wissenschaft erfaßt und beschrieben).

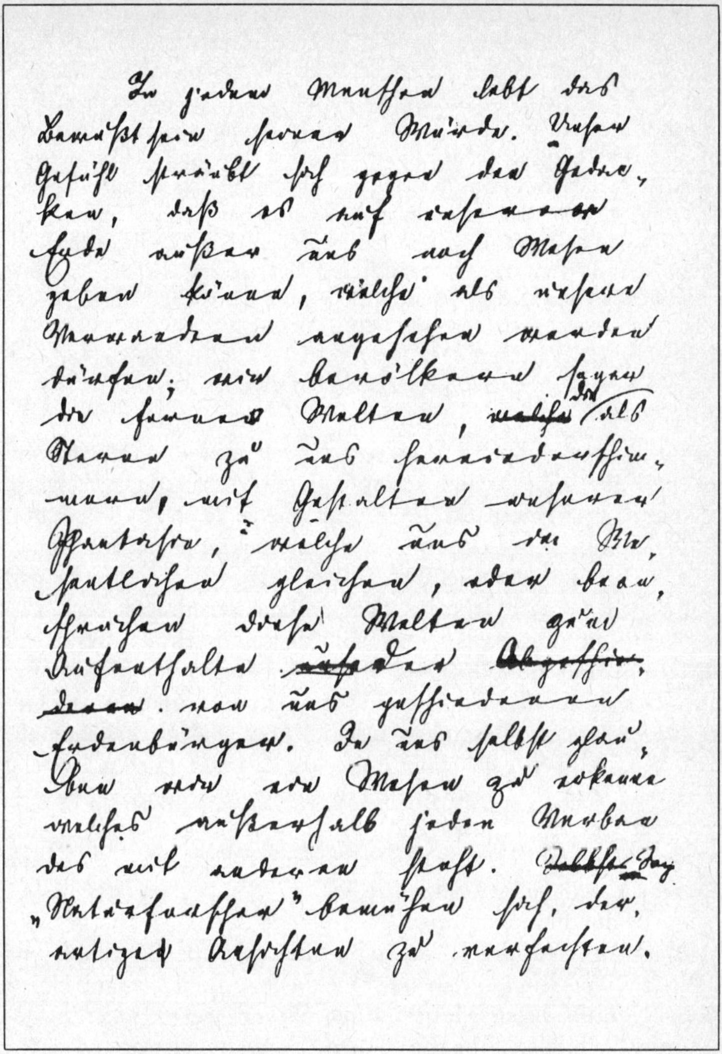

Die erste Manuskriptseite der Erstausgabe des »Tierlebens«

Nach all diesen Vorbemerkungen wollen wir endlich eine kleine Kostprobe aus dem »Ur-Brehm« kennenlernen – ungekürzt und unverfälscht. Die Qual der Wahl ist groß, denn jede Artbeschreibung hat ihren eigenen Reiz. Wenn wir uns für das Flußpferdporträt entscheiden, so deshalb, weil hier die unverwechselbaren Ingredienzien der Brehmschen Tierdarstellung zu einer besonders gelungenen Einheit verschmolzen sind: sachlich-wissenschaftliche Informationen und erzählerische Spannung, kulturgeschichtliche und ethnologische Schlaglichter, Selbsterlebtes und Anleihen bei anderen Autoren, Einfühlung und vermenschlichende Urteile, schließlich eine anschauliche, füllige, aber fast fremdwortfreie Sprache, die den Leser sofort in den Bann schlägt – heute noch genauso wie vor 120 Jahren.

Das Nil- oder Flußpferd

Das Nil- oder Flußpferd *(Hippopotamus amphibius)* hat vier Hufe an jedem Fuße, eine breite, stumpfe, nicht rüsselartig verlängerte Schnauze und eine nackte Haut. Im Kiefer stehen zwei bis drei Schneidezähne, ein Eckzahn und sieben Backzähne in jeder Reihe. Das Geripp ist außerordentlich schwerfällig in allen seinen Teilen. Der Schädel ist fast vierseitig, flach und niedergedrückt, der Hirnteil klein; die übrigen Knochen sind dick und schwer. Besonders auffallend sind die Zähne. Sie unterscheiden sich von denen aller übrigen bekannten Dickhäuter und erinnern nur entfernt an das Gebiß der Schweine. Besonders ausgezeichnet sind die ungeheuren, halbkreisförmigen gebogenen Eckzähne des Unterkiefers, welche bei alten Männchen bis dritthalb Fuß lang werden können. Die oberen sind viel kleiner, aber ebenfalls gekrümmt und an der Spitze schief abgestutzt. Trotz der ungeheuren Größe ragen diese Zähne aber doch nicht aus der Schnauze hervor.

Der Name Flußpferd, eine Übersetzung der altgriechischen Benennung unseres Tieres, bezeichnet das plumpe Geschöpf sehr schlecht; denn sein Leibesbau hat weit mehr Ähnlichkeit mit einem riesigen, unförmigen Mastschweine als mit jedem anderen Geschöpfe. Schon der arabische Namen »Djamuhs el Bahhr«, welcher Flußbüffel bedeutet, ist weit besser als der bei uns gebräuchliche, obgleich die Ähnlichkeit zwischen Flußpferd und Büffel auch nur gering ist. Mehr als alles Übrige unterscheidet der Kopf, auch abgesehen von dem Gebiß, das Nilpferd von anderen Geschöpfen. Er ist von fast viereckiger Gestalt und durch die lange, hohe, außerordentlich breite und aufgeschwollene Schnauze ausgezeichnet. Diese ist zwar unförmlich wie das ganze Tier, aber dennoch sonderbar gestaltet. Ihr Oberteil ist sehr platt und hinten auch ziemlich schmal, er verbreitert sich aber von dort aus nach vorn und fällt sogleich in Gestalt der Oberlippe seitlich tief herab, so den Mund allseitig deckend und schließend. Die Nasenlöcher stehen schief zusammen und ziemlich weit hinten, hoch oben am Kopfe, nur wenig vor und unterhalb den Ohren. Der schwerfällige und dicke Leib ist langgestreckt, fast drehrund, nur in der Mitte etwas verdickt. Der Rücken erhebt sich am Kreuze mehr als am Widerrist. Der Bauch hängt in der Mitte so weit herab, daß er den Boden berührt, wenn das Tier mit seinen unverhältnismäßig kurzen Beinen über schlammigen Boden läuft. Selbst bei ausgewachsenen Nilpferden sind die Beine nicht höher als zwei Fuß. Der Schwanz ist kurz und dünn, an seiner äußersten Spitze seitlich zusammengedrückt, am Ende mit kurzen, drahtähnlichen Borsten bedeckt. Der übrige Körper ist beinahe nackt; denn auf der über zolldicken und starken Haut, welche zumal am Halse und vorn an der Brust einige tiefe Falten bildet, finden sich nur höchst spärlich kurze, borstenartige Haare. Durch Furchen, welche sich kreuzen, ist die Haut in schuppenartige Felder geteilt, welche bald größer, bald kleiner sind. Ihre Färbung ist ein eigentümliches Kupferbraun, welches auf der Oberseite mehr in das Schmutzigdunkle, auf der Unterseite mehr in das Hellpurpurbräunliche übergeht. Viele bräunliche und bläuliche Flecken, welche ziemlich regelmäßig gestellt sind, geben der sonst einförmigen Masse eine gewisse Abwechslung. Übrigens verändert sich die Färbung, je nachdem das Nilpferd trocken oder naß ist. Wenn es eben dem Wasser entsteigt, erscheint sein Oberteil bräunlichblau und der Unterteil fast fleischfarben, während es, wenn sich die Haut trocknet, dunkler, fast schwarzbraun oder schieferfarben aussieht. Unter der Haut liegt eine Fettschicht von 3 bis 6 Zoll Dicke, welche den ganzen Wanst umgibt und das Gewicht des Tieres, im Verhältnis zu seiner Größe, wesentlich erleichtert. Ein vollkommen erwachsenes Nilpferd kann bis zu 15 Fuß lang werden, wovon nur 1½ Fuß auf den Schwanz kommen. Dabei wird es am Widerrist kaum mehr als 5½ Fuß hoch; aber der Leib erreicht freilich einen Umfang von 12 bis 13 Fuß. Ein derartiger Riese mag seine 50 bis 70 Zentner wiegen; denn schon die Haut eines mittelgroßen Tieres hat ihre 8 bis 10 Zentner.

Gegenwärtig muß man schon ziemlich tief in das Innere Afrikas eindringen, ehe man den Tiergestalten begegnet, welche ich Zurückgelassene aus der märchenhaften Vorzeit nannte. Namentlich an dem heiligsten Strome sind die alten, berühmten Tiere weit nach dem Herzen des Erdteils und nach den Jugendländern des Stromes, »der seine Quellen verbirgt«, gezogen. Erst wenn man in das tiefere Innere kommt, werden die viertausend Jahre alten Bilder der hei-

Das Nil- oder Flußpferd (Hippopotamus amphibius)

ligen Schrift auf den Tempeln Ägyptens lebendig: dort finden sich heute noch wie vor Jahrtausenden dieselben Tiere unter den sich gleich gebliebenen Menschen; dort begegnen wir neben dem Pavian und dem Krokodil, dem heiligen Ibis und dem Tantalus jenen Übriggebliebenen: dem Elefanten, dem Nashorn und dem Nilpferde. Wo der Mensch zur unbedingten Herrschaft gelangt ist, sind letztere der furchtbaren Feuerwaffe erlegen, da, wo ihn nur die Lanze oder der Boden bewehrt, stehen sie ihm heute noch feindlich gegenüber. Noch im Sommer des Jahres 1600 konnte der neapolitanische Arzt Zerenghi in der Nähe von Damiaht, also am Ausfluß des einen Nilarmes, zwei Nilpferde in Fallgruben fangen und so ihre Haut erbeuten, welche dann nach Rom gebracht wurde, wie früher die lebenden Vorfahren des Untiers. Gegenwärtig ist das Tier in ganz Ägypten und auch in Nubien, wo es Rüppell noch anfangs dieses Jahrhunderts in ziemlicher Anzahl traf, ausgerottet worden; denn nur höchst selten schwimmt es unter die Gebirgskette Rherri, welche als die Südgrenze des Sonnenlandes gilt, im Strome hinab. Anders ist es im Ostsudan. Erst dort zeigt sich überhaupt Afrika in seiner wahren Gestalt. Dort beherbergen die Wälder und die Ströme die eigentlich merkwürdigen Geschöpfe. In allen größeren Strömen und Seen des inneren Afrika ist das Nilpferd noch heute eine gewöhnliche Erscheinung.

Der Stadt Chartum, am Zusammenflusse des weißen und blauen Nils, gegenüber liegt eine kleine, baumreiche Insel im weißen Strome. Auf ihr sah ich noch im Jahre 1851 das wohlbekannte Paar »Wasserbüffel«, welches alljährlich mit der steigenden Flut aus den Urwäldern des oberen Gebietes herabkam, und ich habe manche Büchsenkugel vergeblich nach ihren Köpfen entsandt. Weiter nach Süden hin finden sich die Nilpferde häufiger, und zwar auf dem einen wie auf dem anderen Strome. Doch muß man, was den Nil anlangt, immerhin den 15. Breitengrad als ihre äußerste nördliche Grenze betrachten. Anders ist es in den übrigen Strömen Afrikas. Lander sah auf dem Niger eine unglaubliche Menge Flußpferde. Major Denham fand sie auf dem Mehabiefluß in Menge. Ladislaus Magiar beobachtete sie nahe an der Küste, Anderson in Südafrika, oben in dem Flusse Tumbi. Gordon Cumming fand sie im Kafferlande und einmal auf einer großen Halbinsel des Limpopoflusses bis siebzig Stück beisammen. In Süd- und Westafrika gehen sie in den

Flüssen viel weiter nach der Küste herab als in der nördlicheren Hälfte des Erdteils. Sie sollen dort gar nicht selten selbst bis in das Meer hinaus schwimmen, und diese Angabe erscheint mir jetzt durchaus glaubhaft, nachdem mir Von der Decken versichert hat, daß einmal drei Nilpferde auf Sansebar gesehen worden sind, welche selbstverständlich nur von der gegenüberliegenden Küste herübergekommen sein konnten. Sie hatten einen Meeresarm von 35 englischen Meilen Breite durchschwommen.

Ich kann mich bei der nachfolgenden Beschreibung hauptsächlich auf meine eigenen Beobachtungen stützen, da ich oft genug mit dem »Djamuhs el Bahhr« zusammengekommen bin.

Das Nilpferd ist mehr als jeder andere Dickhäuter an das Wasser gebunden; denn es geht eigentlich nur ausnahmsweise vom Strome aus auf das Land, regelmäßig des Nachts zur Äsung, da, wo der Strom nicht selbst reich an Pflanzen ist, und zuweilen auch bei Tage, um sich auf den Sandbänken zu sonnen. Wenige Meilen oberhalb der »Hauptstadt der Hölle«, wie die Sudanreisenden Chartum zu nennen pflegen, sieht man in den Schlammbänken der Stromufer häufig Spuren unseres Tieres, etwa zwei Fuß tief, baumstarke Löcher zu beiden Seiten einer muldenartig eingedrückten Furche. Dies sind die Fährten des Nilpferdes, welche dieses zurückläßt, wenn es auf seinen nächtlichen Weidegängen dem Strome entsteigt, um nach dem pflanzenreichen Urwalde oder nach einem Felde zu wandern. Die Löcher rühren von den Beinen her, die Furche von dem auf dem Schlamme dahingeschleppten Bauche; denn bis zum Leibe versinkt das Untier auf dem weichen, nachgiebigen Boden. Bei der ungemein geringen Abflachung des Abiad oder weißen Stromes, welcher während der Regenzeit an vielen Orten meilenweit seine Ufer überschwemmt und ganze Waldungen unter Wasser setzt, kann man jene Fährten viertelmeilenweit verfolgen. Am oberen blauen Flusse oder da, wo der Abiad steiluferig ist, erkennt man den Aufenthalt des Nilpferdes leicht an den Ausstiegen, welche es sich bahnt, wenn es vom Wasser aus an dem steilen Ufer emporklimmt. Diese Stiegen stehen zu der Plumpheit des Tieres in gar keinem Verhältnis; denn sie gehen oft so steil vom Wasser auf, daß ein Mensch nur, wenn er sich rechts und links an den Zweigen festhält, auf ihnen emporklettern kann. Man begreift also gar nicht, wie es dem schweren Dickhäuter möglich ist, solche Wege zu begehen. Von den Stiegen aus führt noch ein kurzer Gang in das Innere des Waldes. Er unterscheidet sich leicht von den Wegen, welche die Elefanten zurücklassen, wenn sie durch den Urwald ziehen; denn die Gegenstände zu seinen beiden Seiten oder in seiner Mitte sind einfach niedergetreten, nicht aber auch abgebrochen und zur Seite geschleudert.

An günstigen Stellen des Flusses, da, wo die Felder nahe an den Ufern liegen oder reiche Waldungen diese bedecken, und am liebsten dort, wo das eigene Bett des Stromes zugleich als Weideplatz dienen kann, d. h. also da, wo eine Menge von Wasserpflanzen in ihm wachsen, entdeckt man die Flußriesen sehr bald. In Zwischenräumen von drei, höchstens vier Minuten bemerkt man irgendwo einen dampfartigen Wasserstrahl, welcher sich etwa drei Fuß über die Wasserfläche erhebt, und vernimmt zugleich ein eigentümliches Schnauben und Brausen, vielleicht auch ein dumpfes Brummen, welches an das grollende eines Bullen erinnert: dort ist soeben ein Nilpferd aufgetaucht, um Luft zu schöpfen. Wenn man nahe genug steht, kann man auch den ungeschlachten Kopf desselben wahrnehmen, eine formlose, rote oder bräunlichrote Masse, auf welcher man zwei Spitzen, die Ohren, und die Hügel, die Augen und die Nasenlöcher, sieht. Mehr als den Kopf wird man von einem im Wasser sich bewegenden Nilpferde selten zu sehen bekommen, und diesen Kopf kann man, wenn man ihn zum ersten Mal sieht, leicht verkennen. Hält man sich unter dem Winde und bleibt man ruhig, vielleicht in einem Gebüsch, verborgen, so kann man das auf- und niederschwimmende, im Wasser gleichsam spielende Tier dreist beobachten. Man sieht dann auch, daß auf der eingedrückten Stirn zwischen Augen und Ohren beim Auftauchen ein kleiner Teich zurückbleibt, wasserreich genug, um einem Goldfischchen oder einem Paar Schmerlen das Leben zu fristen. Man darf es wagen, mit einem größeren Schiffe zu solchen Köpfen hinzufahren; denn das Tier scheut sich da, wo es nicht gereizt wurde, keineswegs vor der Barke, sondern glotzt sie höchstens mit dummer Verwunderung an, ohne sich durch sie und die auf ihr sich befindlichen Menschen in seinem Auf- und Niedertauchen stören zu lassen. Höchst selten bleibt es mehrere Minuten lang unter Wasser, und die Angaben der Reisenden, welche von zehn Minuten oder einer Viertelstunde langem Untertauchen des Tieres sprechen, sind wohl dahin zu berichtigen, daß ein unverwundetes allerhöchstens vier Minuten unter Wasser bleibt, aber eben nur mit den Nasenlöchern über die Oberfläche emporsteigt und, nachdem es einen neuen Atemzug getan hat, wieder im Wasser versinkt. Ich bezweifle, daß ein Nilpferd imstande ist, länger als fünf Minuten unter dem Wasser auszuhalten.

Wie die meisten Dickhäuter ist auch das Flußpferd ein geselliges Tier. Höchst selten findet man es einzeln. Einmal sah ich bei Tage vier Stück auf einer Sandinsel sich ergehen, ein anderes Mal traf ich ihrer sechs in einem See, nahe am Ufer des blauen Flusses. Größere Gesellschaften, welche als unmittelbar zusammengehörend angesehen werden konnten, fand ich nicht, wohl aber berichten andere Reisende, wie schon angegeben, von zahlreichen Trupps. Der Wohnkreis einer Gesellschaft ist beschränkt, weil er stets in der Nähe guter Futterplätze liegt, und so genügt unter Umständen schon ein großer Tümpel mehreren Flußpferden zu längerem Aufenthalte. Der erwähnte See, in welchem ich sechs Stück sah, hatte höchstens eine gute halbe Stunde im Umfang. Ist an einer Stelle die Weide schmal geworden, so zieht sich das Nilpferd langsam nach einer anderen Stelle; während der Regenzeit aber scheint es größere Wanderungen zu unternehmen.

Bei Tage verläßt die Gesellschaft nur an ganz menschenleeren Orten das Wasser, um in der Nähe des Ufers teils im seichten Wasser, teils auf dem Lande selbst sich einem träumerischen Halbschlummer hinzugeben. Dabei zeigen die bequemen dahingestreckten Tiere ganz die Behaglichkeit der Schweine, welche sich suhlen, oder der Büffel, welche sich im Strome baden. Von Zeit zu Zeit grunzen die männlichen Tiere nach Art der Schweine und erhebt eins um das andere den Kopf ein wenig, um sich zu sichern. Mehrere Vögel treiben ungescheut ihr Wesen neben und auf den Ruhenden. Der Regenvogel (*Hyas aegyptiacus* [= Krokodilwächter, *Pluvianus aegypticus*]) rennt ohne Unterlaß um die Riesen herum und pickt und hackt Kerbtiere und Egel von deren Fellen weg. Der kleine Kuhreiher spaziert ernsten Schritts auf dem Rücken hin und her, um diesen selbst von dem Ungeziefer zu säubern. In Südafrika vertritt der bereits erwähnte Madenhacker die Stelle dieser kleinen Freunde. Die Araber des Ostsudan behaupten, daß es der Regenvogel übernehme, bei Gefahr das Nilpferd zu warnen, und wirklich achtet dieses auf das Geschrei seines kleinen, aufmerksamen Freundes und geht in das Wasser, wenn der Vogel durch irgendwelche Erscheinung besonders aufgeregt wird. Sonst achten die Nilpferde nicht viel auf das Treiben um sich her, und bloß an solchen Orten, wo sie den Menschen und sein furchtbares Feuergewehr kennenlernten, nehmen sie sich vor ihrem Haupt-, ja, alleinigen Feinde mehr in acht als in den Ost- und Westländern Afrikas, wo sie sich eigentlich gar nicht um ihn kümmern. So wird der Tag zwischen Schlummern und Wachen verbracht. Unzweifelhaft schlafen die Nilpferde nach Art der Büffel auch im Wasser, indem sie sich mehr nach der Oberfläche desselben emporheben und durch regelmäßiges Bewegen ihrer Beine die gleiche Lage erhalten, so daß die Nasenlöcher, die Augen und die Ohren über dem Wasserspiegel erhaben sind und die Atmung ungestört besorgt werden kann.

Gegen Abend kommt Leben in die Gesellschaft. Das Grunzen der Männchen erstarkt zu einem Gebrüll, und die ganze Herde taucht spielend auf und nieder im Strome. Dann und wann beginnt

Krokodilwächter

sogar ein lustiges Jagen. Namentlich in der Nähe von Schiffen scheinen sie sich dann gern zu zeigen. Ich habe wenigstens bemerkt, daß sie unser Boot bei abendlichen Fahrten regelmäßig auf größere Strecken hin begleiteten. Sie schwimmen mit erstaunlicher Leichtigkeit in jeder Wassertiefe, tauchen auf und nieder, bewegen sich ruck- oder satzweise, wenden sich nach allen Seiten mit überraschender Gewandtheit und schwimmen geradeaus mit dem besten Ruderboot um die Wette. Die dicken Fettlagen, welche ihren Leib allseitig umgeben, vermindern ihr Gewicht, so daß es dem des Wassers ganz oder ziemlich gleichkommt. Und hierdurch eben wird es dem Nilpferd leicht, jede Tiefe des Wassers zu bewohnen. Wenn man den ungeheuren Körperumfang des Tieres rechnend betrachtet, nimmt es einen nicht mehr wunder, daß durch solche Masse 50 bis 60 Zentner Wasser weggedrängt werden können. Ich habe bei ruhigem Schwimmen des Tieres niemals eine heftige Ruderbewegung desselben bemerken können; das Wasser um das schwimmende Nilfperd bleibt vielmehr glatt und unbeweglich. Aber das Gegenteil findet statt, wenn sich das Vieh wütend auf einen Feind stürzt oder nach einer Verwundung im Flusse umhertobt. Dann schnellt es die Hinterbeine überaus heftig zurück, schießt in förmlichen Sätzen vorwärts, bringt das ganze Wasser in Aufruhr, so daß es hohe Wellen wirft, und die Gewalt seiner Bewegungen ist dann so groß, daß das Tier, wie erwiesen, mittelgroße Schiffe emporheben und zertrümmern kann. Reisende, welche in leichten Booten die Ströme herabfahren, werden oft sehr gefährdet durch die irgendwie gereizten Nilpferde, und auch im Ostsudan weichen die Schiffer dem Untiere immer ziemlich sorgfältig aus und sehen es sehr ungern, daß man vom Boote aus nach ihm schießt.

In den pflanzenreichen, seeartigen Stellen des Abiad verläßt das Nilpferd auch zur Nachtzeit das Strombrett nicht oder nur höchst selten. Es frißt dort bei Tage und bei Nacht von den im Strome selbst wachsenden Pflanzen. Wie das Zarte und Erhabene so oft dem Rohen und Gemeinen unterliegen muß, so auch hier: Der durch die Sinnigkeit längst vergangener Völker geheiligte, als Bild der Gottheit betrachtete Lotos, der herrliche, königliche Bruder unserer stillen, lieblichen Wasserrose, dient zur Hauptnahrung der Nilpferde. Die Pflanzen, deren Gestalt allein schon ein Gedicht und deren Blüten gleich ausgezeichnet sind durch ihre Farbe wie durch ihren Duft, werden von dem wüstesten, rohesten aller Säugetiere des festen Landes – gefressen. Außerdem nähren sich an solchen Orten die Nilpferde auch noch von anderen Wasserpflanzen, zumal von den rankenden, welche tief unten im schlammigen Grunde wurzeln und halb über, halb unter dem Wasser ihre Blätter entfalten. Schilf und selbst Rohr dienen unter Umständen ebenfalls zur willkommenen Nahrung. In jener Inselflur des Abiad, wo dieser bald zum stillen, klaren See, bald zum faulenden Sumpfe und bald wieder zum Bruche mit paradiesischer Pflanzenpracht und aller Tücke solchen Reichtums wird, sich selbst nur hier und da als langsam dahinschleichender Fluß bekundend, leben Nilpferd und Krokodil zu Hunderten ausschließlich im Strome, ohne sich um die Außenwelt viel zu bekümmern. Hier bieten dem Dickhäuter der uralte Papyrus, der Lotos, der flaumenleichte Ambakh, die Neptunwasserlilie und hundert andere, uns zum geringsten Teil bekannte Pflanzen, Nahrung in Hülle und Fülle. Man sieht es an solchen Stellen fortwährend auf- und niedertauchen, um sich Nahrung vom Grunde loszureißen. Und dazu leisten ihm die langen Stoßzähne sehr gute Dienste. Ein derart fressendes Nilpferd ist ein wahrhaft ekelhafter Anblick. Auf die Entfernung einer Zehntelmeile kann man das Aufreißen des Rachens mit bloßen Augen sehen, auf ein paar Hundert Schritte hin nimmt man deutlich alle Bewegungen am Fressen wahr. Der ungeschlachte Kopf verschwindet in der Tiefe und wühlt unter den Pflanzen herum. Weithin trübt sich das Wasser von sich auflösendem Schlamme. Dann erscheint das Vieh wieder mit einem großen, dicken Bündel abgerissener Pflanzen, welches für ihn eben ein Maulvoll ist, legt das Bündel auf die Oberfläche des Wassers und zerkaut und zermalmt es nun langsam und behaglich. Zu beiden Seiten des Maules hängen die Ranken und Stengel der Gewächse weit heraus; grünlicher Pflanzensaft läuft mit Speichel untermischt beständig über die wulstigen Lippen herab; einige halb zerkaute Grasballen werden ausgestoßen und von neuem verschlungen. Die blöden Augen glotzen bewegungslos ins Weite, und die ungeheuren Stoß- und Eckzähne zeigen sich in ihrer ganzen Größe.

Anders ist es in allen Gegenden, wo steile Ufer die Flüsse begrenzen, z. B. am Asrak, dessen rascher Lauf keine Seebildung gestattet. Hier muß das Nilpferd an das Land gehen, um zu weiden. Etwa eine Stunde nach Sonnenuntergang, dem in den Tropen bekanntlich fast zauberisch schnell die lichte, schöne Nacht folgt, entsteigt es, mit größter Vorsicht lauschend und spähend, dem Strome und klettert an den erwähnten steilen Uferpfaden empor. Im Urwald sieht man seine Wege überall, wo der Reichtum der Pflanzenwelt gute Beute verspricht. In der Nähe bewohnter Ortschaften richten sich die Pfade nach den Fruchtfeldern. Hier fällt es verheerend ein, hier vernichtet es in einer einzigen Nacht oft ein ganzes Feld. Seine Gefräßigkeit ist ungeheuer groß, und trotz der Fruchtbarkeit seiner Heimat kann es, wenn es nur einigermaßen zahlreich wird, zur wahren Landplage werden; denn weit mehr noch als es wirklich zur Nahrung bedarf, zerstampft es mit den plumpen Füßen oder knickt es um, wenn es sich, nachdem es satt geworden, nach Schweineart behaglich in einer seichten Vertiefung hin und her wälzt. Und nicht bloß durch seine Verheerungen unter den Pflanzen schadet das Nilpferd: es wird auch zu einem das Leben des Menschen und der Tiere bedrohenden Geschöpfe; denn mit blinder Wut stürzt es auf seinen Weidegängen auf alle sich bewegenden Gestalten und vernichtet sie, wenn es dieselben erreicht. Zumal an Orten, wo es irgendwie schon mit dem Menschen in Berührung kam, wird es höchst gefährlich. Die vier gewaltigen Eckzähne der Kiefer sind, anderen Tieren gegenüber, furchtbare Waffen. Mit ihnen zermalmt es ein Rind. Wo Nilpferde hausen, werden die Herden sorgfältig bewacht; denn auch die harmlosesten Geschöpfe reizen das abscheuliche Tier zu blindwütendem Zorn. Rüppell berichtet, daß ein Nilpferd vier Zugochsen zermalmte, welche ruhig an einem Schöpfrade standen. Ich selbst habe ähnliche Geschichten genug vernommen. Die Eingeborenen erzählen, daß es mit dem Maule angreift und erst zu guter Letzt den Gegenstand seiner Wut mit den Füßen zerstampft. Nur sehr selten ergreift ein weidendes Nilpferd vor dem Menschen die Flucht: ein gereiztes tut dies niemals. Es scheint, wie ich weiter unten erzählen will, daß es eine ihm zugefügte Beleidigung ziemlich lange behält und nachträgt.

Der arme Mensch des innern Afrika, welcher kein Feuergewehr führt, ist dem Nilpferd gegenüber so gut als machtlos, obgleich er noch immer sein einziger gefährlicher Gegner bleibt; denn außer Blutegeln, Mücken und Eingeweidewürmern wird das Flußpferd von keinem Geschöpf angegriffen, und all die so schön ausgedachten Kämpfe zwischen ihm und dem Krokodil, dem Elefanten, dem Nashorn und dem Löwen müssen unerbittlich in das Reich der Fabel gewiesen werden. Höchstens ein junges Nilpferd würde eine der größeren Katzen vielleicht angreifen, wäre nicht die Alte beständig in der Nähe und zur Abwehr aller Gefahren vorbereitet. Der Mensch sucht sich auf verschiedene Weise des schädlichen Tieres zu erwehren. Während der Zeit der Fruchtreife sieht man in den bevölkerten Stromgegenden zu beiden Ufern eine Menge von Feuern leuchten. Sie sind einzig und allein als Schreckmittel gegen die Nilpferde angezündet und werden die ganze Nacht durch sorgfältig angefacht. An einigen Orten unterhält man mit Trommeln einen beständigen Lärm, um die Flußriesen zu schrecken. Und gleichwohl sind sie nicht selten so kühn, daß sie nur dann nach dem Flusse zurückkehren, wenn eine größere Menschenmenge schreiend und trommelnd und mit Feuerbränden auf sie anstürmt. Leider ist gegen das Nilpferd ein Mittel, welches bei anderen Tieren mit dem besten Erfolge gekrönt ist, nicht anwendbar, und die höllische Natur des Untieres geht daraus recht deutlich hervor. Das Wort des Gottgesandten, Mahammed – Frieden über ihn! – ist kräftig genug, fast alle übrigen Tiere von den Feldern abzuhalten, welche es in Gestalt eines dort aufgehangenem Amuletts schirmt. Ein Nilpferd aber und andere der Gerechtbarkeit trotzende Tiere mißachten auch den kräftigsten und wirksamsten Gottesbrief, und sei er von dem Scheich el Islahm in Mekka selbst geschrieben. So bleibt dem armen Gläubigen eben nur das Feuer übrig, um Höllisches mit Höllischem zu bannen.

So denken die Mahammedaner, anders die Neger am oberen Abiad und Asrak, welche überhaupt als mutige, tüchtige Leute angesehen werden müssen. Sie graben Fallgruben und legen dem Tiere andere Hindernisse in den Weg oder treten ihm während der Nacht in Massen entgegen, um es zu vertilgen. Allein auch sie sind nicht imstande, den bösen Feind auszurotten; denn solches kann nur durch das Feuergewehr bewirkt werden.

Weit gefährlicher noch, als das Nilpferd gewöhnlich ist, wird es, wenn es noch ein Junges zu schirmen hat. Über die Zeugung, die Geburt der Jungen und die Dauer der Tragzeit hat man erst in der Neuzeit an Gefangenen Beobachtungen gemacht, da diese sich schon einige Male fortgepflanzt haben. Von der Fortpflanzung der freilebenden Tiere weiß man nur so viel, daß ein Junges etwa im ersten Drittel der Regenzeit, welches die meiste und saftigste Nahrung bringt, geboren wird, demnach in den verschiedenen Ländern Afrikas zu sehr verschiedener Zeit, je nachdem der Frühling der Wendekreisländer dort eintritt. Die für ihr Kind zärtlich besorgte Mutter sieht auch in den unschuldigsten Dingen Gefahr und stürzt sich mit furchtbarer Wut auf jeden Feind. Es scheint, daß das Junge lange Zeit von der Mutter geführt und geleitet wird; denn Livingstone sah Junge, welche, wie er sagt, nicht viel größer waren als Dachshunde, während ich meinesteils niemals so kleine, sondern höchstens solche beobachtet habe, welche die Größe eines vollständig ausgewachsenen Ebers hatten, der bedeutend größeren, welche noch immer mit der Alten gingen, gar nicht zu gedenken. Derselbe Reisende berichtet, daß die Mutter ihre Jungen anfangs auf dem Halse und später auf dem Widerrist trage. Ich habe dies nie gesehen; die Angabe scheint mir auch auf einem Beobachtungsfehler zu beruhen. So viel steht fest, daß die Mutter ihr Junges zärtlich liebt, ja ich glaube behaupten zu können, daß sich auch der Vater seines Sprößlings schützend annimmt; wenigstens sah ich fast immer um ein Junges zwei Alte. Die Mutter ist leicht zu erkennen. Sie läßt ihr Kind keinen Augenblick aus den Augen und bewacht jede seiner Bewegungen mit mütterlicher Lust und zärtlichen Sorgen. Zuweilen spielt das ungefüge Tier ganz lustig mit seinem Liebling. Da tauchen dann beide scherzend auf und nieder und unterhalten sich mit Brummen. Jedenfalls saugt das Junge im Wasser. Ich sah mehrmals ein altes Nilpferd ruhig an der gleichen Stelle liegen, nur ein wenig den Kopf über der Oberfläche des Wasser erheben, während das Junge von Zeit zu Zeit neben ihm auf und nieder tauchte, wahrscheinlich um Atem zu holen.

Es ist nicht ratsam, sich einer Nilpferdmutter, welche ihr Kind bei sich hat, zu nahen; denn sie greift auch bei Tage Schiffe und Menschen an, wenn sie Gefahr für ihr Junges wittert. Livingstones Kahn wurde von einem weiblichen Nilpferde, dessen Junges man tags vorher mit dem Speer getötet hatte, halb aus dem Wasser gehoben und einer seiner Leute herabgeschleudert, ohne daß die Mannschaft das Tier fernerhin gereizt hätte. In den Nilländern kennt man ähnliche Beispiele von derartig erzürnten Nilpferden und weiß auch von vielen Unglücksfällen zu berichten, welche sie verursacht haben. Ich selbst habe das Necken alter Nilpferde und ihrer Jungen einmaß büßen müssen und will die Geschichte, welche ich schon früher in der Gartenlaube mitgeteilt habe, hier wiederholen. Sie trägt zur Kennzeichnung des Tieres bei.

Wir hatten unweit des linken Ufers des Asrak einen Regenteich oder See aufgefunden, welcher vom Strome bei seiner Überschwemmung gefüllt worden und noch bei unserer Ankunft im Februar ziemlich wasserreich war. Außer einer Menge von Vögeln lebten in ihm auch Krokodile und mehrere Nilpferde mit ihren Jungen.

Schlangenhalsvogel

Wahrscheinlich hatten letztere die kleinen und verhältnismäßig niedlichen Jungen in ihm zur Welt gebracht; wenigstens schien mir der stille, ruhige, rings von Wäldern und an einer Seite sogar von Feldern eingefaßte See zu einem Wochenbette für Nilpferde wohl geeignet. Unsere Aufmerksamkeit und Jagdlust fesselten vorzüglich die herrlichen Schlangenhalsvögel, obgleich wir, um auf diese geschickten Taucher feuern zu können, oft bis an die Brust in das Wasser waten mußten – trotz der Krokodile und Nilpferde, um welche wir uns heute gar nicht kümmerten. Mein Jäger Tomboldo, welcher die Jagd in Vater Adams Kleidung ausführte, hatte eben den vierten Schlangenhalsvogel glücklich durch den Hals geschossen – mehr als den Hals bekommt man von ihm über dem Wasser nicht zu sehen – und watete auf ihn zu, um ihn aufzufischen. Da schreit plötzlich vom anderen Ufer her ein Sudanese laut auf und winkt und gebärdet sich wie toll; Tomboldo schaut sich um und sieht ein wutschnaubendes Nilpferd mit mächtigen Sätzen auf sich losstürmen. Das Vieh hat bereits festen Grund unter den Füßen und jagt wie ein angeschossener Eber durch die Fluten; der Nubier ergreift in Todesangst die Flucht und erreicht bis zum Uferrande von seinem furchtbaren Feinde verfolgt, glücklich den Wald. Ich war mit meiner trefflichen, leider aber bloß leichte Kugeln schießenden Büchse dem treuen, höchst brauchbaren Diener zu Hilfe geeilt und fand ihn im Gebet und stöhnend auf der Erde liegen:

»La il laha il Allah, Mahammed, rassuhl Allah! – Es gibt nur einen Gott und Mahammed ist sein Prophet! – Nur bei Allah, dem Starken, allein ist die Stärke; nur bei Gott dem Helfenden ist die Hilfe! – Behüte, o Herr, deinen Gläubigen vor den aus deinen Himmeln zur Hölle hinabgestürzten Teufeln! – Du Hund, du Hundesohn, Hundeenkel und Hundeurenkel, du von einem Hund Erzeugter und von einer Hündin Gesäugter – du willst ein Moslim fressen?! Verdamme dich der Allmächtige und werfe er dich in das Innere der Hölle! – –« Diese und ähnliche Stoßseufzer und Flüche entrangen sich seinen bebenden Lippen. Dann aber sprang er wütend auf, lud eine Kugel in sein Gewehr und sandte sie dem Nilpferd nach, welches noch immer vor uns tobte und lärmte. Die Kugel tanzte lustig auf dem Wasser hin und – an dem Ungetüm vorüber.

»Bei dem Barte des Propheten, bei dem Haupte deines Vaters, Effendi«, bat er mich, »sende du dem nichtswürdigen Gottesleugner aus deiner Büchse eine Kugel zu – denn auch mein schöner Taucher ist ja verloren!«

Ich willfahrte seiner Bitte, schoß und hörte die Kugel auf den Schädel einschlagen. Das Nilpferd brüllte laut auf, tauchte einige Male unter und schwamm nach der Mitte des Sees zu, wie es schien, ohne durch den Schuß wesentlich gestört zu sein. Nur seine Wut nahm von Stunde zu Stunde zu. Freilich ließ unsere Rachsucht fortan die hier und da erscheinenden Köpfe als Scheiben ansehen, nach denen wir, so oft es anging, eine Kugel entsendeten. Ich wußte aus Erfahrung, daß meine schwache Büchsenkugel selbst bei einer Entfernung von noch nicht vierzig Schritten kaum die Haut des Kopfes durchbohren konnte, wollte mir aber gleichwohl das Vergnügen nicht entsagen, dem »Abgesandten der Hölle« unseren Ärger fühlen zu lassen.

Auf unserer Reise kamen wir, wenige Tage nach diesem Vorfalle, wieder zu demselben See und trieben während der Jagd das Zielschießen nach den Nilpferdköpfen wie vorher. In das Wasser durften wir uns allerdings nicht mehr wagen; dafür aber schienen die Nilpferde auch das Land zu achten, und so herrschte jeder Gegner in seinem eigenen Kreise, wir auf dem Lande, die Nilpferde im Wasser. Nach einer sehr ergiebigen Jagd kehrten wir nachmittags auf das Boot zurück, mit der Absicht, die Jagd am anderen Morgen fortzusetzen. Da wurden wir gegen Sonnenuntergang benachrichtigt, daß soeben eine zahlreiche Herde von Pelekanen im See angekommen sei, um dort zu übernachten. Wir gingen deshalb nochmals zum See und begannen unsere Jagd auf die Vögel, welche im letzten Strahl der Sonne auf dem dunklen, hier und da vergoldeten Wasserspiegel wie große weiße Seerosen erschienen. In wenig Minuten hatte ich zwei Pelekane erledigt; Tomboldo jagte auf der anderen Seite und feuerte ebenfalls lebhaft. Ihn erwartend, verweilte ich bis nach Sonnenuntergang auf meinem Stande, als er jedoch nicht erschien, trat ich mit meinem nubischen Begleiter und Beuteträger den Rückweg an. Unser Pfad führte durch ein Baumwollenfeld, welches bereits wieder vom Urwalde in Besitz genommen, gänzlich verwildert und arg von Dornenranken und anderen Stachelgewächsen durchzogen war. Froh unserer Beute und der schönen lauten Nacht nach dem heißen Tage, zogen wir unseres Wegs dahin.

»Effendi, schau, was ist das?« fragte der Nubier. Er deutete dabei auf drei dunkle, hügelartige Gegenstände, welche ich, soviel ich mich erinnerte, bei Tage nicht gesehen hatte; ich blieb stehen und blickte scharf nach ihnen hin: da bekam plötzlich der eine der Hügel Bewegung und Leben – das nicht zu verkennende Wutgebrüll des Nilpferdes tönte uns grauenvoll in die Ohren und belehrte uns vollständig über den Irrtum, seinen Urheber für einen Erdhaufen gehalten zu haben – denn in Sätzen stürzte sich derselbe auf uns zu. Weg warf der Nubier Büchse und Beute – »hauen âleïhu ja rabbi!« – »Hilf uns, o Herr des Himmels«, rief er schaudernd, »flieh, Effendi, bei der Gnade des Allmächtigen – sonst sind wir verloren!« Und verschwunden war die dunkle Gestalt im Gebüsch; ich aber wurde mir bewußt, daß ich in meiner lichten Jagdkleidung notwendigerweise die Augen des Ungetüms auf mich lenken mußte – und, waffenlos wie ich war – denn meine Waffen waren eben keine Waffen gegen den hautgepanzerten Riesen! – stürzte ich mich blindlings in das dornige Gestrüpp. Hinter mir her brüllte, tobte und stampfte das wüste Vieh, vor mir und rechts und links verflochten sich Dornen und Ranken zu einem fast undurchdringlichen Gewirr; die Stacheln der Nilmimose oder Rharrat verwundeten mich in allen Teilen des Körpers, die gebogenen Dornen des Nabakh rissen mir Fetzen auf Fetzen von meiner Kleidung herab – und weiter floh ich keuchend, schweißtriefend, blutend – immer geradeaus, ohne Ziel, ohne Richtung gejagt von Verderben und Tod in Gestalt des Scheusals hinter mir. Es gab keine Hindernisse für mich. Wie sehr auch die Dornen mich verwundeten und die Wunden schmerzten, ich achtete ihrer nicht, sondern hetzte verzweiflungsvoll weiter, weiter, weiter! Ich weiß es nicht, wie lange die wilde Jagd gedauert haben mag; jedenfalls währte sie nicht lange – denn sonst hätte das rasende Ungeheuer mich doch wohl eingeholt; gleichwohl dünkte mich die dabei verlaufene Zeit eine Ewigkeit zu sein. Vor mir dunkle Nacht, hinter mir mein entsetzlicher Feind – ich wußte nicht mehr, wo ich mich befand. Da, Himmel! ich stürzte und stürzte tief. Aber ich fiel weich; ich lag im Strome. Als ich wieder an die Oberfläche des Wassers kam, sah ich oben auf der Höhe des Uferrandes, von welchem ich herabgestürzt war, das Nilpferd stehen. Auf der anderen Seite aber schimmerte mir das Feuer unserer Barke freundlich entgegen. Ich durchschwamm eine schmale Bucht und war gerettet, obwohl ich noch tagelang die Folgen dieser Flucht verspürte. Von meinem

Anzuge hatte ich bloß noch Lumpen mit zu Schiffe gebracht. – Tomboldo war auf seinem Heimwege in dieselbe Lebensgefahr gekommen; er wurde ebenfalls von dem Nilpferde angenommen und bis zu derselben Stelle des Ufers verfolgt, über welche ich hinabgestürzt war. In höchster Aufregung langte er bei uns an und rief schon aus einiger Entfernung: »Brüder, meine Brüder, preist den Propheten, den Gottgesandten! Betet zwei ›Rakaaht‹ mehr für das Wohl meiner Seele! Der Sohn der Hölle und des Teufels war mir nahe, und der Arm des Todes griff nach mir, aber Gott, der Erhabene, ist barmherzig und seine Gnade ohne Ende! Preiset den Propheten, ihr Brüder! Ich aber will, bin ich erst dem Verruchten entronnen, einen ganzen Sack Datteln zum Opfer bringen.«

Diese beiden Pröbchen mögen genügen, die blinde Wut eines gereizten Nilpferdes zu beweisen. Sie zeigen auch klar genug, daß die Jagd des Tieres ohne Feuerwaffen, welche sehr schwere Kugeln schießen, eben kein Vergnügen für Sonntagsschützen ist. Leichte Büchsenkugeln haben, selbst wenn sie aus geringer Entfernung abgeschossen werden, so gut als keinen Erfolg. Jede Büchsenkugel durchbohrt den Panzer des Krokodils, aber sie ist zu schwach, als daß sie die zolldicke Haut und auch noch den mehr als zolldicken Schädel des Nilpferdes durchbohren sollte. »Mit einem der Nilpferde, welches wir erlegten«, sagt Rüppell, »kämpften wir vier Stunden lang. Wenig fehlte, daß die Bestie unsre große Barke und mit ihr uns alle vernichtet hätte. Die 25 Flintenkugeln, in einer Entfernung von etwa fünf Fuß auf den Kopf des Untiers abgeschossen, hatten nur die Haut und den Knochen bei der Nase durchbohrt. Alle anderen Kugeln waren in der Dicke der Haut stecken geblieben. Bei jedesmaligem Schnauben spritzte das Vieh reichliche Blutströme auf die Barke. Da bedienten wir uns endlich eines Standrohres, dessen Gebrauch uns in so kurzer Entfernung überflüssig erschien. Aber erst nach fünf seiner Kugeln, in einer Entfernung von wenigen Fuß gefeuert, welche die schrecklichsten Verwüstungen in dem Kopfe und dem Körper angerichtet hatten, gab der Riese seinen Geist auf. Die Dunkelheit der Nacht vermehrte noch das Schauerliche des Zweikampfes.« Derselbe hatte vier Stunden lang gedauert, und das vorher angeworfene Tier riß einen kleinen Kahn unter das Wasser, zerschmetterte ihn und schleifte das große Schiff an der Leine des Wurfspießes nach Belieben hin und her. Das war freilich eines der größeren Männchen, von denen die Sudanesen behaupten, daß sie von anderen Nilpferden vertrieben worden wären, verachtet würden und deshalb so großen Unmut zeigten. Ich selbst habe wirklich mehrmals Nilpferde gesehen, welche getrennt von der Herde lebten, und immer erfahren, daß sie zur furchtbarsten Landplage werden, weil auch die mutigsten Jäger es nicht oder nur selten wagen, sie anzugreifen. Noch heutigen Tages sind die Harpune und die Lanze die einzigen Waffen, welche die Sudanesen bei der Jagd und zum Angriff des Nilpferdes brauchen. Von den sinnreich ausgedachten Speerfallen, die man an Bäumen befestigen soll, so daß sie ein zur Weide gehendes Nilpferd selbst losschnellt, weiß man in Nordostafrika nichts, und nur die Neger des Abiad graben Fallöcher, in welche ein zur Nacht herumwanderndes Nilpferd gelegentlich hinabstürzt.

Der Wurfspieß der Susanesen besteht aus einem Stück Eisen, einer Hornscheide, der Haftschnur und der Wurfstange. Das Eisen ist zugespitzt oder wie ein Radiermesser zweiseitig zugeschliffen und besitzt einen starken Widerhaken; es steckt fest in einer an beiden Enden dünner werdenden Hornscheide und ist durch eine starke, oftmals um Eisen und Scheide gewundene Schnur hinreichend befestigt. An dem einen Ende der Wurfstange nun befindet sich eine Höhlung, in welche die Hornscheide eingesetzt wird, am anderen Ende der Stange ist die Leine festgebunden. Beim Wurfe dringt die eiserne Spitze samt ihrer Hornscheide bis zu der Lanze ein; diese wird durch den Wurf abgestoßen und hängt nun nur noch mit dem anderen Ende vermittelst der dort angebundenen Schnur an der Harpunenspitze. Andere Jäger befestigen das eine Ende der Leine an der Harpune und das andere Ende an einem leichten Holzklotz, ohne sie mit der Wurflanze zu verbinden.

Mit dieser Waffe und einigen gewöhnlichen Lanzen begibt sich der Sudanese auf die Jagd, um sein Wild entweder zu beschleichen, wenn es ein Mittagsschläfchen hält, oder ihm aufzulauern. Das Unternehmen erfordert nicht nur gewaltige Kraft, sondern auch List, Verschlagenheit und Gewandtheit.

Etwa um Mitternacht – nur an ganz menschenleeren Orten auch am Tage – schleicht der Spießwerfer längs des Ufers bis zu einer Ausgangsstelle der Tiere und versteckt sich hier im Gebüsch unter dem Winde. Kommt ein Nilpferd erst nach seiner Ankunft aus dem

Wasser, so läßt er es ruhig an sich vorübergehen und harrt bis zur Rückkehr. Niemals greift man ein zu Lande gehendes Nilpferd an, sondern wartet stets, bis es, sozusagen, wieder halb im Flusse ist. Dann schleudert der Jäger ihm die Harpune mit aller Kraft in den Leib und flieht in der Hoffnung, daß das über den Wurf erschreckte Tier sich in den Fluß stürzen werde. So geschieht es auch gewöhnlich, während das Ungetüm beim Heraussteigen ans Land immer seinen Gegner anzunehmen pflegt. Nach dem Wurfe besteigt der Jäger mit seinen Gehilfen entweder sogleich oder am folgenden Morgen eines der bereitgehaltenen Boote und sucht das verwundete Tier, bezüglich das schwimmende Speerstangenende oder den Holzklotz auf. Sobald man diese Merkzeichen gefunden hat, rudert man höchst vorsichtig, mit bereitgehaltenen Wurfspeeren und Lanzen herbei und nimmt nun die Leine auf. Beim geringsten Anziehen erscheint das Nilpferd in rasender Wut an der Oberfläche des Wassers und stürmt auf das Schiff los, wird aber mit einem Hagel von Lanzen und Speeren empfangen, welcher es häufig zur Umkehr zwingt. Gleichwohl kommt es nicht selten vor, daß es die Barke erreicht und mit den Hauzähnen zerreißt. Dann haben die Jäger einen sehr schweren Stand und müssen sich eiligst durch Schwimmen und Tauchen zu retten suchen. Livingstone erfuhr, daß es, um dem Nilpferde unter solchen Umständen zu entgehen, das Beste sei, in die Tiefe des Stromes zu tauchen und hier einige Sekunden zu verweilen, »weil das Flußpferd, wenn es einen Kahn zertrümmert hat, sich allemal nach dem Menschen umschaut und, wenn es keinen bemerkt, davongeht«; mir hat man Ähnliches erzählt. Im günstigeren Falle besteigt ein Teil der Jäger nach dem zweiten Angriffe auf den Flußriesen ein zweites Boot und fischt sich mit ihm das Ende einer zweiten Harpune auf. Nun wird das Ungetüm durch das schmerzerregende Anziehen der Harpunenleinen beliebig oft zur Oberfläche des Wassers heraufgezaubert und ihm im Verlaufe der Jagd der breite Rücken derartig mit Lanzen bespickt, daß er wie der Pelz eines Stachelschweines aussieht. Übrigens führt man die Jagd nur dann mit einem Male zu Ende, wenn man Feuergewehre zur Verfügung hat; im entgegengesetzten Falle läßt man den im Wasser natürlich viel stärkeren Blutverlust das Seinige zur Abmattung des Tieres tun und nimmt erst am folgenden Tag die Verfolgung desselben wieder auf, da ja die schwimmenden Merkzeichen seinen Aufenthalt immer wieder verraten. Ein glücklicher Lanzenwurf oder Stoß in das Rückenmark oder zwischen den Rippen hindurch in die Brusthöhle bläst schließlich das Lebenslicht des sattsam gemarterten Höllensohnes aus. Dann schleift man den Leichnam stromabwärts bis zur nächsten Sandbank, auf welcher er, nachdem er mit Tauen ans Land gezogen worden ist, zerlegt wird.

Der Gewinn der Jagd ist nicht unbedeutend. Das Fleisch des Ungeheuers ist geschätzt. Fleisch und Schmer werden überall gegessen, und in den alten guten Zeiten konnten sich die Ansiedler des Kaplandes kaum ein größeres Fest denken als eine Nilpferdjagd. Man schnitt Fleisch und Speck an Ort und Stelle von dem erlegten Riesen ab und schaffte es wagenweise nach Hause. Die Bauern verkauften nur aus Gefälligkeit die beliebte Speise an Freunde und ließen sich das Pfund Nilpferdfleisch teuer genug bezahlen. Junge Nilpferde sollen ein so wohlschmeckendes Fleisch haben, an welches sich selbst Europäer bald gewöhnen. Die geräucherte Zunge gilt als Leckerbissen. Der Speck wird dem des Schweins überall vorgezogen, das aus ihm geschmolzene Fett benutzt man zur Bereitung von Speisen aller Art oder ißt es auch mit dem Brote. Die Hottentotten trinken es ebenso gern wie die Europäer Fleischbrühe. In Ostafrika gilt es als die allervorzüglichste Grundlage zur Haar- und Körpersalbe, Delka genannt, welche alle dunkelfarbigen Afrikaner zu gebrauchen scheinen. Kurz, wenn der Jäger seine Beute zu gebrauchen weiß, kann sie ihm einen recht netten Ertrag abwerfen.

Der Fang des Nilpferdes ist mit der Jagd ein und dasselbe. Alle, welche wir jetzt in Europa sehen können, sind jung harpuniert worden. Es versteht sich von selbst, daß erst die Mutter des jungen Tieres erlegt werden muß, bevor man daran denken kann, auf das junge Jagd zu machen. Es würde sonst unmöglich sein, das angeworfene Tier lebendig in seine Gewalt zu bekommen. Die blinde Anhänglichkeit des kleinen, wüsten Geschöpfes an seine Alte erleichtert aber die Sache. Der harpunierten Mutter folgt das Junge überall nach und verläßt selbst ihren Leichnam nicht. Man wirft ihm dann eine Harpune auf eine weniger empfindliche Stelle des Leibes und zieht es an dieser an das Land. Anfangs sucht es sich loszureißen, stößt ein gellendes, durchdringendes Geschrei aus, wie ein Schwein, welches geschlachtet werden soll, und macht den Leuten viel zu schaffen. Aber es gewöhnt sich bald an den Menschen und folgt ihm nach. Die

Hottentotten streichen, wie uns Sparrmann berichtet, frisch gefangenen Nilpferden mehrmals mit der Hand über die Schnauze, um sie an ihre Ausdünstung zu gewöhnen. Dann schmiegt es sich an den Menschen an, wie früher an seine Mutter. Das Euter der Kuh nimmt ein Nilpferd ebenso gern an wie das seiner Mutter. Mit einer einzigen Saugamme ist es aber freilich bald nicht mehr getan. Der junge Riese verlangt nach kurzer Zeit die Milch von zwei, drei und vier Kühen.

Nach allen bisherigen Beobachtungen hält das Nilpferd die Gefangenschaft leicht und dauernd auch in Europa aus. Wird das Tier paarweise an einem Orte untergebracht, wo es sich seinem natürlichen Wesen gemäß bewegen kann, wo es also bald ins Wasser, bald auf das Trockene gehen kann, so darf man auch auf Nachkommenschaft rechnen. Es nimmt mit jeder Kost vorlieb, namentlich mit allem, was man dem Hausschweine zu reichen pflegt.

Ich sah das erste Gefangene, welches in der Neuzeit wieder nach Europa kam, in Kairo. Es hatte sich dort so an seinen Pfleger gewöhnt, daß es ihm wie ein Hund überall nachlief und sich mit Leichtigkeit behandeln ließ. Ein Gemengsel von Milch, Reis und Kleie bildet seine Nahrung. Später nahm es ruhig mit frischen Pflanzenstoffen vorlieb. Man hatte zur Überfahrt einen eigenen Kasten für das Tier und führte mehrere große Fässer Nilwasser mit sich, um dem Flußbewohner täglich mehrere Bäder geben zu können. Als es in London ankam, hatte das Tier schon eine Länge von 7 Fuß; gegenwärtig hat es beinahe seine volle Größe erreicht, wenigstens hat es sich mit einem anderen, das man ihm später brachte, fruchtbar begattet.

Später brachte man zwei Nilpferde nach Paris, und im Jahre 1859 kamen deren zwei auch nach Deutschland, wo sie überall umhergeführt und zur Schau gestellt wurden. Die beiden letzteren waren außerordentlich zahm und zeichneten sich durch eine plumpe, rohe Gemütlichkeit aus. Sie spielten lustig mit ihrem Wärter und mit einem Steppenhunde, welcher sich vergeblich Mühe gab, den dickfelligen Gesellen etwas anzuhaben. Später kamen beide Tiere nach Amsterdam, wo sie sich gegenwärtig noch befinden. Hier haben sie aber viel von ihrer früheren Gutmütigkeit verloren. Sie sind zwar nicht gerade wild geworden, aber doch auch lange nicht mehr so zahm geblieben, als sie es waren. Im September des Jahres 1861 wurden sie brünstig; Mitte des Monats wurde die Begattung beobachtet. Sie wurde im Wasser vollzogen, oft nacheinander, und währte, wie bei den Pferden, nur sehr kurze Zeit. Die Geburt erfolgte bereits am 16. Juli 1862, also nach einer Trächtigkeitsdauer von nur zehn Monaten. Das wohlausgebildete, muntere Junge wurde von der Alten von der ersten Stunde an roh und hart behandelt. Sie ließ es nicht saugen, warf es hin und her und zeigte sich, als sie vom Männchen getrennt worden war, höchst aufgeregt. Das Junge starb trotz aller Versuche, es künstlich zu ernähren, bereits zwei Tage nach seiner Geburt.

Einen Tag später nahm die Alte schon wieder auf. Sie hatte sich um ihr Männchen, welches durch den Anblick des Jungen sehr wütend geworden war, von Anfang an weit mehr bekümmert als um ihr Kind.

Westermann, der Vorstand des Amsterdamer Tiergartens, hat mir später mündlich mitgeteilt, daß dieselbe Alte ein zweites Junge zur Welt brachte, und zwar sieben Monate nach beobachtetem Sprung. Demnach ist die Tächtigkeitsdauer also noch nicht mit Sicherheit zu bestimmen; wohl aber steht so viel fest, daß sie eine sehr kurze ist. – Auch das zweite Junge wurde von der Mutter schlecht behandelt. Der Vater schien eifersüchtig zu sein auf seinen Sprößling und gebärdete sich wie toll, erregte dadurch die Alte ebenfalls und veranlaßte mittelbar die Entfernung des Säuglings. Derselbe lebte ebenfalls nur kurze Zeit, vielleicht infolge der ihm wenig zusagenden Nahrung; man konnte ihm eben nur Kuhmilch reichen. – Einen ausführlicheren Bericht über die höchst beachtenswerten Beobachtungen meines Berufsgenossen vermag ich leider nicht zu geben. –

Geradezu unbegreiflich ist es, wie die Römer ihre Nilpferde fingen und fortschafften. Sie brachten nicht bloß Junge und Halberwachsene zu ihren Kampfspielen und Triumphzügen nach der Hauptstadt ihres Landes, sondern auch Alte. Der Aedil Scaurus führte im Jahre 58 v. Chr. ein großes Nilpferd mit fünf Krokodilen dem römischen Volke vor; ein zweites zeigte Augustus bei seinem Siegeszuge über die Kleopatra. Commodus ließ fünf im römischen Circus töten, und später sah man noch mehrere unter Antonius, Pius und Cordian. Nach dem dritten Jahrhundert unserer Zeitrechnung bis zum Jahre 1850 kam keins wieder nach Europa.

Das Nilpferd ist unzweifelhaft der Behemot der Bibel, von welchem gesagt wird, daß seine Knochen fest seien wie Erz und die Gebeine wie eiserne Stäbe, daß er gern im Schatten im Rohre und im Schlamm verborgen liege, von den Bachweiden gedeckt würde, den Strom in sich schlucke und sich dünken ließe, als wolle er den Jordan mit seinem Munde ausschöpfen. Das Tier gilt also schon den alten Israeliten als ein wahres Ungeheuer, und hiermit steht die heutige Anschauung der Araber vollkommen im Einklange. Der Sudanese sieht das wüste Vieh gar nicht für ein echtes, natürliches Wesen, sondern eher für einen Auswurf der Hölle an. Schon der sudanesische Name »Aeësint«, dessen Bedeutung niemand kennt, deutet auf etwas Ungewöhnliches hin. Dazu kommt nun die Bedenken erregende Mißachtung aller, auch der kräftigsten Schutzbriefe seitens des Ungetüms. »Möge Gott die Affen verfluchen in seinem Zorn«, sagte mir ein Sudanese; »denn sie sind verwandelte Menschen und Spitzbuben, Söhne, Enkel, Nachkommen von Spitzbuben, aber möge er uns bewahren vor den Kindern der Hölle, jenen Nilpferden! Denn ihnen ist das Heiligste Schaum und das Wort des Gottgesandten ein leerer Hauch; sie zerstampfen den ›Gottesbrief‹ mit ihren Füßen!« Das Nilungeheuer ist also in den Augen der Eingeborenen gar kein von Allah erschaffenes Wesen, sondern nur die Maske eines verruchten, dem Teufel – vor welchem der Bewahrer die Gläubigen bewahren möge! – mit Leib und Seele angehörigen Zauberers und Sohnes der Hölle, welcher nur zu Zeiten diese Satansgestalt annimmt, sonst aber in seiner Hütte als Mensch erscheint, um andere Adamssöhne abzulocken vom Pfade des Heils. Mit anderen Worten: Das Nilpferd ist der Gottseibeiuns selber, wenn auch mit etwas auffallenden und unzierlichen Pferdefüßen und Schwanz!

Dafür gibt es hundert Belege. Viele Menschen haben durch jenen Höllensohn ihr Leben verloren, und ihre Seele ist ihnen aus dem Körper gestampft worden, ohne daß der Leib gefressen worden wäre: – und unter den Toten war sogar ein Fakhïe oder Koranverständiger! Ferner ließ einer der Statthalter Ostsudans, Churschid-Pascha, als er einst mit einem Fähnlein seiner Krieger an den Strom kam, diese auf ein Nilpferd Jagd machen, obwohl ihm ein weißer Scheich wohlmeinend davon abriet; denn dieser wußte, daß das vermeintliche Nilpferd bloß die Maske eines verwunschenen Menschen war. Zwar wurde der vom Anbeginn der Welt verfluchte Zauberer getötet und seine schwarze Seele der Hölle zugesandt, aber Churschid-Pascha entging seinem Schicksale nicht. Er war immer hart verfahren gegen die Zauberer des Landes; deshalb bannten ihn diese durch den Blick ihres scheelen Auges. Sein Leib versiechte, weil seine Eingeweide langsam verdorrten, und er wollte, auch krank, noch immer die Meinung des Ulema und Khadi nicht gelten lassen; denn anstatt sich einem Kundigen des Gotteswortes anzuvertrauen und den Zauberer durch diesen bannen zu lassen, vertraute er den ungläubigen Ärzten aus Frankistán und welkte und siechte dahin. Möge sein Leib in Frieden ruhen und seine Seele begnadigt sein! Uns aber möge der Bewahrer bewahren, der Schützende schützen vor allerlei Zauber und Höllenwerk!

Den vorhin erwähnten Hang zur Vermenschlichung der Tiere, der dem aufmerksamen Leser auch in der vorstehenden Flußpferdbeschreibung nicht entgangen sein wird, hat man Brehm immer wieder zum Vorwurf gemacht. Bis heute kreidet man ihm an, daß er die Tiere mit allzu subjektiven Maßstäben gemessen und ihnen ganz unbekümmert menschliche Eigenschaften, Tugenden und Untugenden, Gefühle und Leidenschaften, angedichtet habe. Die hochgelehrten Zunftgenossen, die im schwarzen Gehrock hinter dem Katheder standen und nicht in abgewetzter Jagdjoppe und derben Stiefeln durch Wald und Flur streiften, konnten zwar Brehms einmalige Leistung nicht hinwegdisputieren, aber sie verübelten ihm seine mangelnde wissenschaftliche Objektivität. In ihren Augen war er bald nur noch der biedere Tiergeschichtenerzähler, der phantasievolle Fabulierer, der zoologische Draufgänger.

Gewiß, auch damals schon war Brehms herzhafte, persönlich gefärbte, von Liebe und Abneigung geprägte Darstellungsweise ein Verstoß gegen die akademischen Gepflogenheiten, und sie ist es erst recht aus heutiger Sicht, aus der Perspektive der modernen Verhaltenskunde, die alles Subjektive, alle menschlichen Vergleiche aus der Beschreibung des Tierlebens verbannt wissen möchte. »Triebe erwähnte Brehm nicht, dagegen wimmelte es von vermenschlichenden Werturteilen wie ›klug, gemein, listig, dankbar, bösartig, sanft, ritterlich, stolz‹ und so weiter«, heißt es in dem von Klaus Immelmann herausgegebenen Standardwerk *Verhaltensforschung* von 1974. Das stimmt zweifellos – und dennoch: Kein anderer hat den Menschen des 19. Jahrhunderts die Tierwelt unserer Erde so unmittelbar gefühlsmäßig nahegebracht wie Alfred Brehm.

Für »Tiervater Brehm«, wie er fortan gern genannt wurde, waren die

Tiere gleichsam Kinder einer großen Familie, und er behandelte sie dementsprechend: mit Lob und Tadel und sehr viel Liebe. So gesehen ist sein Hang zur Vermenschlichung nichts anderes als ein Ausdruck seiner Menschlichkeit.

Das *Tierleben* entfaltete eine ungeahnte Breitenwirkung. Die erste Ausgabe war bald vergriffen, und schon 1876–79 konnte eine verbesserte und auf zehn Bände erweiterte zweite Auflage folgen. Ein Teil dieser zweiten Auflage wurde 1883/84, kurz vor Brehms Tod, als »kolorierte Ausgabe« mit 170 Chromotafeln auf den Markt gebracht.

Doch schon bald danach begannen die Fachleute, die das erfolgreiche Werk fortsetzten, das *Tierleben* so gründlich umzuschreiben, zusammenzustreichen und mit neuen zoologischen Erkenntnissen anzureichern, daß vom ursprünglichen Text nicht mehr viel übrigblieb. Die Lehrlinge waren dem Meister über den Kopf gewachsen.

Die von dem Forschungsreisenden und Zoologen Pechuel-Loesche betreute dritte Auflage von 1890–93 versuchte zwar noch so viel wie möglich vom echten »Brehm« zu bewahren, aber bereits in der vierten Auflage, die 1911–16 in dreizehn Bänden herauskam, griffen die Bearbeiter unter der Regie von Otto zur Strassen radikal in das Werk ein. Den Tieren wurden jetzt alle Gefühle abgesprochen, denn »was Gefühle und sonstigen Bewußtseinsinhalt betrifft, so hat man inzwischen eingesehen, daß wir darüber nichts Sicheres wissen, ja nicht einmal mit Wahrscheinlichkeit darüber Vermutungen bilden können«. Brehms Volksbuch verwandelte sich in ein zeitgemäßes zoologisches Kompendium, aber die »Wärme« war ihm ausgetrieben worden.

Seitdem, vor allem nach dem Ende der fünfzigjährigen Schutzfrist, sind unter dem Markenzeichen »Brehm« unzählige Übersetzungen, Bearbeitungen, Auszüge und Auswahlen erschienen, ja sogar völlig neue Tierbücher, die von Brehms Text keine einzige Zeile mehr enthalten. Der Name ist heute lebendig geblieben, doch das Werk wurde verschüttet vom Strom der Zeit.

VI

Die Gründung des Berliner Aquariums

Kehren wir jetzt wieder zurück zum Ende des Jahres 1866, als Alfred Brehm nach dem dreijährigen Hamburger Intermezzo in seiner Heimat weilte. Der entlassene Zoodirektor brauchte über Mangel an Arbeit nicht zu klagen: Das *Tierleben* mußte zügig zu Ende geführt werden, und neue schriftstellerische Pläne reiften heran ...

Doch die ungestörte Tätigkeit aus häuslichen Schreibtisch war nur von kurzer Dauer. Schon in Hamburg war man an ihn herangetreten, um ihn für eine neue tiergärtnerische Aufgabe in Berlin zu gewinnen, und jetzt erhielt er erneut Post aus Berlin: Er sollte im machtvoll aufstrebenden Spree-Athen, das sich anschickte, eine Metropole zu werden, an der Prachtstraße Unter den Linden, Ecke Schadowstraße, ein großzügiges, modernes Schauaquarium schaffen und leiten. Einen zoologischen Garten besaß Berlin bereits seit 1844 vor den Toren der Stadt; in ihm hatte ja die Löwin Bachida bis zu ihrem Tode gelebt. Aber der Zoo war ein wenig heruntergekommen, und so sollte das Konkurrenzunternehmen des Aquariums zu einer neuen zoologischen Attraktion in der Innenstadt werden.

Trotz seiner unangenehmen Erfahrungen in Hamburg nahm Brehm, tatenlustig und tatkräftig wie immer, nach einigem Zögern die Offerte aus Berlin an. Zunächst ließ sich seine neue Tätigkeit auch sehr gut an. Über die Vorbereitungsphase berichtet er in einer längeren »Vorbemerkung« zu seinem *Führer durch das Berliner Aquarium* (1870): »Der Gedanke, in Berlin ein *Aquarium* zu gründen, wurde gleichzeitig von verschiedenen Seiten gefaßt, verwirklicht jedoch durch die Herren Justizrat Dr. Hinschius, Bankier Rauff, Bankier Eichborn, Professorf Dr. Schulz-Schultzenstein, Hans Wachenhusen, Dr. Brehm und den Königl. Baumeister F. von Stückradt, welche auf Veranlassung des Kaufmannes Herrn Eduard Stahlschmidt zum Gründungsausschusse zusammentraten und unter wesentlicher Mithilfe desselben zur Zeichnung von Aktien im Betrage von 200000 Talern aufforderten. Ungeachtet der ungünst*gen politischen Verhältnisse damaliger Zeit fand die Idee so lebhafte Zustimmung, daß bereits am* 8. Juli 1867 die erste General-Versammlung abgehalten und die Gesellschaft ›Berliner Aquarium‹ gegründet werden konnte. Zu persönlich haftenden Gesellschaftern wurden die Mitbegründer Dr. Brehm und F. von Stückradt ernannt, zum Entwurf und zur Ausführung der Pläne die gerade für derartige Bauten ausgezeichnete künstlerische Kraft des Baumeisters Herrn W. Lüer aus Hannover und durch diesen die erprobte Tüchtigkeit des Kasseler Maurermeisters Herrn Seyfarth gewonnen. Dank der großartigen Auffassung der Aufgabe abseiten des Aufsichtsrates wurden aber die ursprünglichen Pläne derart erweitert, daß die Benennung, ›Berliner Aquarium‹ für unsere Anstalt kaum noch als zutreffend bezeichnet werden kann, auch sicherlich in ›Berliner Vivarium‹ umgewandelt worden sein würde, hätte dies nachträglich geschehen dürfen.«

Der letzte Satz sagt schon einiges über die neue Anlage aus, die bis 1869 entstand: Kein bloßes Aquarium für Fische und andere Wasserlebewesen war geplant, sondern ein Vivarium, also eine künstliche Wohnstätte für lebende Tiere aller Art. »Wir gestehen ohne Umschweife«, meinte Brehm, »daß das Berliner Aquarium kein Aquarium ist. Es hat eben von Anfang an mehr sein wollen. Man kann es vielleicht als ein Vivarium bezeichnen. Man kann es sogar einen ›Tiergarten unter Dach und Fach‹ oder sonstwie nennen.«

Der ehrgeizige Brehm, der bereits in Hamburg ein Schauaquarium eingerichtet hatte und somit über ausreichende praktische Erfahrung verfügte, schuf in relativ kurzer Zeit eine großzügige zweistöckige Anlage mit grottenähnlichen Gewölben, dämmrigen Nischen und 300 Meter langen gewundenen Gängen, alles stimmungsvoll erhellt durch eine indirekte Beleuchtung. Sogar eine »geologische Grotte«, in der die Schichtenfolge der Erdkruste in verkleinertem Maßstab nachgebildet war, und ein kleines Restaurant durften nicht fehlen.

Die Bauarbeiten und zumal die Beschaffung der gewünschten Baumaterialien gestalteten sich ungemein schwierig, wie Brehm hinterher eingestand: »Bau und Einrichtung des von allen Gewohnten so gänzlich abweichenden Gebäudes verursachten ungewöhnliche Schwierigkeiten und erforderten vom Oktober 1867 an bis zur Eröffnung die unausgesetzte Tätigkeit der Beteiligten. Vom Harz und Deister, dem Thüringer Walde und dem Erzgebirge, vom Siebengebirge und aus dem Tale der Ahr, aus schlesischen und sächsischen Gruben etc. wurden die Baustoffe, welche die Mark nicht zu bieten vermochte, herbeigeschleppt, damit dem Bauwerke das ihm bestimmte Gepräge aufgedrückt werden könne; an die Technik wurden ebenfalls nicht geringe Anforderungen gestellt.«

Aber mit berechtigtem Stolz konnte Brehm gleichzeitig feststellen: »Das ›Berliner Aquarium‹ ist nicht bloß der Hauptstadt würdig, sondern hat derzeit seinesgleichen nicht; ihm gegenüber sinken die ähnlichen Anstalten zu solchen zweiten und dritten Ranges herab. Es bedeckt einen Flächeninhalt von 13 550 Geviertfuß, erhebt sich, abgesehen von dem Kellergeschoß mit seinen großartigen Wasserbehältern, in zwei Geschossen übereinander und enthält 118 Käfige, Becken und andere Behälter zur Aufnahme von Tieren.

Vogelhaus im Berliner Aquarium

Die Länge der Schaugänge beträgt 780 Fuß, ihr Flächeninhalt 9800 Geviertfuß; die Höhe schwankt zwischen 15 und 17 Fuß. In den Schaubecken sind gegen 6000, in den Zisternen oder Wasserlagerkellern 13 220 Kubikfuß Wasser enthalten. Etwa sechshundert Besucher können gleichzeitig ihrem Wissensdrange genügen, ungefähr zweitausend in den Gängen bequem sich bewegen.

Die Tiersammlung zählt bereits gegenwärtig über 12 000 Stück, kann und wird aber allmählich bis auf Höhe von etwa 40 000 Stück gebracht werden. Vertreten sind fast alle Klassen, welche überhaupt in Frage kommen können.«

Im Erdgeschoß des Gebäudes waren die Süßwasser- und Meeresfische untergebracht, die erste Etage beherbergte Reptilien, Amphibien, exotische Vögel und vielerlei Säugetiere, später sogar den ersten ausgewachsenen Gorilla, der nach Deutschland gelangte und unter dem Namen »M'punga« der Liebling der Berliner wurde.

Brehm hatte nach seinem Geschmack und dem Geschmack der Zeit ein vorbildliches Tierparadies geschaffen, das zugleich eine biologische Lehranstalt war und entsprechend seinen volksaufklärerischen Grundsätzen der »Verallgemeinerung des Wissens«, der »Bildung eines selbständigen Urteils« und einer »natürlichen Anschauung der Dinge« dienen sollte. Das Berliner Aquarium wurde ein großer Erfolg, nicht nur wegen seiner ungewöhnlichen Anlage und seines Tierreichtums, sondern auch dank der geschickten Werbetätigkeit seines Direktors Alfred Brehm. In den ersten

Jahren kamen durchschnittlich 212 000 neugierige und wissensdurstige Besucher, und schon 1872 stieg die Zahl auf 254 000 an.

Am 11. Mai 1869 konnte Brehm das fertige Haus feierlich eröffnen, in Anwesenheit Wilhelms I., der sich mit seinem ganzen Hofstaat eingefunden hatte. Doch fünf Jahre nach diesem glanzvollen Ereignis hieß der Direktor des Berliner Aquariums, das bis 1910 bestand und 1913 durch den neuen Bau auf dem Gelände des Zoologischen Gartens ersetzt wurde, nicht mehr Alfred Brehm.

Die Hamburger Tragödie wiederholte sich in Berlin: Bereits 1871 wurde der politisch stark engagierte Chemiker Dr. Otto Hermes, der an der Herstellung künstlichen Meerwassers für die Meerestiere des Aquariums mitgewirkt hatte, Brehms Mitdirektor. Das konnte nicht lange gut gehen, denn der selbstbewußte, idealistische Tierfachmann Brehm, der immer neue kostspielige Pläne schmiedete, und der ebenso selbstbewußte, aber sehr realistische zoologische Laie Hermes, der überall mit dem Rotstift dazwischenfuhr, waren ein allzu ungleiches Paar. Es kam zu Reibereien, schließlich zum Krach. Anfang 1874 legte Brehm sein Amt nieder, enttäuscht, verbittert und an einer schweren Gehirnentzündung leidend. Sein Nachfolger wurde kein anderer als Otto Hermes.

Ein halbes Jahr brauchte Brehm, um sich von seinen seelischen und körperlichen Beschwerden zu erholen. Er blieb in Berlin, verbrachte aber die Sommermonate häufig in Renthendorf bei seiner alten Mutter, die seit 1864 Witwe war und sich oberhalb des Pfarrhauses ein rotes Backsteinhaus hatte bauen lassen, das heute die »Brehm-Gedenkstätte« beherbergt.

Ein Lichtblick während seiner Berliner Amtstätigkeit war für Brehm die Veröffentlichung eines neuen Werkes, in dem seine tiergärtnerischen Erfahrungen und seine Vogelliebhaberei eine glückliche Verbindung eingingen: 1872 kam der erste Band des ersten Teils einer großangelegten Monographie heraus, die den Titel *Gefangene Vögel. Ein Hand- und Lehrbuch für Liebhaber einheimischer und fremdländischer Käfigvögel* trug. Der zweite Band folgte 1876; der geplante zweite Teil ist leider nicht erschienen.

Die *Gefangenen Vögel* sind eine sehr gründliche Beschreibung aller Gefiederten, die seinerzeit für die Gefangenschaftshaltung überhaupt in Frage kamen, und zeugen von der umfassenden Belesenheit und dem erstaunlichen Detailwissen des Verfassers. Besonders reizvoll zu lesen ist die im ersten Band enthaltene Darstellung des heute so beliebten Wellensittichs, der erst 1840 von dem berühmten englischen Vogelkenner und -maler John Gould nach Europa importiert wurde und wenig später seinen Siegeszug um die ganze Welt antrat.

Gould war der erste Naturforscher, welcher uns über das Freileben des Wellensittichs einige Nachrichten gab. Sie erschienen während seines Aufenthaltes in Australien anfangs Dezember auf den Ebenen des Inneren und belebten diese bald zu Tausenden. Während der größten Tageshitze saßen sie bewegungslos im Gelaube der Gummibäume, nach Möglichkeit versteckt; morgens und abends aber zeigten sie sich auf den Spitzen der Bäume und begaben sich bald darauf in Flügen von zwanzig bis hundert Stücken zur Tränke, von wo aus sie am Morgen nach den Grasfeldern der Ebene auszogen, um sich ihre Nahrung zu suchen. Im Dezember brüteten sie gemeinschaftlich in Eukalypten.

Dank der Mitteilungen, welche mir Engelhart gemacht hat, bin ich imstande, das von Gould und anderen entworfene Bild des Freilebens unserer Vögel wesentlich zu erweitern. »Zu den unsteten Gästen Südaustraliens gehört auch der hier wie überall so beliebte Muschelsittich, Ihr Wellensittich. Einer seiner bevorzugten Brutplätze, welcher Gegenstand meiner unmittelbaren Beobachtungen wurde, ist jedenfalls der *Mallee-shrub*, ein köstlicher Eukalyptenwald, welcher sich gleichlaufend mit dem Murray von dessen Mündung bis zur ersten großen Beugung des Flusses zieht. Fällt in dieser unwirtsamen Gegend nach einem nassen Winter auch noch im Frühling, d. h. Ende September und im Oktober reichlich Regen, so wächst das Gras hier zu einer ungeahnten Dichte und Höhe auf. Ganze Geviertmeilen, welche sonst das unverkennbare Gepräge einer trostlosen Sandwüste an sich tragen, bedecken sich plötzlich mit dem schönsten Känguruhgrase, welches unter dem Einflusse der warmen Sonne Südaustraliens freudig bis zu einer Höhe von zwei bis drei Fuß emporschießt. Getreu seiner subtropischen Natur entwickelt sich rasch die Blüte, und in etwa fünf bis sechs Wochen trägt die Ähre bereits Samen. Doch schon lange vorher haben sich ungezählte Scharen des niedlichen Sittichs eingefunden und beginnen eifrig das Brutgeschäft. Der eigentümliche Wuchs des Mallee, welcher aus dem Wurzelstocke etwa acht bis zwölf, 6 m hohe, weißrindie Stämme mit dürftigen Laubkronen emportreibt, in denen sich unzählige Astlöcher finden, begünstigt dieses Geschäft in hohem Grade. Jeder hohle Stamm, jedes Astloch wird besetzt, im Notfalle sogar jeder geeignete Raum im Wurzelstocke zum Nestbau benutzt. In wenigen Wochen ist alles lebendig von Sittichen. Der reife Grassamen dient als vortreffliche Atzung für die Jungen. Wer um diese Zeit sich zufällig in eine solche Gegend verirren sollte, könnte leicht Hunderte dieser letzteren mit der Hand fangen. In zahlreichen Scharen fliegen sie vor seinem Fußtritte aus dem Grase auf, setzen sich in langen Reihen auf die nackten Zweige, mit zwitscherndem Gesange sich unterhaltend, und sehen harmlos zu, wie der mordsüchtige Mensch seine Flinte nimmt, um ihnen eine Ladung zuzusenden, welche oft Dutzende auf einmal fällt. Endlich sind die Vorräte an Grassamen aufgezehrt; vielleicht ist auch Wassermangel eingetreten, und der Wandertrieb regt sich in den prächtigen Vögeln und führt sie weiter. Ihr nächstes Ziel sind die Alexandrina- und Wellingtonseen, welche beide vom Murray durchströmt werden, ehe er in das Meer mündet. Ob hier die Sumpfgräser reichliche Nahrung liefern, oder ob die Nähe des frischen Wasser lockt, mag unentschieden bleiben; jedenfalls ist das der Platz, wohin alljährlich die Vogelfänger ziehen, ihre Netze stellen und viele Tausende unserer Sittiche erbeuten.

Diese Schilderung gilt, wie nochmals zu bemerken, nur für die Jahre, in denen es reichlich regnet; in den anderen Jahren dagegen, in denen der Regenfall bedeutend hinter dem jährlichen Durchschnitte zurückbleibt, scheinen die Wellensittiche gänzlich verschwunden zu sein. Ohne Zweifel sind sie dann dem fernen Norden zugezogen, weil hier oft im heißen Sommer heftige Gewitter fallen und in kurzer Zeit aus einer vollständigen Sandwüste eine grasreiche Steppe zaubern. Es ist, als ob alle wandernden Papageien dies im voraus wüßten; denn da, wo die Natur ihnen den Tisch gedeckt, ja man möchte fast sagen, da, wo sie ihnen den Tisch decken wird, stellen sie sich sicher ein.«

Anfang der fünziger Jahre gelangte das erste Pärchen lebender Wellensittiche nach Europa: gegenwärtig befrachtet man sozusagen ganze Schiffe mit diesen Vögeln. Nach Melbourne bringt man sie in unglaublicher Menge. Sie werden, wie mir Kawerau mitteilt, gegen Abend in großen Beutelnetzen zu Hunderten und Tausenden gefangen, in rohe Kistenkäfige gesperrt und so den Händlern übermittelt. Wenn ihrer viele am Markte sind, kauft man sie im einzelnen für etwa 25 Sgr. (das Paar), während bei Massenkäufen höchstens

15 Sgr. für das Pärchen gezahlt werden. Zu anderen Zeiten verlangt man auch in Melbourne zwei bis drei Taler für das Paar. Unterwegs sterben viele, nicht weniger geraume Zeit nach ihrer Ankunft in Europa. Infolge der Masseneinfuhr sind sie jetzt die gemeinsten aller

Brehms Entwurf eines Flugbauers. Aus »Gefangene Vögel«

gefangenen Papageien geworden. Noch vor zehn Jahren waren sie seltene Erscheinungen in unseren Käfigen; gegenwärtig bevölkern sie hier und da eigens für sie erbaute Fluggebauer, in denen man jährlich mehrere Hunderte von Pärchen züchtet, und sind bereits wenigstens zu halben Hausvögeln geworden. Dieser rasche Erfolg der Züchtung und Vermehrung im Käfige gründet sich auf die vortrefflichen Eigenschaften unserer Sittiche. Man darf wohl behaupten, daß es keinen einzigen kleineren Papagei oder Sittich gibt, welcher ihnen gleichkäme. Ihre schöne Färbung und geschmackvolle Zeichnung fesseln das Auge, die Anmut ihrer Bewegungen, die Liebenswürdigkeit ihres Wesens, die Verträglichkeit mit anderen Stükken und Pärchen ihrer Art befriedigen Herz und Sinn, und ein, wenn auch nicht gerade reichhaltiger und volltönender, so doch gemütlicher und ansprechender Gesang trägt noch wesentlich dazu bei, sie als Stubenvögel beliebt zu machen, wie die Leichtigkeit, mit welcher sie sich fortpflanzen, die Züchtung im allerhöchsten Grade begünstigt. An geistiger Begabung stehen sie unzweifelhaft hinter den größeren Sittichen und vollends hinter den berühmten Papageien zurück, lassen jedoch diesen Mangel nicht merkbar werden. In ihren Bewegungen übertreffen sie wohl die meisten ihrer Ordnungsverwandten, kommen wenigstens den in dieser Beziehung am vollkommensten ausgerüsteten vollständig gleich. Ihr Gang ist, wie dies überhaupt fast bei sämtlichen australischen Sittichen der Fall, durchaus nicht jenes schwerfällige Watscheln auf dem Boden, sondern ein sehr geschicktes, rennendes, trotz der kleinen, trippelnden Schritte förderndes Laufen; im Klettern und allen turnenden Bewegungen im Gezweige suchen sie unter ihren Ordnungsverwandten ihren Meister; im Fliegen übertreffen sie, wie mich freigekommene belehrten, alle übrigen mir auch in dieser Hinsicht bekannten Sittiche: sie jagen mit einem Falken um die Wette, führen die zierlichsten Wendungen, Schwenkungen und Biegungen im Fluge aus, verstehen es, die größten und geringsten Entfernungen, sozusagen, bis auf Zollweite abzumessen, kurz, lassen sich den vollendetsten Fliegern an die Seite stellen. Ihr gewöhnlicher Lockton ist ein zwar nicht gerade wohllautender, aber doch auch nicht abstoßender Schrei, welcher mit dem bekannten Lockton unseres Sperlings so große Ähnlichkeit hat, daß junge Spatzen sich durch einen meinem Gebauer entschlüpften Wellensittich täuschen ließen und neugierig den aufgebäumten Fremdling umringten, welcher trotz seines Prachtkleides in ihrer Sprache zu ihnen redete. Aus sicherer Quelle habe ich erfahren, daß Wellensittiche auch Worte nachsprechen lernen, und ebenso vernehme ich durch Baron von Freyberg, daß ein gegenwärtig in Regensburg lebendes Männchen unseres Vogels nur ausnahmsweise sein eigenes Gezwitscher, dagegen aber den Gesang des Silberschnabels klar, rein und sehr getreu, nur etwas stärker vorträgt. Es mögen diese Tatsachen als seltene Ausnahmen betrachtet werden; sie beweisen aber nichtsdestoweniger die von den meisten Züchtern ungeahnte Biegsamkeit der Stimme dieser ausgezeichneten Vögel. Die höheren Begabungen brauche ich nicht zu zergliedern; es genüge zu sagen, daß man auf Wellensittiche alles Ansprechende und Liebenswürdige beziehen darf, welches von anderen kleinen Papageien und Sittichen überhaupt bekannt geworden ist. Ich halte sie unbedingt für die dankbarsten Käfigvögel, welche ihre Familie, um nicht zu sagen, ihre Ordnung, uns bieten kann, und lasse mich auch heutigentages noch nicht beirren durch die Lobpreisungen, welche von einzelnen Vielschreibern anderen kleinen Papageien gespendet worden sind. Übrigens stimmen bewährte Züchter hierin vollständig mit mir überein. »Ihre im Tierleben enthaltene Behauptung«, schreibt mir Boeckmann, »daß der Wellensittich sich mehr als irgendein anderer Vogel für den Käfig empfiehlt, muß ich nach meinen Erfahrungen als unbedingt richtig bestätigen, und glaube ich nicht, daß ein Liebhaber diese Zucht zugunsten einer anderen aufgeben wird, sobald er dieselbe nur einmal verständig betrieben und dementsprechend Erfolg erzielt hat. Insbesondere begreife ich nicht, wie ein Schriftsteller den Sperlingspapagei so ungebührlich herausstreichen und dabei den Wellensittich so gänzlich vernachlässigen kann. Die Sperlingspapageien sind nicht nur langweilig, sondern auch unverträglich, können sich jedenfalls mit den Wellensittichen auch nicht im entferntesten vergleichen lassen.« Von diesen letzeren wiederhole ich den bereits im Tierleben gegebenen Ausspruch eines Züchters: »Je länger man sie kennt, je lieber gewinnt man sie.«

Bei geeigneter Behandlung wird jedes gesunde Pärchen Wellensittiche im Käfig zur Fortpflanzung schreiten. Geschieht dies nicht, so darf man überzeugt sein, daß Pflege und Wartung nicht die richtigen waren. Nur zu oft vernimmt man eine Klage über diese Vögel;

geht man derselben auf den Grund, so findet man, daß sie unabänderlich auf den Liebhaber zurückfällt. Dabei handelt es sich in der Regel keineswegs um geringe Versehen, sondern in den meisten Fällen um unverantwortlich grobe Fehler, welche die Unerfahrenheit, Leichtfertigkeit, Unachtsamkeit und Gleichgültigkeit sogenannter Liebhaber in einer geradezu widerwärtigen Beleuchtung erscheinen lassen. Man läßt es den Pfleglingen an dem Nötigsten fehlen und ist dann töricht genug, ihnen aufzubürden, was man selbst verschuldet.

Kirgisen bei der Jagd auf Wildschafe

VII

Das letzte Jahrzehnt

Als Brehm 1874 seinen Direktorenposten am Berliner Aquarium aufgab, war er 45 Jahre alt, also ein Mann in den besten Jahren. Überdies war er jetzt frei, da er sich nach seinen leidvollen Erfahrungen entschlossen hatte, nie mehr eine fest Bindung an irgendeine Institution einzugehen. Fortan wollte er sich ganz seiner schriftstellerischen Arbeit und Vortragstätigkeit widmen. Daß ihm dafür nur noch ein Jahrzehnt blieb, konnte er nicht ahnen.

Es wurde ein erfülltes Jahrzehnt. Vordringlich war zunächst das gewaltige Manuskript der zehnbändigen Neuausgabe des *Tierlebens*. Zahlreiche neue Forschungsergebnisse und Tierarten mußten eingearbeitet, Unmengen von neuen Veröffentlichungen gesichtet und ausgewertet werden. Brehms Schreibtisch in Berlin war ständig überhäuft mit Büchern, Zeitschriften, Briefen und sonstigen Papieren.

Brehm hatte kaum die ersten beiden Bände der zweiten Auflage abgeschlossen, als ihn ein neues Expeditionsangebot von seinem Schreibtisch weglockte. Der Ornithologe und Ethnologe Dr. Otto Finsch (1838–1917), Direktor des Naturhistorischen Museums in Bremen und seit langem mit Brehm befreundet (er hatte ihn auch bei der Arbeit an den *Gefangenen Vögeln* tatkräftig unterstützt), plante eine Forschungsreise nach Sibirien. Als dritter im Bunde wollte sich der Offizier und Botaniker Graf Karl von Waldburg-Zeil-Trauchburg (1841–1890) anschließen. Finanziert wurde das Unternehmen vom Bremer Verein für die Deutsche Nordpolfahrt und von einem reichen russischen Kaufmann, der im fernen Irkutsk lebte.

Natürlich konnte Brehm auch diesmal nicht nein sagen, obwohl er die weite Reise etwas überstürzt antreten mußte. Bereits am 6. März 1876 verließ die kleine, von Finsch wohlvorbereitete Expedition Berlin; acht Monate später, am 9. November, war Brehm wieder zu Hause. Dazwischen lagen viele Tausende von Kilometern, die größtenteils auf miserablen Wegen mit Schlitten und Wagen bewältigt werden mußten.

Für die erste Etappe, bis Nischnij Nowgorod (heute Gorkij) an der Wolga, konnte man zum Glück die Eisenbahn benutzen, bevor es weiter nach Osten ging: »Auf der kristallenen Decke der Wolga begannen wir am 19. März die rasch fördernde, aber nicht ungehinderte Fahrt. Tauwetter hatte uns von Deutschland nach Rußland begleitet, Tauwetter uns aus Petersburg und Moskau vertrieben, Tauwetter blieb unser beständiger

Gefährte, als wären wir Boten des Frühlings. Mit Wasser gefüllte Löcher im Eise, bedrohlich an die gähnende Tiefe unter uns erinnernd, durchnäßten Pferde, Schlitten und uns oder nötigten zu unliebsamen Umwegen, die des knarrenden und dröhnenden Eises halber gefährlicher erschienen, als sie waren. Sie machten auch Kutscher und Postmeister so besorgt, daß wir schon nach kurzer Fahrt die glatte Eisfläche mit der bisher noch nicht befahrenen Sommerstraße vertauschen mußten. Diese Straße, auf der nicht allein Tausende und aber Tausende von Frachtwagen, sondern ebenso viele Verbannte dem gefürchteten Sibirien zu ziehen, wurde für uns wie für jene eine Seufzerstraße.«

Nach vier Tagen erreichte man Kasan, wo sich Brehm in die arabisch-islamischen Städte Nordafrikas zurückversetzt fühlte: »Nach viertägiger ununterbrochener Fahrt, ohne erquicklichen Schlaf, ohne stärkende Ruhe, ohne genügende Nahrung, an allen Gliedern wie zerschlagen, erreichten wir, nachdem wir zu Fuß die vielfach geborstene Eisdecke der Wolga überschritten hatten, Kasan, die alte Hauptstadt der Tataren, deren sechzig Türme uns schon gestern freundlich entgegengeleuchtet hatten. Ich glaubte mich zurückversetzt ins Morgenland. Von den Minaretts und den hier und da hervortretenden spitzdachigen Holztürmen herab klang mir wiederum in arabischen Lauten der Ruf zum Gebet entgegen, zu dem der Islam seine Bekenner auffordert. Zwischen turbantragenden Männern huschten, ängstlich sich vor ihnen verschleiernd und neugierig vor uns sich enthüllend, schwarzäugige Frauen dahin, der zierlichen und durchlässigen Saffianschuhe halber besorgt die übertrauften Stege längs der Häuser suchend. Im Gewühl des Basars trieb sich zwanglos alt und jung umher – alles ganz so wie im Morgenlande.«

Nun begann die erlebnisreiche und noch strapaziösere, aber nicht eigentlich abenteuerliche oder gar gefährliche Reise zu den endlosen Steppen- und Tundrengebieten Westsibiriens, die sich jenseits des Urals ausdehnten. Brehm und seine Begleiter durchzogen die riesige Region von der russisch-chinesischen Grenze im Süden bis zur Jamal-Halbinsel und fast bis zum Rande der Karasee im Norden. Wenn man sich die Entfernungen auf einer Landkarte anschaut, erkennt man sofort, daß die Reisegesellschaft ständig in Eile gewesen sein muß. Schon auf einer Postkarte, die Brehm am 7. Mai in Sergiopol in Turkestan an seine Frau schrieb, beklagte er sich über die »Hetzjagd«:

»Mein teuerstes Weiberl!
Da es hier eine Poststation gibt, schreibe ich diese Zeilen in einem der kleinsten Nester, welche es geben kann. Wir haben die ganze Nacht durchfahren, und ich bin todmüde hier angekommen, habe daher den größten Teil des Tages verschlafen, um mich für kommende Nacht zu stärken. Wir bre-

chen bald nach dem Essen wieder auf und reisen heute noch weiter, da wir für die südlichen Gebirge und China nur sehr wenig Zeit haben. Überhaupt gestaltet sich die Reise immer mehr zu einer Hetzjagd, weil wir für die ungeheure Entfernung viel zuwenig Zeit haben. Ich suche bei der Eile zu erraffen, was ich nur kann, habe auch für das Tagebuch viel gesammelt, bedaure aber sehr und bin deshalb oft mißgestimmt, diese interessanten Gegenden so rasch durcheilen zu müssen. Die Steppe fesselt mich je länger, je mehr und würde mir gewiß reichen Stoff zu Vorträgen bieten, könnte ich sie ordentlich ausnutzen ... Für Horst [Brehms Sohn] sammle ich eifrig Käfer und Schädel, habe jedoch noch wenig Arten zusammenbekommen können. Mit den übrigen Sammlungen befasse ich mich wenig. Das Tagebuch geht mir über alles andere.

Tagtäglich und stündlich gedenke ich Deiner und der Kinder und sehne den Tag herbei, welcher mir, wenn auch sehr veraltete, Nachrichten bringen wird.

Mit viel tausend herzlichen Grüßen immer und immer

Dein getreuer Alter.«

Diese Postkarte bedarf eines Kommentars. Zum ersten verrät sie die innige Zuneigung, die Brehm mit seiner Frau Mathilde verband. Er hat ihr während der Sibirienreise bei jeder Gelegenheit, oft im Abstand von nur wenigen Tagen, ebenso liebevoll und ausführlich über seine Erlebnisse berichtet. Zum zweiten wundert man sich, wieso Brehm so viele Zeilen auf einer einzigen Postkarte unterbringen konnte (dabei ist der obige Text noch leicht gekürzt). Die Erklärung ist einfach: Brehm benutzte für seine Privatpost und sonstigen Aufzeichnungen häufig die neue Gabelsberger Kurzschrift, die dann von seiner Frau in Langschrift übertragen wurde. Und zum dritten ist Brehms nachdrücklicher Hinweis auf sein Tagebuch wichtig. Seine sibirischen Impressionen füllen neunzehn stattliche Tagebuchbände, die bislang nur auszugsweise veröffentlicht worden sind, obgleich sie einen hohen völkerkundlichen und kulturhistorischen Wert besitzen.

Brehm hat nämlich in Sibirien nicht nur Tiere beobachtet und – wie immer – gejagt, sondern auch und vor allem die Lebensverhältnisse und -gewohnheiten der Menschen mit scharfem, vorurteilsfreiem Blick erfaßt. Viele fremdartige Völkerschaften lernte er auf seiner Reise kennen, Kosaken, Kirgisen, Kalmücken, Ostjaken und Samojeden, um nur die wichtigsten zu nennen.

Mit einer kleinen Kostprobe aus dem sibirischen Tagebuch soll hier dennoch wieder der Tierkenner Brehm zu Worte kommen, und zwar mit seiner Schilderung des Kulans, eines in Kasachstan und Turkmenien heimischen Halb- oder Pferdeesels, den Brehm noch als »Wildpferd« bezeichnet. Dieser Bericht ist ein zoologiegeschichtliches Dokument ersten Ranges, betrifft er doch ein Lebewesen, das trotz strengen Schutzes inzwischen sehr selten geworden ist und auf der traurigen Liste der vom Aussterben bedrohten Tiere steht. Brehms optimistische Annahme, daß »die Ausrottung des schönen Tieres hier noch nicht zu befürchten steht«, hat sich also leider als Irrtum herausgestellt – wie bei so mancher anderen Tierart auch, die er noch in freier Wildbahn mühelos beobachten konnte, die aber heute gefährdet oder gar untergegangen ist.

Über den Kulan

Was jedoch gerade diese so arme Steppe von allen denen, welche wir durchzogen, besonders unterscheidet, ist, daß sich in ihr zwei der ausgezeichnetsten Steppensäugetiere und ein Steppenvogel finden: der Kulan, die Saiganantilope und das Fausthuhn, kirgisisch Bulduk genannt. Wir waren schon in Semipalatinsk durch [den dortigen Gouverneur] Poltoratzky auf das Vorkommen aller dieser Tiere aufmerksam gemacht worden, und man hatte uns in Saisan übereinstimmend mitgeteilt, daß die Steppe um den von dort aus sichtbaren niedrigen Berg Karabiruk beziehentlich zwischen ihm und dem mehr im Westen gelegenen Hügel Tschakalmes der stetige Aufenthalt dieser Tiere sei, ferner hatten wir zwei von Kirgisen roh zubereitete Häute vor wenigen Tagen erlegter Kulane gekauft, und es war uns endlich heute beim Aufbruche von den uns begleitenden Kirgisen gesagt worden, daß man die Wildpferde hier regelmäßig zu sehen bekäme; wir hatten jedoch kaum gehofft, daß sich alle diese Mitteilungen so bald erfüllen sollten.

Noch waren wir keine Stunde geritten, als wir auf einen in weiter Ferne sich zeigenden, wie es schien, dem See zulaufenden Kulan aufmerksam gemacht wurden. Zwei Kirgisen setzten ihre Pferde sofort in vollsten Galopp und eilten dem Tiere nach, bekamen es jedoch nicht wieder zu sehen. Kaum eine halbe Stunde später sahen wir plötzlich vier Stück dieser schönen und stolzen Wildpferde, drei alte mit einem jungen Füllen, in einer Entfernung von nicht mehr als sechshundert Schritten vor uns auftauchen und uns neugierig betrachten. Ein von Tichanoff abgegebener Schuß blieb natürlich ohne Erfolg, nicht so aber eine sofort von fast allen uns begleitenden Kirgisen und sämtlichen Kosaken unternommene Hetzjagd. Mit

Windeseile jagten die verfolgten Tiere dahin, ihre federnden Läufe gleichsam übermütig aufschnellend; allein schon nach einer höchstens zwanzig Minuten währenden Verfolgung versagten dem jungen Fohlen die Kräfte; es blieb zurück und wurde nun bald gefangen. Die Strecke, welche es durchlaufen haben mochte, konnte höchstens vier oder fünf Werst [1 Werst = 1067 m] betragen haben. Von einer Verfolgung der schnellfüßigen Alten sahen selbst die Kirgisen ab; denn jene entgingen den Reitern ohne alle Mühe und bewegten sich mit spielender Leichtigkeit in wirklich anmutiger Weise, ganz nach Art galoppierender Pferde. Der junge Kulan konnte erst vor wenigen Tagen, vielleicht erst gestern oder vorgestern, geboren worden sein; darauf deuteten namentlich auch seine außerordentliche Sanftmütigkeit und Harmlosigkeit. Ohne auch nur einen Versuch zum Widerstand oder zur Abwehr zu machen,

Kulan, im »Ur-Brehm« noch mit dem Onager gleichgesetzt

ließ er sich von uns an allen Teilen seines Leibes berühren, streicheln und sonstwie liebkosen; ja er schien für derartige Liebkosungen sogar in hohem Grade empfänglich zu sein, hauptsächlich durch das Streicheln, welches ihn wohl an das Lecken seiner Mutter erinnern mochte, befriedigt zu werden. Das einzige, was er tat, war, die ihn liebkosende Hand sorgfältig zu beriechen. Als man ihn leicht gefesselt hatte, blieb er ruhig stehen, und als wir ihn allein ließen, legte er sich gemächlich nieder.

Das Tierchen war ungemein zierlich gebaut, nur die Beine schienen, wie dies auch bei jungen Pferden der Fall, im Verhältnis zur Leibeshöhe zu hoch zu sein, und die Gelenke waren fast unförmlich dick und stark. Sein Kleid war im wesentlichen das der Alten in ihrer jetzigen Sommertracht, das Haar jedoch wie bei allen jungen Tieren weicher und länger, auch etwas gekräuselt; Mähne und Schwanzspitze waren bereits wohlentwickelt, nur die Läufe dünn und fein, nicht aber auch spärlich behaart. Die Lippen und die Umrandung der Nasenlöcher waren mit längeren weichen, zum Teil gewellten Haaren besetzt ...

In der Hoffnung, vielleicht auch die Mutter unseres Gefangenen erbeuten zu können, banden wir diesen an und legten uns in der Nähe in den Hinterhalt. Die Alte mit ihren Genossen hatte sich bisher noch immer in einer gewissen Nähe gehalten, unser Aufenthalt am Fangplatz aber doch wohl schon zu lange gewährt; denn die vorsichtigen Tiere erschienen nicht wieder, sondern verschwanden allmählich unseren Augen, indem sie nach und nach vom Dunste der im Osten flimmernden Luftspiegelung verhüllt wurden. So mußten wir uns nach einer halben Stunde Wartens entschließen, weiterzureisen. Wir nahmen unseren Gefangenen mit, ihn der Obhut der Kirgisen übergebend, freilich schon jetzt kaum in der Hoffnung, ihn gedeihen zu sehen. Leider hatten wir keine mitgehende Stute bei uns und konnten auch vor abends keine Kuhmilch verschaffen, kein Wunder daher, daß der ruhrartige Zustand, in welchem sich das Fohlen befand, als wir es zuerst untersuchten – eine Folge vielleicht des eiligen Laufes während der Jagd und der dabei ausgestandenen Angst –, rasch überhandnahm und, ich greife vor, schon am nächsten Tag dem Leben des zierlichen Geschöpfes ein Ende machte. Es blieb liebenswürdig bis zu seinem Tode, trank Kuhmilch, fraß auch ein wenig Gras, welches wir ihm vorhielten,

war aber für Gefangenschaft unter solchen Umständen, wie sie unsere Reise mit sich brachte, doch noch viel zu jung und schwach gewesen.

Nicht lange waren wir geritten, als wir wiederum zwei Tiere erblickten, welche als Kulane angesehen werden mußten. Das eine derselben setzte sich beim Erscheinen der vielen Reiter in Bewegung und floh dem Gebirge zu; das andere weidete zuerst ruhig weiter, schaute sich sodann neugierig die Herannahenden an und lief, zu nicht geringer Überraschung von uns allen, plötzlich geradewegs auf den Reiterzug zu. Einer und der andere griff zur Büchse, hing dieselbe aber wieder über den Rücken; denn das heranspringende Tier erwies sich bald als ein verlaufenes rotscheckiges Pferd, welches in Ermangelung einer ihm in jeder Beziehung zusagenden Gesellschaft die seines wilden Verwandten gesucht und gefunden hatte, angelockt durch so viele seines Geschlechtes jetzt aber freiwillig unter die Botmäßigkeit des Menschen zurückkehrte und, ohne sich auch nur zu sträuben, seinen Hals der bereitgehaltenen Schlinge bot, um fortan mit uns zu reisen. Den Kulan, welcher in seiner Begleitung gesehen worden war, sahen wir später noch einmal wieder, jedoch auch diesmal nur auf Augenblicke, da er wiederum scheu entfloh und jetzt, ohne sich aufzuhalten, dem fernen Gebirge zueilte. Bald darauf sahen wir in weiter Ferne den anderen Kulan, und kurz darauf sollten wir das Schauspiel haben, eine kleine Herde dieser Tiere in genügender Nähe vor uns dahinspringen zu sehen. Eine in der Tiefebene vor uns auftauchende, bei unserem Erscheinen sofort fliehende Antilope veranlaßte zwei vom heutigen Erfolge trunkene Reiter, einen Kirgisen und unseren Diener Iwan, dem in sonderbar tänzelnden Sprüngen dahineilenden Tiere nachzujagen. Das Ergebnis dieses Rittes war, daß sechs andere Kulane auf- und gegen uns hingetrieben wurden. In eng geschlossener Reihe, einer hinter dem anderen dahingaloppierend, stürmten die schönen Tiere an uns vorbei, eine Staubwolke aufwirbelnd und einem westlich von uns sich erhebenden Hügel zu eilend. Tichanoff und einer der Kosaken konnten es sich nicht versagen, trotz der übergroßen Entfernung auf sie zu schießen, was natürlich nur den Erfolg hatte, sie in noch schnellere Flucht zu treiben. Binnen weniger Minuten waren sie hinter dem Rücken eines der erwähnten Hügels verschwunden.

So hatten wir also im Laufe des Vormittages während eines immerhin nur kurzen Rittes fünfzehn Kulane zu sehen bekommen und uns somit überzeugen können, daß die Ausrottung des schönen Tieres hier noch nicht zu befürchten steht.

Daß der Kulan gerade diese so arme, wasserlose Steppe, eine wahre, mindestens eine halbe Wüste zu seinem Aufenthalte wählt, läßt sich nur dadurch erklären, daß sie ruhiger ist, vom Menschen weniger durchzogen wird als jede andere Strecke innerhalb des von uns bereisten Gebietes. Alle reicheren Teile der Steppe bieten den Kirgisen entweder im Sommer, Frühling und Herbste oder im Winter ersprießliche Weideplätze, und mehr noch als die Hirten und Herdenbesitzer beunruhigen auf diesen die weidenden Tiere jene der Wildnis; dieser Teil der Steppe aber bietet wenigstens im Sommer, der Fohlzeit des Kulans, für die Kirgisen und ihre Herden keinen Raum, und das freigeborene Kind der Steppe lebt daher unbehelligt...

Alle Kulane, denen wir heute begegneten, waren neugierig und staunten die ihnen fremden oder doch nicht gewohnten Erscheinungen erst an, bevor sie sich anschickten, das Weite zu suchen. Unverfolgt trabten sie nur, fast nachlässig dahinlaufend, mit dem Schwanze die Flanken peitschend. Gejagt fielen sie in einen überaus leichten und zierlichen Galopp, welcher sie ungemein rasch beförderte und ihnen nicht die geringste Anstrengung zu bereiten schien. Aber auch nach einer solchen Flucht blieben sie von Zeit zu Zeit stehen, stellten sich sämtlich in einer Richtung, mit dem Kopfe gegen den Verfolger, auf und sicherten, worauf sie die Flucht fortsetzten; sie liefen nicht neben-, sondern hintereinander her.

Brehm hat uns über seine Sibirienreise kein eigenes Buch hinterlassen, wenngleich das zusammengetragene Material für mehrere Werke gereicht hätte. Er ließ jedoch seine neuen Tierbeobachtungen in die weiteren Bände seines *Tierlebens* einfließen und behandelte die sibirischen Erlebnisse bevorzugt in seinen populären Vorträgen, unter Zuhilfenahme einer großen selbstgezeichneten Landkarte, die heute in der Renthendorfer Gedenkstätte aufbewahrt wird.

Schreiben und Reisen: das war nun Brehms Leben, das rastlose Leben eines enthusiastischen »Volksaufklärers« und treusorgenden Familienvaters, der auf diese Weise sicherstellte, daß es seiner Frau und seinen heranwachsenden Kindern an nichts fehlte. Im Sommer arbeitete er vorwiegend als Schriftsteller, in Berlin oder in Renthendorf, im Winter als Vortragsreisender, der im In- und Ausland über exotische Tiere, Landschaften und Menschen sprach. Welche Faszination er auf seine ungezählten Zuschauer ausübte, hat Geheimrat Ludwig Heck, der als »Papa Heck« allseits verehrte Leiter des Berliner Zoologischen Gartens, in seiner *Heiter-ernsten Lebensbeichte* (1938) geschildert: »Persönlichkeiten, denen man begegnet, helfen unbewußt das eigene Ich gestalten. Hier habe ich an erster Stelle, schon aus meiner Darmstädter Primanerzeit, an Alfred Brehm zu denken, den Tierlebenklassiker, der kraft seiner Gabe lebendiger, liebevoller Schilderung die Tierkunde für weitere Kreise erst gemeinverständlich und genießbar, ja zum Genuß gemacht hat. Er nicht zum wenigsten hat mich insofern auf dem Gewissen, als er mit seinen Werken ganz wesentlich daran schuld ist, daß ich das geworden bin, was ich war und bin. Er war damals, es muß 1877 gewesen sein, wieder einmal ›außer Stellung‹, Beamtenfesseln irgendwelcher Art ertrug er nicht, und zog als Wanderredner von Ort zu Ort. In Darmstadt hielt er seine Vorträge im Saale des Hotels ›Zum Trauben‹; so heißt es richtig althessisch, neuerdings ist es in ›Zur Traube‹ modernisiert worden. Da konnte man seine Genialität als Wortkünstler beurteilen oder, besser gesagt, auf sich wirken lassen. Es waren nämlich nicht Vorträge im gewöhnlichen Sinne freier, veränderlicher Rede, sondern genau festgelegte Rezitationen, die er ohne Manuskript aus dem Gedächtnis, aber wortwörtlich brachte, so daß sie später ohne weiteres, zu einem Buche vereinigt, unter dem Titel ›Vom Nordpol zum Äquator‹ erscheinen konnten. Aber wie er sprach! Ich bin überzeugt, er wäre auch ein sehr guter schauspielerischer Darsteller klassischer Rollen geworden, zumal ihn seine hohe, breitschulterige Erscheinung und der Charakterkopf mit der Hakennase gewiß sehr wirksam unterstützt hätten. Ohne Lichtbilder, die uns heute solche Vorträge so sehr erleichtern, gelang es ihm, seine Zuhörer bis zum letzten Wort zu fesseln, geradezu im Bann zu halten, obwohl er keine tiefgründigen Zeit- und Streitfragen behandelte (das wäre auch nicht seine Sache gewesen), sondern nur schilderte. Da zeigte sich eben der geniale Tiermaler mit Worten, wie ich ihn gern nenne, in seinem höchsten Glanze. Ich war natürlich ganz hingerissen; schon vor Beginn hatte mein schwärmendes Jünglingsherz heftig geklopft, als ich den verehrten Mann aus nächster Nähe sah, wie er durch das Vorzimmer ging.«

Das von Heck erwähnte Buch *Vom Nordpol zum Äquator* wurde nach Brehms Tod 1890 von dessen ältestem Sohn Dr. med. Horst Brehm herausgegeben, der in seinem schönen Vorwort bemerkt: »Immerhin aber enthielten die von ihm hinterlassenen schriftlichen Aufzeichnungen noch manchen köstlichen Schatz, und es erschien mir als eine Ehrenpflicht gegen den Verfasser sowohl, wie gegen alle Freunde tiefinniger Naturbeobachtung und sinniger Beschreibung, solchen Nachlaß der lesenden Welt zugängig zu machen. Die nachfolgenden Blätter bilden das erste derartige Buch und enthalten den wertvollsten Teil des Vermächtnisses: Alfred Edmund Brehms einst überall gern gehörte und vielgefeierte Vorträge, soweit er dieselben überhaupt niedergeschrieben hat.«

Das Jahr 1877 konnte Brehm ganz seiner Vortragstätigkeit und der Weiterarbeit an seinem *Tierleben* widmen. Aber schon im Frühjahr 1878 unternahm er eine neue Jagd- und Forschungsexpedition, die allerdings nur fünfzehn Tage dauerte und ihn nach Ungarn und Serbien an den Unterlauf der Donau führte. Diesmal kam die Einladung von dem erst zwanzigjährigen österreichischen Erzherzog und Kronprinzen Rudolf, der sich 1889 unter bisher ungeklärten Umständen auf Schloß Mayerling das Leben nahm.

Brehm war mit dem sehr begabten, fortschrittlich denkenden Prinzen schon seit 1873, als er ihm auf der Wiener Weltausstellung vorgestellt wurde, gut bekannt, ja befreundet. Das gemeinsame Interesse an der Ornithologie hatte die beiden so ungleichen Männer zusammengeführt. Rudolf begeisterte sich schon früh für naturwissenschaftliche Fragen, vor allem für die Vogelkunde, und er verfaßte neben zahlreichen politischen und gesellschaftskritischen Schriften auch einige ornithologische Abhandlungen. Über die Donaureise, die er 1878 mit Brehm und dem ebenfalls eingeladenen deutschen Vogelforscher Eugen von Homeyer unternahm, schrieb er sogar ein dickes Buch, das noch im selben Jahr anonym erschien. Daß Brehm seinem jugendlichen Freund die beiden Vogelbände der zweiten Auflage des *Tierlebens* widmete und außerdem drei Texte des Prinzen (über den Schwarzen Milan, die Rohrweihe und die Wiesenweihe) in diese Bände aufnahm, ist nicht nur eine Reverenz vor dem großen Namen, sondern auch ein Zeichen echter Wertschätzung.

Nach 1873 stand Brehm im Briefwechsel mit Rudolf und war auch verschiedentlich Gast im Prager Hradschin, der damaligen Residenz des Kronprinzen. Dem Jüngling war der verehrte Meister stets hochwillkommen, der in seiner notorisch lässigen Kleidung, die Pfeife im Mund, mit Büchern und Vogelbälgen unter dem Arm, durch die Säle des Schlosses stapfte – sehr zum Entsetzen der Hofleute. Ein Lieblingsthema der beiden Vogelkundler waren die Greifvögel, die man damals noch allgemein Raubvögel nannte, insbesondere die prächtigen großen Adler. Als der Prinz Anfang 1878 von einem größeren Adlervorkommen im südlichen Ungarn erfuhr, beschloß er sofort, dorthin zu reisen, natürlich in Begleitung seines fachkundigen älteren Freundes. Das war der eigentliche Anlaß der Donaufahrt.

Den Verlauf und Ertrag der Reise hat Brehm in einem seiner Vortragsmanuskripte so anschaulich geschildert, daß sich hier jedes weitere erläuternde Wort erübrigt:

Ungarn war von jeher und ist und bleibt ein Ziel der Sehnsucht deutscher Vogelkundiger. Günstiger gelegen als irgendein anderes Land Europas, zwischen Nordsee und Schwarzem Meere, Ostsee und Mittelmeere, der großen nordosteuropäischen Ebene und den Alpen sich erstreckend, Norden und Süden, Steppen und Gebirge, Wälder, Ströme und Sümpfe in sich vereinigend, bietet es seßhaften wie wandernden und ziehenden Vögeln gleich erhebliche Vorteile und Annehmlichkeiten und weist daher einen Vogelreichtum auf wie kaum ein, vielleicht kein anderes Land unseres Erdteils. Begeisterte Schilderungen dieses Reichtums, der Feder unserer hervorragendsten Forscher und Meister entflossen, tragen nicht wenig dazu bei, jene, ich möchte sagen angeborene Sehnsucht aller Vogelkundigen Deutschlands zu mehren und zu verstärken. Aber sonderbar: – das schöne reiche Land liegt uns so nahe und wird dennoch so selten von uns Deutschen besucht.

Auch ich hatte nur seine Hauptstadt und sonst noch das gesehen, was man von einem Eisenbahnwagen aus sehen kann; ich teilte daher im vollsten Maße die Sehnsucht, von welcher ich eben sprach. Sie sollte erfüllt werden, aber nur, um brennender wieder aufzuleben. »Niemand wandelt ungestraft unter Palmen«, und kein Vogelkundiger verlebt, ohne später sehnsüchtig Wiederkehr zu verlangen, Maientage in der Fruškagora.

»Wollen Sie mich«, frug mich mein gnädiger Gönner, Kronprinz Rudolf, »zu Adlerjagden nach Südungarn begleiten? Ich habe bestimmte Nachrichten von vielleicht zwanzig Adlerhorsten und glaube, daß wir alle viel lernen können werden, wenn wir sie besuchen und dabei fleißig beobachten.«

Zwanzig Adlerhorste! Man muß jahrelang an die öde Scholle Norddeutschlands gebannt gewesen sein, muß freudige Ereignisse ähnlicher Art aus dem Wanderleben eines Vogelkundigen sich vergegenwärtigen können, wie ich gebannt gewesen bin und mich zu erinnern vermag, um die Freude zu würdigen, mit welcher ich zusagte. *Zwanzig Adlerhorste* in nicht allzu großer Entfernung von Wien, in geringer von Pest: ich müßte nicht meines Vaters Namen führen, wäre ich gleichgültig geblieben! Zu Stunden kürzten sich die Tage unter allerlei Vorbereitungen, und zu Wochen wollten sie sich verlängern unter der Ungeduld, mit welcher ich die Abreise herbeiwünschte.

Es war eine kleine, aber heitere, hoffnungsvolle, weidwerksfreudige und strebsame Reisegesellschaft, welche am zweiten Osterfeiertag des Jahres 1878 von Wien aufbrach. Außer unserem hohen Jagdherrn und seinem erlauchten Schwager befanden sich nur Oberhofmeister Graf Bombelles, Eugen von Homeyer und ich als Jagdgenossen auf dem schnellen und behaglichen Schiffe, welches uns einen Tag später von Pest aus der Mündung der »blonden« Donau entgegentrug. Lenzduftig übergossen von der Morgensonne lag die stolze Kaiserburg in Ofen vor uns; im ersten Grün des jungen Jahres prangten die Gärten des Bloxberges, als wir in früher Morgenstunde von Ungarns Hauptstadt Abschied nahmen.

Mit einer Fahrt auf dem Rheine, der oberen und, wie man sagt, auch der unteren Donau, läßt sich die Strecke, welche wir jetzt durcheilten, nicht vergleichen. Wenige Kilometer unterhalb der Schwesterstädte verflachen die Ufer; rasch sinken zumal die Berge der rechten Stromseite zu ausdruckslosem Gehügel herab, und nur die blauüberduftete Ferne zeigt dem Auge noch sanft bewegte Linien mäßig hoher Züge. Am linken Ufer breitet sich die weite Ebene. Unabsehbar, ohne Wechsel, gleichförmig, eintönig liegt sie vor den schweifenden Blicken; kaum daß eines der großen reichen Dörfer letztere zu fesseln vermag. Hier und da lehnt ein Hirt in Schäfertracht auf seinem gewichtigen Stabe; aber nicht das fromme Volk der wolligen Schafe ist seiner Obhut anvertraut, sondern grunzende Borstenträger umdrängen den sonnengebräunten Mann oder liegen reihenweise um ihn her, behaglicher Ruhe sich freuend. Um die durch Hochfluten gefüllten Lachen gaukelt der Kiebitz; über die weiten Flächen schwankt der Kornweih; vor den in steil abfallenden Wänden eingegrabenen Nisthöhlen schweben Uferschwalben auf und nieder; auf den Schindeldächern der zahllosen Schiffsmühlen schreiten, schwanzwippend, zierliche Bachstelzen einher; vom Strome stehen polternd Enten und Scharben auf; über seinem Spiegel kreisen und fliegen Milane und Nebelkrähen. So etwa ist das Bild dieser Gegend beschaffen.

Bald aber ändert sich die Landschaft. Noch mehr verflacht sich die Ebene, welche der Strom einst gebildet und jetzt durchfurcht. Auf weiten, noch nicht eingedeichten Flächen, welche jede Hochflut der Überschwemmung aussetzt, teilt er sich in zahl-, meist auch namenlose Arme. Üppig aufgeschossener Wald bedeckt deren Ufer und die Inseln dazwischen; dichte Ufersäume wehren dem Auge jeden Einblick in das Innere dieses Auwaldes, welcher auf meilenweite Strecken ringsum den Gesichtskreis abschließt. Bei aller Eintönigkeit gleichwohl wechselvolle Bilder entstehen und vergehen, gestalten, verschieben und lösen sich auf, je nachdem das Schiff mit dem Strome wendet. Weiden, Weiß-, Silber- und Schwarzpappeln, Ulmen und Eichen, erstere in überwiegender Menge, letztere oft spärlich eingesprengt, bilden den Bestand. Den dichten, fast ausschließlich aus Weiden bestehenden Ufersaum überhöhen ältere Bäume derselben Art; tiefer im Inneren der oft weit in das Land einspringenden Waldungen erheben riesige Silber- und Schwarzpappeln ihre ausdrucksvollen Kronen, recken alte knorrige Eichen dürre Wipfelzweige in die Luft. Vom sprossenden Weidenschößling an bis zum absterbenden Baumriesen umfaßt ein einziger Blick alle Stufen des Baumlebens; erlebende, entkeimende, erstarkende, in der Fülle des Wachstums strotzende, wipfeldürre, vom himmlischen oder irdischen Feuer gefällte und halb verkohlte, auf dem Boden liegende, vormorschende und vermodernde Bäume. Dazwischen glitzert fließendes oder stehendes Wasser hervor; darüber wölbt sich der Himmel. Aus heimlichem Dunkel tönt der Schlag der Nachtigall, des Finken, der Gesang der liederreichen Singdrossel, gellt der Schrei des Falken oder Adlers, jauchzt der Specht, krächzt der Rabe, kreischt der Reiher. Dann und wann reißt eine Lichtung, ein noch nicht wieder überwucherter Schlag, eine Lücke durch den Wald und gestattet einen Blick auf die ferne Landschaft dahinter; auf die weite Ebene des rechten Ufers und den sie begrenzenden Hügelsaum, auf endlos scheinende Felder, auf ein Kirchdorf, eine Stadt. Im Sommer, wenn das Blattgrün wesentlich dieselbe Färbung zeigt, im Spätherbste, Winter und Vorfrühlinge, wenn die Bäume unbelaubt sind, mag diese Uferlandschaft ermüdend wirken; jetzt erscheint sie zwar gleichförmig, aber nicht reizlos; denn alle die Weiden- und Pappelarten stehen gegenwärtig im jugendlichen Blätterkleide, meist auch im Schmucke der Blütenkätzchen, und lassen die Waldungen, hier und da wenigstens, förmlich bunt erscheinen.

Nur an wenigen Stellen ist solcher Wald zugänglich, weil im großen ganzen nichts anderes als ein ungeheurer Bruch. Versucht man, bald auf trockenen Pfaden, bald auf Wasserstraßen und Gewässern anderer Art vordringend, in das Innere zu gelangen, so erreicht man früher oder später eine Wildnis, wie Deutschland keine ähnliche aufzuweisen hat. Auf den am höchsten über dem Stromspiegel gelegenen Stellen, da wo fetter, teilweise schlammiger Boden sich findet, wird man noch am ersten an deutsche Auwaldungen erinnert. Hier stellen Maiblümchen einen saftig grünen, durch die weißen, duftigen Glöckchen wunderherrlich verzierten Teppich dar, welcher auf weite Strecken hin den Boden deckt; aber schon hier wuchern geilwüchsige Nesseln und Brombeeren in solcher Fülle, verschlingen verschiedene kletternde Rankengewächse ganze Waldesteile so vollständig, daß dem Fuße fast unüberwindliche Hemm- und Hindernisse entgegentreten. Auf anderen Stellen aber wird der Wald tatsächlich zum Bruche, aus und über welchem sich die Riesenbäume erheben. Mächtige Stämme, vom Alter, vom Sturm, vom Blitze, vom leichtsinnig entzündeten Feuer des Hirten gefällt, liegen vermorschend im Wasser, oft schon zum Nährboden jüngeren, üppig aufgeschossenen Buschwerkes geworden; andere, noch weniger von Verwesung ergriffen, sperren Weg und Steg. Abgefallenes Holz, von dicken Ästen an bis zu den schwächsten Zweigen herab, ist vom Winde zusammengeschwemmt worden und stellt schwimmende Inseln und vorspringende Zungen dar, welche dem kleinen Boote oft nicht geringere Hindernisse bereiten wie dem watenden Fuße. Ähnliche Schwemminseln, aus Rohr und Schilf bestehend, bilden auf weithin eine schlotternde Decke freier Wasserflächen. Erhöhte Schlammbänke, auf denen Weiden- und Pappelarten den geeigneten Boden für ihre Samen fanden, stellen undurchdringliche Dickichte her und machen selbst den Rohrwaldungen, welche geographische Geviertmeilen bedecken können, den von ihnen bewachsenen Grund streitig; Zwergweiden, jugendfrische und greisenhafte Forste in einem darstellend, treten tiefer in den Rohrwaldungen als dunklere Flecke hervor. Was der düstere Wald mit seinen Brüchen und Dickichten, was das Röhricht bergen mag, bleibt dem suchenden Auge des Forschers größtenteils verborgen; denn nur die Säume dieser Waldwildnisse vermag er zu durchspähen, nur auf breiter Wasserstraße sich zu bewegen.

Auf solchem Gebiete begannen wir die Jagden, welche in erster

Fischreiher

Reihe den Beherrschern der Lüfte gelten sollten. Sie, die Adler, kamen uns am ersten Reisetage allerdings noch nicht vor das Gewehr, nicht einmal zu Gesicht; dafür aber besuchten wir die altberühmte Reiherinsel Adony und hatten Gelegenheit genug, das Leben ihrer Brutvögel zu beobachten. Seit zwei Menschenaltern horsten auf den Hochbäumen dieses Eilandes, unter den weit länger angesessenen Saatkrähen, Reiher und Scharben oder Kormorane, und wenn auch die Letztgenannten seit Beginn der sechziger Jahre erheblich abgenommen haben, sind sie doch noch nicht gänzlich verschwunden. Vor vierzig Jahren horsteten hier, nach Landbecks Schätzung, etwa tausend Paare Nacht-, zweihundertundfünfzig Paare Fisch-, fünfzig Paare Seidenreiher und hundert Paare Kormorane; heutzutage bilden die Saatkrähen wiederum bei weitem den Hauptbestand mit fünfzehnhundert bis zweitausend Paaren; die Fischreiher aber sind bis auf etwa anderthalbhundert, die Nachtreiher bis auf dreißig oder vierzig Paare zusammengeschmolzen, die Seidenreiher gänzlich verschwunden, und nur die Kormorane haben sich in annähernd derselben Anzahl wie früher erhalten. Gleichwohl klang uns wenigstens noch ein Nachhall des früheren Lebens in die Ohren, als wir die Insel betraten, und hier und da bietet der Wald sogar wohl noch ziemlich genau das alte Bild.

Scheinbar in bester Eintracht leben auf solchem gemischten Reiherstande die verschiedenen Vögel zusammen, und dennoch herrscht weder Frieden noch Freundschaft unter ihnen. Der eine bedrängt und unterstützt, brandschatzt und ernährt den anderen. In den Siedelungen der Saatkrähen finden sich die Reiher ein, um der eigenen Arbeit des Nestbaues sich zu entziehen; jene schleppen die Reiser herbei und bauen die Nester auf, diese, zunächst die Reiher, vertreiben die Raben vom Neste, um letzteres, mindestens dessen Baustoffe, gewaltsam in Besitz zu nehmen; die Scharben endlich machen wiederum den Reihern die gestohlene Beute streitig und werfen sich schließlich zu Gewaltherrschern in dem gemischten Brutstaate auf. Aber auch sie, die Diebe und Räuber, werden bestohlen und beraubt; denn Krähen und Milane, welche letztere solchen Siedelungen selten fehlen, ernähren sich und ihre Jungen zu nicht geringem Teile von den Fischen, welche Reiher und Scharben zur Atzung ihrer Weibchen und Jungen herbeitragen. Die erste Begegnung der verschiedenartigen Brutvögel ist feindlich. Heftige, langwierige Kämpfe werden ausgefochten, und der zehnmal Besiegte erneuert zum elftenmal den Streit, bevor er in das Unvermeidliche sich fügt. Mit der Zeit aber bessern sich die Verhältnisse in demselben Maße, wie die einzelnen Glieder des Verbandes erkennen, daß aus dem Zusammenleben doch auch Vorteile erwachsen und daß für friedliche Nachbarn Raum genug vorhanden ist. Kämpfe und Streitigkeiten enden allerdings niemals gänzlich; aber der erbitterte Krieg der einen Art gegen die andere weicht allgemach mindestens erträglichen Zuständen. Man gewöhnt sich aneinander und nützt die Leistungsfähigkeit des Gegners so viel als möglich. Ja, es kann geschehen, daß der Beraubte schließlich dem Räuber folgt, wenn dieser sich veranlaßt sieht, seinen Brutplatz an einer anderen Stelle aufzuschlagen.

Der Anblick eines gemischten Reiherstandes ist im hohen Grade fesselnd. »Wechselvolleres, Anziehenderes, Schöneres«, schildert Baldamus, »gibt es schwerlich, als diese ungarischen Sümpfe mit ihrer Vogelwelt, welche ebensosehr durch die Anzahl der Einzelwesen wie durch die Verschiedenheit in Gestalt und Farben ausgezeichnet ist. Man sehe sich nur die hervorstechendsten dieser Sumpfbewohner in einer Sammlung an und denke sie sich dann stehend, schreitend, laufend, kletternd, fliegend, kurz lebend, und man wird zugeben müssen, daß solches Vogelleben ein wunderbar anziehendes ist.« Diese Schilderung ist selbst dann noch richtig, wenn man sie auf die verarmte Insel Adony bezieht. So zusammengeschmolzen die einst sehr reiche Bevölkerung auch ist, noch immer handelt es sich um Tausende und andere Tausende. Auf weite Strecken des Waldes hin trägt jeder Hochbaum Horste, mancher deren zwanzig bis dreißig, und um sie wie auf ihnen regt und bewegt sich das lärmende Volk der verschiedenartigen Siedler. Auf den Horsten sitzen brütend die Weibchen der Saatkrähen, Fisch- und Nachtreiher und Scharben und lugen mit ihren dunklen, schwefelgelben, blutroten und seegrünen Augen auf den Störenfried herab, welcher ihr Heiligtum betritt; auf den höchsten Ästen der Riesenbäume hocken und klettern, über ihnen flattern, fliegen und schweben die schwarzen, braunen, grauen, einfarbigen und bunten, glanzlosen und schimmernden Vogelgestalten; über ihnen ziehen Milane ihre Kreise; an den Stämmen hängen und arbeiten die Spechte; in den Blüten eines Birnbaumes suchen glatte geschmeidige Grasmücken, im Wipfel der bereits belaubten Traubenkirschenbäume Finken und Waldlaubsänger ihr tägliches Brot. Der an einzelnen Stellen so wunderherrliche Maiblümchenteppich am Boden ist auf weite Strecken hin übertüncht und beschmutzt vom Geschmeiße der Vögel, verunziert durch zerbrochene Eier oder deren Schalen und aus den Nestern herabgefallene, verwesende Fische.

Der erste Schuß aus dem Gewehre unseres Jagdherrn ruft unbeschreiblichen Wirrwarr hervor. Kreischend erheben sich die erschreckten Reiher, unter sinnbetörendem Krächzen die Krähen; unwillig knarrend verlassen auch die Scharben ihre Horste. Eine Wolke von Vögeln bildet sich über dem Walde, schwebt hierhin und dorthin, auf und nieder, überschattet, sich dichtend, die Wipfel und löst sich in einzelne Teile auf, welche zögernd zu den eben verlassenen Horsten herniedersinken, sie zeitweilig förmlich umhüllen und dann wiederum mit der Hauptmasse sich einigen. Jeder einzelne schreit, knarrt, krächzt und kreischt, daß die Ohren gellen; jeder flieht, und jeder wird durch die Sorge um Horst und Eier wieder herbeigezogen. Der ganze Wald gerät in Aufruhr; unbekümmert um diesen, um das wüste Gelärm aber schmettert der Fink seinen Frühlingsgruß durch den Wald, jauchzt ein Specht, schlagen Nachtigallen ihre herrlichen Weisen, offenbaren sich Dichterseelen unter Dieben und Räubern.

Reich mit Beute beladen, kehren wir nach vier- bis fünfstündiger Jagd zu dem wohnlichen Schiffe, unserem gemütlichen Heim, zurück, um während dessen Weiterfahrt unsere gewonnenen Schätze wissenschaftlich zu verwerten. Stundenlang fahren wir durch Auwaldungen, wie ich sie geschildert, dann und wann auch an größeren oder kleineren Ortschaften, Städten und Dörfern, vorüber, bis die zunehmende Dunkelheit Halt gebietet. In der Dämmerfrühe des nächsten Morgens erreichen wir Apatin. Böllerschüsse, Musik und freudige Zurufe begrüßen den geliebten Thronerben. Allerlei Volk drängt sich um das Dampfboot; eingeborene Jagdgehilfen, Horstsucher, Baumsteiger, Abbälger kommen an Bord; mehr als ein Dutzend kleine Kähne, »Czikeln« genannt, werden aufgeladen. Dann wendet der Dampfer, um wieder stromaufwärts zu fahren und uns in der Nähe eines breiten Stromarmes abzusetzen. Auf letzterem dringen wir zum erstenmal in die nassen Auenwälder ein. Dem größeren Boote, welches uns trägt, folgen alle die kleinen, welche wir in Apatin aufgeladen, so, wie Küchlein der Mutterente nachziehen. Heute gilt aller Jagd dem Seeadler, welcher in diesen Wäldern so häufig brütet, daß im Umkreise einer Geviertmeile nicht weniger als fünf Horste erkundet werden konnten. Mit Weidmannsheil trennen wir uns, um diesen Horsten in verschiedener Richtung uns zuzuwenden.

Ich kannte den kühnen und raubfähigen, wenn auch unedlen Raubvogel von früher her recht gut, denn ich hatte ihn in Norwegen und Lappland wie in Sibirien und in Ägypten oft gesehen, jedoch noch niemals an seinem Horste beobachtet; die Gelegenheit, letzteres zu können, war mir daher hochwillkommen. Seinem Namen entsprechend, bewohnt er mit Vorliebe die Seeküsten, außerdem die Ufer größerer fischreicher Seen und Ströme. Vertreibt ihn der Winter aus seinem Gehege, so wandert er so weit nach Süden hinab, als er eben muß, um auch in den kalten Monaten sein Leben fristen zu können. In Ungarn ist er der häufigste aller größeren Raubvögel, verläßt auch das Land im Winter nicht und unternimmt nur in seinen jüngeren Jahren, vor seiner Mannbarkeit, weitere Streifzüge, gleichsam als wolle er sich in der Fremde versuchen. Während des Frühjahres sieht man daher in unserem Jagdgebiete ausschließlich alte, ausgefärbte oder, was dasselbe sagen will, erwachsene, fortpflanzungsfähige Seeadler, wogegen im Herbste und Winter, neben den wenige Monate früher ihrem Horste entflogenen Jungen, auch zugewanderte Seeadler die Uferwälder der Donau beleben. Solange diese nicht mit Eis bedeckt ist, wird es ihnen nicht schwer, sich zu ernähren; denn sie jagen im Wasser nicht minder geschickt, vielleicht geschickter, als auf dem Lande, kreisen über der Flut, bis sie einen Fisch erspähen, stürzen sich wie ein Wetterstrahl auf ihn herab, verschwinden, ihm nachtauchend, zuweilen förmlich unter den Wellen, arbeiten sich mit Hilfe ihrer mächtigen Schwingen aber rasch wieder empor, tragen die Beute, welcher sie die unwiderstehlichen Fänge durch den Schuppenpanzer schlugen, einem ruhigen Platze zu und verzehren sie hier in aller Gemächlichkeit. Ebenso finden sie sich, da man ihre Räubereien in Ungarn nicht so streng verdammt wie bei uns zu Lande, ihnen überhaupt unverdiente Nachsicht zuteil werden läßt, regelmäßig in der Nähe der Fischerhütten ein und lungern hier, oft in nächster Nachbarschaft derselben, auf Bäumen sitzend, bis der Fischer ihnen die in seinem Hälter abgestandenen Fische zuwirft oder sonst etwas für sie abfällt. Wie der Fischer sorgt auch der ungarische, serbische und slavonische Bauer für sie, indem er gefallene Tiere nicht verscharrt, sondern frei auf das Feld wirft und es unseren Adlern und den Geiern oder Hunden und Wölfen überläßt, das Aas wegzuräumen. Entzieht die Eisdecke dem Seeadler seine gewöhnliche Beute und findet er zufällig auch kein Aas, so leidet er dennoch nicht Mangel; denn, wie der edlere und kühnere Steinadler, jagt er auf alles Wild, welches er überwältigen zu können glaubt. Er schlägt den Fuchs wie den Hasen, den Igel wie die Ratte, den Tauchvogel wie die Wildgans, nimmt der Seehundsmutter das säugende Junge weg, geht in blinder Raubgier so weit, daß er seine mächtigen Fänge in den Rücken von Delphinen oder Stören klammert und dafür von den einen wie von den anderen in die Tiefe gezogen und, bevor es ihm gelingt, die

Seeadlerhorst

Klauen wieder zu lösen, ertränkt wird, greift unter Umständen sogar den Menschen an. So kann es ihm kaum jemals fehlen, und, wenn er vollends nicht regelmäßig verfolgt wird, führt er ein geradezu beneidenswertes Leben.

Bis gegen die Brutzeit hin lebt der Seeadler mit seinesgleichen im Frieden; gegen Eintritt der ersteren regt sich auch in seinem Herzen, in den meisten Fällen wohl durch Eifersucht hervorgerufen, Kampflust und Streitsucht. Um des Weibchens wie um des Horstes willen ficht er erbittert mit anderen seiner Art. Wohl währt die einmal geschlossene Ehe eines Adlerpaares so lange, als einer der Gatten lebt, aber nur dann so lange, wenn der Adler imstande ist, die Adlerin gegen die Werbung anderer seines Geschlechtes zu schützen und seinen eigenen Horst sich zu erhalten. Begehrlich richtet ein mannbar gewordenes, seiner Vollkraft bewußtes Adlermännchen Augen und Sinn auf des anderen Weibchen und Horst, und beide sind diesem verloren, ihm gewonnen, wenn es ihm gelingt, jenen zu besiegen. Der rechtmäßige Gatte kämpft daher auf Tod und Leben mit jedem Eindringlinge, welcher das eheliche und häusliche Glück zu stören trachtet. In hoher Luft wird der Kampf begonnen und oft erst am Boden ausgefochten. Mit Schnabel und Fang stößt bald dieser, bald jener auf den Gegner herab, bis es dem einen gelingt, den anderen zu packen, und er sofort wiederum des letzteren Krallen in seinem Leibe fühlt. Als wirrer Federballen stürzen dann beide aus hoher Luft herab in die Tiefe, entweder ins Wasser oder aufs feste Land, entkrallen sich gegenseitig, aber nur, um sofort einen neuen Kampf auszufechten. Wie erboste Hähne balgen sich die edlen Rekken, wenn sie auf dem Boden weiterkämpfen, und zurückgelassene Federn und Blut bezeichnen die Walstatt, wie sie den Ernst der Kämpfe bezeugen. Das Weibchen kreist über den beiden Kämpfern oder sieht von einem Hochsitze aus dem Streite, anscheinend gleichmütig zu, liebkost den Sieger jedoch jedesmal, wenn er nach beendetem Kampfe zu ihm zurückkehrt, gleichviel ob dieser Sieger der anvermählte Gatte oder der Eindringling ist. Wehe dem ersteren, wenn das Kriegsglück dem letzteren hold bleibt! In den Augen einer Adlerin gebührt nur dem Starken die Krone.

Nach siegreich zurückgeschlagenen Anfechtungen und Kämpfen solcher Art, welche keinem Adlermännchen erspart bleiben und in Ungarn alljährlich sich wiederholen dürften, bezieht das Paar, voraussichtlich das längstverbundene, den alten Horst und beginnt bereits im Februar mit der Ausbesserung desselben. Die dazu erforderlichen Stoffe lesen beide Gatten vom Boden ab oder fischen sie aus dem Wasser heraus, brechen sie wohl auch von den Bäumen ab und tragen sie in den Fängen, manchmal von weither zum Horste, um sie hier so kunstgerecht zu verbauen, als ein Adler vermag. Da solcher Aufbau alljährlich stattfindet, wächst der Horst nach und nach zu beträchtlicher Höhe heran, und man erkennt schon an dieser sein Alter, ebenso wie man von letzerem auf die Dauer einer Adlerehe schließen darf; denn die ältesten Horste haben auch die ältesten Adlerpaare inne. Der Horst steht nicht immer in den Wipfelzweigen, in allen Fällen aber hoch über dem Boden, mehr oder minder nahe am Stamme und stets auf starken Ästen, welche das schwere und immer schwerer werdende Gebäude zu tragen vermögen. Knüppel oder schwächere Zweige, alle sperrig durch- und übereinander gelegt, bilden Unter- wie Oberbau und gewähren vielen Feldsperlingspaaren, welche sich dreist und zuversichtlich in die Nähe des Gewaltigen drängen, geeignete Höhlungen für Nester und Schlupfwinkel.

Zu Ende des Februar oder im Anfange des März legt das Weibchen seine zwei, höchstens drei Eier in die flache Nestmulde und beginnt nunmehr eifrig zu brüten. Der Adler versorgt die solcherart beschäftigte Gattin mit Atzung, entfernt sich, beutesuchend, aber auch jetzt noch ungern weit und sitzt, wenn er für das Weibchen und für sich selbst gesorgt, als treuer und aufmerksamer Wächter in der Nähe des Horstes auf einem bestimmten Baume, welcher ebenso als Warte- wie als Ruhe- und Schlafplatz dient. Nach etwa vierwöchentlicher Brutzeit entschlüpfen die Jungen, anfänglich weiße Wollklumpen, aus deren äußerer Umhüllung ein schwarzer Schnabel, dunkle Augen und bereits recht scharfkrallige Fänge hervorragen oder hervorlugen, vergleichbare, ebenso niedliche als in frühester Jugend schon selbstbewußte Geschöpfe. Nunmehr gibt's Arbeit genug für Vater und Mutter. Beide wechseln miteinander ab, um auf Beute auszuziehen und die Jungen zu bewachen; aber nur die Mutter übernimmt ihre Pflege. Wohl tut auch der Vater redlich das seinige, um sie erziehen zu helfen; aber einzig und allein die Mutter ist imstande, ihnen jene Dienste zu leisten, welche ich Ammendienste nennen möchte. Würde sie ihnen in den ersten Kindheitstagen entrissen: sie müßten ebenso verkümmern wie junge Säugetiere, denen man ihre Erzeugerin geraubt hat. Mit der eigenen Brust deckt die Adlermutter sie gegen Frost und Regen; aus dem eigenen Kropfe spendet sie ihnen erwärmte, erweichte, vorverdaute Atzung. Solche Ammenpflichten zu üben versteht der Adlervater nicht; wohl aber übernimmt er, wenn die jungen Adler größer geworden, etwa halb erwachsen und in dieser Zeit ihrer Mutter beraubt worden sind, unweigerlich die alleinige Sorge um ihre Erziehung und atzt sie, vielleicht unter aufopferndster Mühe, vollends auf. Sie, die Jungen, wachsen rasch heran. In der dritten Woche ihres Lebens deckt sich ihre Oberseite mit Federn; gegen Ende des Mai sind sie ausgewachsen und flügge. Nunmehr verlassen sie ihren Horst, um unter Führung ihrer Eltern für ihr Gewerbe sich vorzubereiten.

Dies ist, mit flüchtigen Strichen gezeichnet, das Lebensbild des Adlers, welchem in den nächsten Tagen unsere Jagden galten. Nicht weniger als neunzehn besetzte Horste wurden von uns besucht und mit wechselndem Glücke bejagt. Manchmal zu Fuße, manchmal im kleinen Boote, manchmal springend und watend, manchmal kriechend und schleichend, versuchten wir, ungesehen und ungehört, den Horstbäumen uns zu nähern; erwartungsvoll hockten wir stundenlang in rasch errichteten Laubhütten unter ihnen und schauten gespannt nach den Adlern aus, welche, durch uns oder andere verscheucht, in hoher Luft ihre Kreise zogen und gar nicht wieder zum Horste zurückkehren wollten, aber doch zurückkehren und günstigstenfalles uns zum Opfer fallen mußten. Eine Beobachtung reihte sich an die andere, und diese Adlerjagden gewannen infolgedessen unnennbaren Reiz für uns alle.

Außer Adlern und anderen Raubvögeln, welche erbeutet wurden, waren oder erschienen die so viel versprechenden Waldungen arm an gefiederten Bewohnern. Freilich war es noch früh im Jahre und der Zug der Wandervögel noch im vollen Gange; freilich vermochten wir kaum mehr, als den Saum der Waldungen zu durchforschen. Allein auch die Anzahl der Vögel, welche zurückgekommen und in jenen Säumen angesiedelt sein mußten, entsprach nicht unseren Erwartungen. Und dennoch beklagten wir eines noch mehr als diese Armut in unseren Augen: den Mangel an guten Sängern. Wohl jauchzte die Singdrossel ihre reichen Lieder in den frühlingsduftigen Wald hinaus; wohl schlug hier und da auch eine Nachtigall; wohl schmetterte der Fink uns allüberall seinen Lenzgruß entgegen; wohl probte auch schon eine Grasmücke ihre Kehle; aber weder der eine noch die anderen waren imstande, unseren geschärften Ohren zu genügen. Wir vermochten in allen, welche sangen oder schlugen, immer nur Stümper, nicht aber Meister zu erkennen. Und so wollte es uns zuletzt beinahe scheinen, als gehöre der genannte Gesang gar nicht in diese ernsten Wälder und seien Adler- und Falkenschrei, Uhu- und Waldkauzgeheul, Rohrhuhn- und Seeschwalbengeknarr,

Reihergekreische und Spechtgelächter, Kuckucksruf und Hohltaubenruckser die zu ihnen passende Melodie und daneben höchstens noch der im Röhricht und Schilfe hausende Rohrsänger, welcher den größten Teil seines verworrenen Liedes den Fröschen abgelauscht, der einzig berechtigte Singvogel.

Der vierte Jagdtag galt dem einige Meilen vom Donauufer entfernten Keskender Walde. Eine weite, erst in ziemlicher Ferne von Höhenzügen begrenzte Ebene nahm uns auf, als wir die Auwälder verlassen hatten; durch trefflich bebaute Felder der großen, musterhaft bewirtschafteten Herrschaft Bellye führte uns der Weg, den wir mit raschen Pferden wie im Fluge zurücklegten. Hier und da sumpfige Wiesen mit Teichen und Wassergräben, ein hainartiges Wäldchen, ein großes, von knorrigen Eichen umstandenes Wirtschaftsgebäude, ein Weiler, ein Dorf, sonst nur baumlose Felder: dies war das Gepräge der Gegend, welche wir durcheilten. Von den Feldern stiegen singend zahllose Lerchen auf; auf den Straßen trippelten zierliche Bachstelzen umher; auf den Hecken am Wege saßen Würger und Grauammer; in den Kronen der Eichen lärmten und sangen dort nistende Dohlen und Stare; über den Weihern zogen fischende Flußadler ihre Kreise und tummelten sich niedliche Seeschwalben im Zickzackfluge; im Sumpfe trieb sich der Kiebitz umher: von anderen Vögeln bemerkten wir wenig. Auch der Keskender Wald, welchen wir nach zweistündiger Fahrt erreichten, ein wohlgepflegter Forst, war trotz seines gemischten Bestandes arm an Arten; in diesem Walde aber horsteten Schrei- und Fischadler, Schlangen- und Mäusebussarde, Falken und Eulen und vor allem Waldstörche in überraschender Anzahl, und unsere Jagd fiel daher über alle Erwartungen glänzend aus. Und doch kannten die Forstleute, welche erst vor wenig Tagen von dem in Aussicht stehenden Besuche unseres hohen Jagdherrn Kunde erhalten, den Wald nach Horsten durchstreift und sie auf einer rasch angefertigten Karte verzeichnet hatten, keineswegs alle in diesem einen Walde horstenden Raubvögel und Schwarzstörche. »Es sind Zustände wie im Paradiese«, bemerkt Kronprinz Rudolf und bezeichnet mit diesen wenigen Worten das Verhältnis, welches zwischen den Menschen und Tieren Ungarns besteht, klar und treffend. Wie der Morgenländer kennt auch der Ungar glücklicherweise jene Mordsucht nicht, welche die außerordentliche Scheu der Tiere und ebenso die so

Jagdfalke

schmerzlich fühlbare Tierarmut Westeuropas bewirkten: er gönnt selbst dem Raubvogel, welcher auf seinem Besitztume sich ansiedelte, gern eine Heimstätte und greift nicht fortwährend roh und grausam ein in die tierische Welt, welche um ihn her lebt und webt. Nicht einmal der schnöde Eigennutz, welcher gegenwärtig alljährlich Räuberfahrten habsüchtiger Federhändler nach den Sümpfen der unteren Donau veranlaßt und um der Schmuckfedern willen Hunderttausende von frischfröhlichen, teilnahmswerten Vogelleben opfert, hat den Magyaren bewegen können, von seiner alten guten Sitte abzuweichen. Mag auch Gleichgültigkeit gegen die ihn umgebende Tierwelt ihren Anteil haben an der Gastlichkeit, welche er übt: die Gastlichkeit ist tatsächlich noch vorhanden und der Verfolgungssucht noch nicht gewichen. Vertrauensvoll finden sich die Tiere, zumal die Vögel, in unmittelbarer Nähe des Menschen ein; unbekümmert um dessen Treiben gestalten sie sich das ihrige. Der Adler horstet am Waldwege, der Kolkrabe im Feldhölzchen; der Waldstorch zeigt sich kaum scheuer als der geheiligte Hausstorch; das Wild steht nicht vom Lager auf, wenn der Wagen auf Schußweite an ihm vorüberfährt. Es sind wirklich Zustände wie im Paradiese.

Paradiesische Zustände sollten wir übrigens auch außerhalb des Keskender Waldes kennenlernen. Nachdem wir letzteren nach verschiedenen Seiten hin durchstreift, über zwanzig Schlangen- und Fischadler- sowie Schwarzstorchhorste besucht und bejagt, an einem uns gebotenen trefflichen Frühstück und noch mehr an den köstlichen Weinen der Umgegend uns gestärkt und erquickt hatten, traten wir, zur Eile gemahnt durch drohendes Gewittergewölk, unsere Rückreise nach dem Schiffe an, auch jetzt noch jagend und sammelnd, soviel Zeit und Gelegenheit gestatteten. Der Weg, auf welchem wir dahinfuhren, war ein anderer als der, welcher uns zum Walde geführt hatte, eine recht gute Hochstraße nämlich, welche verschiedene Dörfer verband. Mehrere der letzteren hatten wir hinter uns, als wir von neuem zwischen Häuser einbogen. An den Gebäuden war nichts Absonderliches zu sehen, an den Bewohnern dagegen mehr, als ich mir jemals hätte träumen lassen. Die Bevölkerung des Dorfes Dalyok besteht fast ausschließlich aus Schokazen oder katholischen Serben, welche zur Zeit der Türkenherrschaft von der Balkaninsel hierher gewandert, beziehentlich von den Türken hierher geschleppt worden sein sollen. Es sind schöne, schlanke

Menschen, diese Schokazen, die Männer groß und kräftig, die Frauen den Männern mindestens ebenbürtig, äußerst wohlgebaut und, wie es scheint, auch ziemlich hübsch. Über ersteres konnten wir ein Urteil fällen, hinsichtlich des letzteren mußte die Phantasie einigermaßen nachhelfen. Denn die Schokazinnen tragen eine Gewandung, wie sie gegenwärtig innerhalb Europas Grenzen schwerlich sonst noch vorkommen dürfte: eine Tracht, welche unser hoher Jagdherr, findig und bezeichnend wie immer, mythologisch nannte. Wenn ich sage, daß Kopf und Gesicht großenteils in eigenartig, jedoch nicht unmalerisch gewundene und geknotete Tücher eingehüllt sind und der Rock durch zwei buntfarbige, schürzenartige, nicht miteinander verbundene Tuchstücke vertreten wird, darf ich im übrigen reger Einbildungskraft vollste Freiheit gestatten, ohne befürchten zu müssen, daß sie so leicht dennoch vorhandene Grenzen überschreiten werde. Ich meinesteils wurde lebhaft an ein Lager arabischer Wanderhirten erinnert, welches ich einstmals in den Urwäldern Innerafrikas betreten hatte.

Unter strömendem Regen erreichen wir mit Eintritt der Dunkelheit unser gemütliches Schiff. Regnerisch ist auch der folgende Morgen, trübe der ganze Tag, verhältnismäßig unergiebig die Jagd. Dies alles treibt zur Weiterreise, so dankbar wie auch der in der Herrschaft Bellye verlebten Tage gedenken und so lohnend es wahrscheinlich gewesen sein würde, gerade hier noch einige Tage zu beobachten und zu sammeln. Mit warmen, wohlverdienten Dankesworten verabschiedete sich unser Jagdherr von den erzherzoglichen Beamten der Herrschaft; noch einen Blick auf die Wälder, welche uns so viel geboten, und wiederum rauscht unser schnelles Schiff donauabwärts. Nach wenigen Stunden erreichen wir Draueck, die Mündung der Drau, welche fortan die Richtung des Donaubettes zu bestimmen scheint. Eines der großartigsten Strombilder, welches ich je gesehen, liegt vor dem Auge. Eine weite Wasserfläche breitet sich aus; nach Süden hin begrenzen sie lachende Hügel, nach allen übrigen Seiten Auwälder, wie wir bisher sie gesehen. Weder der Lauf des Hauptstromes noch das Bett des Zuflusses läßt sich verfolgen; die ganze ungeheure Wasserfläche gleicht einen ringsumschlossenen See, dessen Ufer nur an der erwähnten Hügelkette deutlich hervortreten; denn zwischen dem Grün der Wälder hindurch sieht man da, wo Lücken Einblick gestatten, wiederum Wasser, Dickicht und Röhricht, letzteres, den meilenweiten Sumpf Hullo überkleidend, in endlos scheinender Ausdehnung. Riesige Baumstämme, von dem einen wie von dem anderen Strome herbeigeführt und nur teilweise überflutet, nehmen phantastische Formen an; es will scheinen, als reckten sagenhafte Tiere der Vorwelt ihre beschuppten Leiber über die dunklen Fluten empor. Denn dunkel, fast schwarz flutet die »blonde« Donau dahin, während unser Schiff das Draueck durcheilt. Grauschwarz und schwarzblau hängen Gewitterwolken am Himmel, anscheinend auch zwischen dem hundertfach schattierten Grün der Wälder und über den gleichmäßig fahlgelben Rohrflächen; Blitze beleuchten grell das ganze Bild; der Regen rauscht prasselnd hernieder, der Donner rollt dazwischen, der Sturm heult in den Wipfeln der alten Hochbäume, wühlt die Wasserfläche auf und krönt die dunklen Wellenkämme mit grauweißem Gischt; unten, im Südosten, aber bricht die Sonne durch das schwarze Gewölk, säumt es mit Purpur und Gold, erhellt und erleuchtet es, daß die tiefen Schatten noch schärfer hervortreten, und strahlt flimmernd auf den bunten Hügeln nieder, welche in weitester Gesichtsferne zu einem Gebirge aufsteigen. Dort unten, dort drüben, liegen auch Weiler und Dörfer; hier oben unterbricht höchstens eine kegelförmige, rohrgedeckte Fischerhütte die Ursprünglichkeit des großartigen, in seiner Wildheit und der augenblicklichen Beleuchtung und Bewegung unnennbar erhabenen Bildes. Auffallend ist die Vogelarmut, überhaupt die Öde der ausgedehnten Wasserflächen. Keine Möwe schwebt über dem Spiegel der Donau, keine Seeschwalbe fliegt im Zickzackfluge auf und nieder; höchstens einzelne Entenmännchen erheben sich vom Strome. Dazu dann und wann ein Fisch-, ein Flug Nachtreiher, ein Seeadler und einige Milane, Nebelkrähen und Raben, vielleicht noch ein Trupp Kiebitze, und die Aufzählung der Vögel, welche man gewöhnlich sieht, ist erschöpft.

Vom folgenden Tage an durchstreifen wir jagend und beobachtend ein wundervolles Gebiet. Die Blauen Berge, vor und auf denen gestern während der Gewitternacht heller, goldiger Sonnenschein lag, sind die Höhen der Fruškagora, eines waldigen Mittelgebirges der köstlichsten Art. Graf Rudolf Chotek hat in der umsichtigsten Weise alles zu würdigem Empfange unseres hohen Jagdherrn vor- und damit uns allen unvergeßliche Tage bereitet. Von dem Dorfe Čerewič aus, oberhalb dessen unser Dampfschiff liegt, durchfahren wir tagtäglich die Schluchten, erklimmen wir fahrend, reitend, gehend die Höhen des Gebirges, um an jedem Abende beglückt und erhoben heimwärts zu ziehen. Die goldene Maienzeit labt Herz und Seele, und unser Wirt ist so unerschöpflich in seiner Aufmerksamkeit, Zuvorkommenheit, Liebenswürdigkeit und Güte, daß uns die in der Fruškagora verlebten Tage zu den gehaltreichsten und schönsten der ganzen Reise werden.

Die Gegend, welche wir tagtäglich durchstreifen, ist sehr anmutig. In der Nähe des Dorfes breiten sich Felder aus; über diesen beginnt der Gürtel der Weinberge, welcher bis zu dem Waldsaume reicht; in den Tälern und Schluchten dazwischen blühen und duften jetzt zahllose Obstbäume, denen die ganze Gegend einen ungemein freundlichen Anblick verdankt; an den Hängen am Wege, welcher in der Regel den Tälern folgt, wuchert dichtes Gebüsch und erquickt das Auge eine um so reichere Blütenpracht, als es den Tälern auch an murmelnden Bächlein oder doch tropfenden Wässerlein nicht mangelt. Von den ersten Höhen aus bietet sich dem Auge ein überraschend schönes Bild der Landschaft. Unten im Vordergrunde baut sich das Dorf Čerewič malerisch auf; dann folgt die breite Donau mit ihren Auwaldungen am anderen Ufer; hinter ihr und ihnen breitet sich, endlos erscheinend, die ungarische Tiefebene aus und zeigt dem Beschauer ihre Felder und Wiesen, Wälder und Sümpfe, Dörfer und Marktflecken in der unsicheren, wechselvollen und gerade deshalb so fesselnden Beleuchtung; nach Osten hin endlich haften die Blicke an der Feste Peterwardein. Von den Feldern steigen singende Lerchen auf; aus den Büschen tönt hundertfältig der Schlag der Nachtigall; von den Weinbergen klingt der muntere Gesang des Steinrötels hernieder; in hoher Luft ziehen zwei Geier- und drei Adlerarten ihre weiten Kreise.

Nach kurzem Weiterwege schwinden Storm, Dörfer und Felder, und irgendeines der heimlichen Waldtäler des Gebirges nimmt uns auf. Steil fallen von beiden Seiten die Bergwände zu ihm ab; zwar nicht besonders hoher, aber dichter Wald deckt sie wie ihre Rücken und Grate. Eichen und Linden, Ulmen und Ahorne bilden auf weite Strecken hin, Rotbuchen und Hornbäume an anderen Stellen den Bestand; dichte, niedere Gebüsche, in denen ein Nachtigallenpaar neben dem anderen haust, umsäumen die Ränder. Nicht großartige

Kaiseradler, Murmeltier und Ziesel

Fernblicke lohnen den Wanderer, welcher die höchsten Rücken erklimmt und nach Norden hin Ungarn, im Süden Serbien vor sich liegen sieht; aber heimliches Waldesdunkel umschmeichelt ihm Herz und Sinne. Von dem Hauptkamme, welcher höchstens bis zu neunhundert Meter unbedingter Höhe aufsteigen mag, zweigen sich in mehr oder weniger senkrechter Richtung nach beiden Seiten viele Ketten ab, welche, von dieser oder jener Seite betrachtet, oft einen entzückenden Anblick gewähren. Sie fallen zu Tälern ab oder umschließen Kessel, deren Wände bis jetzt noch Abfuhr gefällten Holzes verwehren und daher in urwüchsiger Waldespracht prangen. Riesenhafte, gerade aufgeschossene, bis zum weit aufgelegten Wipfel glattstämmige Buchen erheben sich aus moderndem Laube, in welches der Fuß des Jägers bis zu den Knieen einsinkt; knorrige Eichen recken ihre Wipfelzacken in die Luft, als ob sie alle Raubvögel einladen wollten, auf ihnen den Horst zu gründen; wölbige Linden bilden streckenweise ein so geschlossenes Blätterdach, daß der Sonnenstrahl nur als vielfach gebrochener Widerschein zum Boden herabzittert. Singdrossel und Amsel, Pirol und Rotkehlchen, Edelfink und Waldlaubvogel sind neben der allerorts angesessenen Nachtigall die Sänger dieses Waldes; der Kuckuck ruft seinen Frühlingsgruß von Berg zu Berg; Schwarz- und Grünspecht, Kleiber und Meisen, Ringel- und Hohltauben lassen sich vernehmen.

Unsere Jagden galten hier hauptsächlich dem größten europäischen Raubvogel, dem Kuttengeier, dessen nördlichste Brutgebietsgrenze die Fruškagora zu bilden scheint. Ihm hatte sich neuerdings, wohl herbeigezogen durch die unglücklichen Opfer des Krieges in Serbien, der zweite große Geier Europas gesellt, und beide brüteten hier unter erklärtem Schutze des tierkundigen und tierfreundlichen Grundherrn. Ich kannte beide Geierarten von meinen früheren Reisen her; es war mir jedoch trotzdem hocherfreulich, sie an ihren Brutplätzen zu beobachten und den Mitteilungen der Jagdgenossen wie Graf Choteks zu lauschen; denn auch bei diesen Jagden war Erforschung des tierischen Lebens der Hauptzweck, welcher von uns in das Auge gefaßt wurde. Und wiederum reihte sich eine Beobachtung an die andere, und manche, uns allen noch dunkle Seite des Lebens der beiden Riesenvögel wurde durch unsere Forschungen erhellt und erklärt.

Der Kuttengeier, dessen Verbreitungsgebiet nicht allein die drei südlichen Halbinseln Europas, sondern auch West- und Mittelasien bis Indien und China in sich begreift, ist Standvogel in der Fruškagora, unternimmt aber nach der Brutzeit gern weitere Ausflüge, welche ihn regelmäßig bis in das nördliche Ungarn, nicht allzuselten auch bis Mähren, Böhmen und Schlesien führen. Gewaltige Flugwerkzeuge setzen ihn instand, derartige Ausflüge ohne jegliche Beschwerde zu unternehmen. Nicht an Eier oder hilfsbedürftige Junge gekettet, erhebt er sich in den ersten Vormittagsstunden von dem Baume, welcher ihm Nachtruhe gewährte, steigt in Schraubenwindungen zu Höhen empor, in denen er dem unbewaffneten

Menschenauge entschwindet, überschaut von hier aus mit seinem unvergleichlich scharfen, beweglichen, für verschiedene Entfernungen einstellbaren Auge überaus weite Flächen mit bewundernswürdiger Sicherheit, erkennt selbst ein kleines Aas noch, und läßt sich, sobald er solches entdeckte, aus der Höhe herab, um es zu verzehren und zu verdauen, mindestens vorläufig im Kropfe aufzuspeichern, worauf er den Rückweg zur altgewohnten Stelle antritt oder seine ziellose Wanderung fortsetzt. Ebenso wie er das unter ihm liegende, vielleicht viele geographische Geviertmeilen umfassende, seinem Auge jedoch vollkommen erschlossene Gelände absucht, achtet er auch auf das Gebaren, zumal auf die Bewegungen anderer seiner Art oder großer aasfressender Raubvögel überhaupt, um aus deren Handlungen Vorteil zu ziehen. So nur erklärt sich das plötzliche und gleichzeitige Erscheinen mehrerer, selbst vieler Geier auf einem großeren Aase, und auch in solchen Gegenden, in denen sie nicht ansässig sind. Nicht ihr an und für sich stumpfer Geruch, sondern ihr Gesicht leitet sie bei ihren Raubzügen. Einer fliegt dem anderen nach, wenn er sieht, daß dieser Beute erspähte, und die Schnelligkeit seines Fluges ist so bedeutend, daß er in der Regel noch rechtzeitig beim Schmausen eintreffen kann, wenn er sieht, daß der Entdecker der Beute, noch schwankend, über letzterer seine Kreise zieht. Zögern darf er freilich nicht; denn nicht umsonst heißt er, heißt jener Geier: die Gier seines Geschlechtes spottet jeder Beschreibung. Wenige Minuten genügen drei oder vier Geiern, um den Leichnam eines Hundes oder Schafes bis auf unerhebliche Reste in den Kröpfen zu bergen; die Mahlzeit verläuft also mit beinahe unbegreiflicher Schnelligkeit, und wer zu spät kommt, hat das Nachsehen.

Für die Geier der Fruškagora bot die Umgegend übrigens auch außer einem Schmause an einem größeren Aase manches für Kropf und Magen erwünschte Tier; denn in den Verdauungswerkzeugen der von uns erlegten und zergliederten Geier fanden wir die Überreste von Zieseln und großen Eidechsen, welche von jenen schwerlich bereits verendet gefunden, vielmehr aller Wahrscheinlichkeit nach ergriffen und getötet worden waren.

Entsprechend der nördlichen Lage der Fruškagora und der geordneten, für Geier also wenig günstigen Zustände des umliegenden Landes, saßen die Kuttengeier während unseres Aufenthaltes noch brütend auf den Eiern, wogegen die weiter unten im Süden hausenden Paare derselben Art unzweifelhaft bereits Junge haben mußten. Ihre Horste standen auf den höchsten Bäumen des Waldes, die meisten wohl im oberen Dritteil der Höhe der Bergwände. Viele waren Graf Chotek und dessen Jägerei wohlbekannt, weil sie seit mindestens zwanzig Jahren regelmäßig zur Brutstätte eines, vielleicht desselben Paares gedient, alljährlich neue Zufuhr an Baustoffen und daher zuletzt eine gewaltige Ausdehnung erhalten hatten; andere schienen jüngeren Ursprungs, die einen wie die anderen aber von den Geiern selbst errichtet zu sein. In den ältesten und größten hätte sich wohl ein erwachsener Mann niederlegen können, ohne mit Kopf oder Füßen den Rand erheblich zu überragen.

Unter diesen Horsten saßen wir beobachtend und lauernd, das Leben und Weben des Waldes belauschend und die durch unsere Ankunft verscheuchten Geier erwartend, um ihnen einen sicheren Schrot- oder Kugelschuß beizubringen. Vier Tage nacheinander zogen wir allmorgendlich in den herrlichen Wald hinaus, und an keinem Tage kehrten wir beutelos zum Strome zurück. Nicht weniger als acht große Geier, mehrere Adler und zahlreiches Kleingeflügel der verschiedensten Arten fielen uns zur Beute, und reichhaltige, uns alle fesselnde Beobachtungen würzten und vergeistigten unsere Jagden. Wenn aber der letzte Sonnenstrahl verglomm, sammelte sich der jüngere Teil der Bewohnerschaft des Dorfes um unser Schiff. Geige und Dudelsack einigten sich zu wundersamer, obschon höchst einfacher Weise, und Burschen und Mädchen schwangen sich, dem hohen Gaste zu Ehren, im volkstümlichen, ebenmäßig wogenden Reigen.

Nachdem wir auch am anderen Ufer der Donau mit Erfolg gejagt hatten, schieden wir endlich am fünften Tage nach unserer Ankunft in Čerewič von unserem aufopferungsvollen Wirte, dem Grundherrn, und schwammen donauabwärts weiter. Nach dreiviertelstündiger Fahrt erreichen wir Peterwardein, die kleine, jetzt veraltete, aber schmucke und malerisch gelegene Festung, anderthalb Stunden später Karlowitz, in dessen Nähe wir übernachten. Am anderen Morgen gelangen wir nach Kovil, dem Endziele unserer Fahrt.

In der Nähe dieses großen Dorfes liegen rings von Feldern umgebene Waldungen, in denen die Eiche zwar vorherrscht, deren Un-

Gold- oder Steinadler

terwuchs aber ein so dichter ist, daß, trotz der vielen Ortschaften ringsum, Wolf und Wildkatze in ihnen ein zwar bedrohendes, jedoch kaum bedrohtes Dasein führen können. Kein Wunder daher, daß auch Raubvögel aller Art, insbesondere See-, Kaiser-, Schrei- und Zwergadler, Schlangenbussarde, Milane, Habichte, Uhus und andere Eulen sie zu Horstplätzen gewählt haben, und daß sie ebenso allerlei Kleingeflügel in Menge beherbergen. Ihnen zogen, im voraus reicher Beute sicher, unser hoher Jagdherr und sein erlauchter Schwager zu, während Eugen von Homeyer und ich unser Jagdglück in einem oberhalb des Dorfes gelegenen, durch das gegenwärtig herrschende Hochwasser zu einem weiten See gewandelten Sumpfe versuchen.

In diesem Sumpfe herrscht, obwohl kaum mehr als der geringste Teil seiner gefiederten Bewohnerschaft eingetroffen sein kann, der Zug der Vögel vielmehr noch in vollem Gange ist, überraschend reiches und vielgestaltiges Leben. In fast ununterbrochener Folge ziehen starke Flüge der Trauerseeschwalbe den Fluten des Stromes entgegen, manchmal zu dichtgedrängten Schwärmen sich sammelnd, manchmal wiederum beinahe über die ganze Breite der überschwemmenden Donau sich verteilend; offenbar noch nach Horstplätzen suchend, wandern Hunderte von Sichlern oder dunklen Ibissen, fliegend die übliche Keilform bildend, stromauf und stromab, der nahen Theiß zustrebend oder von ihr herkommend; mit dem Fischfange sich beschäftigend, schreiten auf allen ihnen zugänglichen Stellen der weiten Wasserfläche Purpur-, Fisch- und Rallenreiher hin und wider; lange Rohrstengel zum Horste tragend, befliegen Rohrweihen die altgewohnten Straßen, wiederum gepaarte Enten, deren Weibchen durch die Hochflut ihrer Eier beraubt wurden, stehen beim Erscheinen unserer kleinen, flachen Boote polternd vom Wasser auf, wogegen Steißfüße und Taucherhähnchen in seiner Tiefe Zuflucht suchen: kurz, kein einziger Teil der weiten Fläche ist unbevölkert, unbelebt. Ein des unter Wasser stehenden Waldes und der in diesem verlaufenden Wege kundiger Förster erwartet uns in einem inselgleich das überschwemmte Land überragenden Hause und wird uns zum Führer in einer Waldwildnis, welche die früher besuchten aus dem Grunde noch weit hinter sich zurückläßt, weil das Hochwasser zu stets vorhandenen Hindernissen neue gehäuft hat. An viele, sonst wohl in beträchtlicher Höhe über dem Boden sich reckende Zweige streifend, oft vor wegesperrenden Ästen uns bückend, versuchen wir, auf den breiteren Wasserstraßen uns zwischen halb oder gänzlich niedergestürzten Bäumen, schwimmenden Klötzen und Treibhölzern einen Pfad zu bahnen und in das Innere des Waldes vorzudringen. Auf Weidenköpfen brütende Stockenten, deren Nester bis jetzt noch durch das

Hochwasser verschont blieben, lassen sich durch unser Erscheinen nicht stören, bleiben vielmehr unbeweglich auf ihren Eiern sitzen, selbst wenn wir in kaum mehr als Meterweite an ihnen vorübergleiten. Ohrensteißfüße, welche das freie Wasser aufgesucht haben, schwimmen, als sie unserer ansichtig werden, seitwärts ins grüne Dickicht der bis an die Kronen im Wasser stehenden Bäume, vorherrschend Weiden; Bachstelzen laufen von einem Treibholzstücke aufs andere; Buntspechte und Kleiber hängen sich dicht über der Wasserfläche an die Stämme, um in gewohnter Weise nach Nahrung zu spähen. Ein Bild aus dem Vogelleben verdrängt das andere; jedes aber erscheint ungewöhnlich, weil es die obwaltenden Verhältnisse wesentlich verändert haben. Um zu einem Seeadlerhorste zu gelangen, müssen wir eine weite Strecke durchwaten, um einen Kolkrabenhorst zu besuchen, weite Umwege machen. Regelrechtes Jagen ist unter solchen Umständen nicht möglich, unsere Jagd jedoch trotzdem ergiebig und lohnend. Mir selbst bereitete dieser Ausflug die Freude, einen der hervorragendsten gefiederten Baukünstler Europas, die Beutelmeise, an ihrem Nest arbeiten zu sehen, überhaupt zum erstenmal in ihrem Tun und Treiben zu beobachten.

Der folgende Tag vereinigt die ganze Jagdgesellschaft in einem der erwähnten Feldgehölze. Ein ungarischer Förster hat ein großartiges Wolfstreiben veranstaltet, jedoch so wenig geschickt eingerichtet, daß Freund Isegrim ungesehen und unbemerkt davonschleichen kann. Die aussichtslose Jagd wird daher bald abgebrochen und die wenige, uns noch übrige Zeit lohnenderer Beobachtung der Vogelwelt des Waldes gewidmet.

Noch im Laufe des Nachmittags verlassen wir Kovil, erreichen gegen Sonnenuntergang wiederum Peterwardein, fahren in den ersten Nachtstunden an der Fruškagora vorüber, verlassen am anderen Tage nur noch einmal das Schiff, um in dem Rohrsumpfe Hullo zu jagen und zu beobachten, bekommen hier auch den bisher vergeblich gesuchten Edelreiher zu Gesicht, müssen jedoch der ablaufenden Zeit Rechnung tragen und weiter eilen, um den nach Wien abgehenden Schnellzug nicht zu versäumen. Dankbar der letztvergangenen Tage gedenkend und gleichwohl den eiligen Flug ihrer Stunden beklagend, fahren wir an allen den Auwaldungen, welche uns so vieles geboten, vorüber, und mit dem heißen Wunsche, wiederzukehren und auf längere Zeit ihm uns zu widmen, nehmen wir für diesmal Abschied von dem reichen und eigenartigen Lande.

Auf das heitere Zwischenspiel der Donaufahrt folgte noch im selben Jahr ein schwerer Schicksalsschlag: Am 18. September 1878 verlor Brehm seine Frau nach der Geburt ihres fünften Kindes; sie war nur 38 Jahre alt geworden. Der Tod seiner geliebten Mathilde, die fast zwei Jahrzehnte lang seine treueste Gehilfin, Ratgeberin und Trösterin gewesen war, erschütterte ihn zutiefst. Brehms 1864 geborene Tochter Thekla erinnerte sich noch 1948 sehr lebhaft an diese schwere Zeit und an die vorbildliche Ehe ihrer Eltern: »Unser Wohnort war Berlin, Hallesche Straße 11, 3. Stock, und Papas Wille war es eigentlich, neben seiner Gattin in Berlin begraben zu werden. Das Verhältnis zwischen beiden war im Alter noch so innig wie am Anfang ihrer Ehe. Sie arbeiteten stets zusammen. Wenn Papa auf Reisen war, sandte er ihr die Stenogramme seiner Arbeiten, die sie übersetzte. Wir Kinder konnten uns Mama nur im Arbeitszimmer mit Papa zusammen vorstellen. Es war ein harter Schlag für ihn, als Mama 1878 an den Folgen der Geburt des jüngsten Sohnes, der Papas Namen erhielt, starb. Der kleine Alfred wurde sein Liebling.«

Brehm, der scheinbar kernfeste und kraftstrotzende, aber durch verschleppte Tropenkrankheiten geschwächte Naturbursche, war fortan ein gebrochener Mann. Er mußte jetzt allein für seine Kinder sorgen und mutete sich mehr Arbeit und Verpflichtungen zu, als ihm zuträglich war.

Einen gewissen Trost fand er in den Ehrungen, die ihm zuteil wurden – er erhielt unter anderem den österreichischen Orden der Eisernen Krone, mit dem der persönliche Adel verbunden war –, und in der Freundschaft, die ihn mit vielen Gleichgesinnten verband, vor allem mit dem Kronprinzen Rudolf. Ihn durfte er im April und Mai 1879 auf einer Luxusreise nach Spanien und Portugal begleiten. Das Dampfschiff »Miramare« brachte die feudale Gesellschaft von Venedig nach Barcelona. Zu Lande und zu Wasser besuchte man Madrid, Gibraltar und Tanger, Jerez, Lissabon und Bilbao. Die gesellschaftlichen und höfischen Pflichtübungen ließen dem Prinzen und Brehm allerdings nur wenig Zeit für die Vogelbeobachtung und -jagd. Immerhin entdeckten die beiden auf der Iberischen Halbinsel eine neue Lerchenart, der sie den wissenschaftlichen Namen *Galerida miramare* gaben (der Name hat sich nicht gehalten, und es läßt sich heute nicht mehr einwandfrei klären, welche Art oder Unterart damit gemeint war).

Nach der Rückkehr schrieb Rudolf seinem Reisegefährten einen vollmundigen Dankesbrief: »Innigsten Dank, daß Sie auf dieser Reise mein treuer Freund und Begleiter waren. Eine schöne, herrliche Zeit liegt hinter uns, wie ein guter Traum, so rasch ist es verflogen, und aus interessanten, in ihrem Wesen eigentümlichen, wundervollen Expeditionen ist man wieder zurückversetzt in das schablonenhafte, gleichmäßig von der Kultur geebnete Mitteleuropa, unter die große Schar der Alltagsmenschen ... Mit herzlichstem Gruß Ihr treuer Freund Rudolf.«

Doch schon bald begannen gehässige Angriffe von außen die Freundschaft zu trüben. Die reaktionären Hofkreise, der hohe Klerus und die katholische Presse eröffneten eine Kampagne gegen den aufmüpfigen Kronprinzen, der sich nicht in die Konvention einbinden lassen wollte, und warfen ihm den allzu vertrauten Umgang mit dem nicht standesgemäßen deutschen Gelehrten vor, der nicht nur Protestant, sondern obendrein auch noch Freimaurer war. Man grub alte Aufsätze aus, die Brehm schon vor vielen Jahren in Freimaurerzeitungen veröffentlicht hatte, und entdeckte sogar »sittlich anstößige Stellen« in dessen *Tierleben*! Großen Anstoß nahm man auch daran, daß sich Brehm wie Rudolf zum Evolutionsgedanken bekannten: Für Brehm war die Vorstellung einer natürlichen Entwicklung aller Lebensformen, einschließlich des Menschen, eine schlichte Selbstverständlichkeit, die er bereits 1863/64 im ersten Band seines *Tierlebens* dargelegt hatte; und Kronprinz Rudolf verfaßte gar eine längere Abhandlung zur Verteidigung der Darwinschen Evolutionslehre.

Die kleinkarierte Intrige steigerte sich zu einer regelrechten »Brehm-Krise«, wie Brigitte Hamann schreibt, deren Rudolf-Biographie wir eine gründliche Aufhellung der Vorgänge verdanken. Rudolf mußte sich zwar wider Willen eine gewisse Zurückhaltung auferlegen, aber er hielt seinem Freund bis zuletzt die Treue. Das bezeugen die vielen Briefe, die Rudolf weiterhin an Brehm schrieb, etwa jener vom 10. Oktober 1879: »Ich würde Sie bitten, mich ... zu besuchen, aber keinen Vortrag hier zu halten. Ich werde Ihnen die Gründe, die mich dazu bewegen, mündlich mitteilen, sage Ihnen aber jetzt schon, daß Sie mir dadurch viele Unannehmlichkeiten ersparen würden. Ich werde viel von gewissen Parteien wegen meiner freien Richtung, meiner Liebe zu den Naturwissenschaften, mit scheelen Augen betrachtet ... Eines ist gewiß, meine Freundschaft zu Ihnen ist unerschütterlich, da kann geschehen, was da will.«

Es besteht kein Zweifel, daß die häßliche Affäre, die sich jahrelang hinzog, den sensiblen Habsburgersproß, aber auch den äußerlich robusten und innerlich empfindlichen Brehm stark belastet hat.

Brehms letzte Lebensjahre waren überschattet. Der Tod seiner Frau, die widerwärtigen Attacken aus Wien, die ständige Arbeitsüberlastung an Schreibtisch und Vortragspult zehrten an seinen physischen und psychischen Kräften. Zu allem Überfluß unterschrieb er 1883 einen Vertrag, der ihn zu einer ausgedehnten Vortragsreise in den Vereinigten Staaten verpflichtete. Auf Vertragsbruch stand ein hohes »Reugeld«.

Als Brehm am Jahresende zu seiner letzten und beschwerlichsten Reise aufbrechen wollte, erkrankten seine fünf Kinder an Diptherie. Was sollte er tun? Daheimbleiben und die schier unerschwingliche Konventionalstrafe bezahlen – oder seine schwerkranken Kinder im Stich lassen? Acht Tage vor Weihnachten fuhr er schließlich schweren Herzens, nachdem ihm der Arzt versichert hatte, daß die Kinder die Krankheit überstehen würden.

Doch kaum hatte Brehm den Boden der Neuen Welt betreten, da erhielt er die Nachricht, daß sein Jüngster, der kleine Alfred, gestorben war. Nicht einmal zur Beerdigung seines Lieblingskindes konnte der Vater nach Hause reisen. Er wäre ohnehin zu spät gekommen ...

Unerbittlich wurde Brehm von seinem amerikanischen Manager angetrieben, die vertraglich vereinbarten fünfzig Vorträge zu absolvieren. Fast mechanisch erfüllte er seine Pflicht. Im Mississippital holte ihn sein alter Widersacher ein, der ihm seit der ersten Afrikareise immer wieder zugesetzt hatte: die Malaria. Brehm erholte sich nur langsam und überstand unter großen Anstrengungen die letzten Etappen seiner Vortragsreise.

Im April 1884 traf Brehm wieder in Berlin ein. »Als ein an Körper und Geist gebeugter Greis kehrte er heim«, berichtete sein Sohn Horst. »Wir erschraken über sein graues Haar, über das trübe Auge, als wir ihn wiedersahen.« Eine Genesungskur brachte keine entscheidende Besserung. Es zog ihn zurück in die thüringische Heimat. »Von Berlin aus«, erinnert sich Thekla Brehm an die letzten Lebensmonate ihres Vaters, »ging er, wie so oft in den Sommermonaten, zur Erholung nach Renthendorf, um sich in seiner Heimat neue Kräfte zu holen. Papa war in Berlin an geselligen Umgang gewöhnt. Aber auch hier in Renthendorf verkehrte er in der leutseligsten Weise mit seinen Bauernfreunden. Besonders eine alte Frau empfing er gern und beschenkte sie reich, den sie war ehedem die Botenfrau, die seine Briefe nach Greiz trug zu seiner nachmaligen Frau. Am meisten liebte er in Renthendorf seine Rosen. Er verschnitt sie immer sorgfältig selbst. Auf einer Wunschliste, die er führte, standen immer die Rosen, die er noch nicht besaß. Mädchen und Frauen, welche zu Besuch kamen, erhielten bei Tisch jede eine Rose neben den Teller gelegt. Die Blondine eine rote und die mit schwarzem Haar eine weiße usf. Wenn die Witterung anging, saßen wir stets im Freien. Papa brauchte wenig Schlaf. Bis spät in die Nacht saß er vor der Pfarrscheune und verfolgte den aufgehenden Mond über den Ahörnern. Er war so ganz mit der Natur verwachsen.«

Im Juni 1884 erwarb Brehm für sich und seine Kinder das rote Backsteinhaus in Renthendorf, das er nach dem Tode seiner Mutter (1877) zusammen mit seinem Bruder Reinhold geerbt hatte, dessen Anteil er jetzt ablöste. Kurz darauf kehrte er endgültig heim in das stille Dorf, in dem er vor 55

Brehms Wohnzimmer in der Renthendorfer Gedenkstätte

Jahren das Licht der Welt erblickt hatte. Der Kreis hatte sich geschlossen, das Leben des Rastlosen neigte sich dem Ende zu, das durch eine schwere Nierenerkrankung noch beschleunigt wurde. »Als Papa das letzte Mal nach Renthendorf kam«, erzählt Tochter Thekla, »fühlte er wohl, daß seine Kräfte zu Ende gingen, und er ordnete die Auflösung des Hausstandes in Berlin an. Durch den überhasteten Umzug ging viel Wertvolles verloren. Wir verstauten den schriftlichen Nachlaß, so gut es ging. Aber – so kam zum Beispiel mal unsere Waschfrau vom Boden mit einer Schürze voll Papier zum Anschüren. Das hatte sie schon öfter so gemacht. Es waren wertvolle Briefe, die uns so verlorengingen.«

Am 11. November 1884 starb Alfred Brehm in Renthendorf. Auf dem Friedhof des Dorfes fand er seine letzte Ruhe.

Zeittafel

1829 Alfred Edmund Brehm wird am 2. Februar als Sohn des Pfarrers und bedeutenden Vogelforschers Christian Ludwig Brehm und dessen zweiter Frau Berta, geb. Reiz, in Renthendorf geboren.

1833–43 Besuch der Grundschule in Renthendorf.

1844–46 Maurerlehre und Besuch der Kunst- und Handwerksschule in Altenburg.

1846–47 Beginn des Architekturstudiums in Dresden.

1847–52 Afrikaexpedition mit Baron Johann Wilhelm von Müller: Ägypten, Sudan, Kordofan, Blauer Nil, Sinai.

1853–55 Studium der Naturwissenschaften in Jena, abgeschlossen mit der Promotion am 1. Mai 1855. Die *Reiseskizzen aus Nordostafrika* erscheinen.

1856 Spanienreise, zusammen mit dem Bruder Reinhold. Anschließend übersiedelt Brehm als freier Schriftsteller nach Leipzig. Er lernt E. A. Roßmäßler und Ernst Keil, den Verleger der »Gartenlaube«, kennen. Zahlreiche Beiträge für wissenschaftliche und populäre Zeitschriften.

1861 Am 14. Mai heiratet Brehm seine Kusine Mathilde Reiz. Beginn einer glücklichen Ehe, aus der fünf Kinder hervorgehen. *Das Leben der Vögel* liegt vollständig vor.

1862 Reise nach Habesch (Abessinien) mit Herzog Ernst II. von Sachsen-Coburg-Gotha.

1863 *Ergebnisse einer Reise nach Habesch.* Brehm wird als erster Direktor des Zoologischen Gartens nach Hamburg berufen. Das *Tierleben* beginnt in Lieferungen zu erscheinen.

1864 *Die Wirbeltiere des Waldes*, der erste Teil des zusammen mit Roßmäßler verfaßten Werkes *Die Tiere des Waldes*, erscheinen. Der Vater C. L. Brehm stirbt.

1865 *Bilder und Skizzen aus der Tierwelt im Zoologischen Garten zu Hamburg.*

1866 Zunehmende Reibereien mit dem Verwaltungsrat des Hamburger Zoologischen Gartens. Brehm kündigt seine Stellung am 29. Oktober.

1867 Brehm beginnt mit den vorbereitenden Arbeiten für das neugegründete Berliner Aquarium.

1869 Am 11. Mai Eröffnung des von Brehm geschaffenen Berliner Aquariums. Der sechste und letzte Band der ersten Ausgabe des *Tierlebens* erscheint.

1872 Der erste Band von *Gefangene Vögel* wird veröffentlicht, der zweite folgt 1876.

1873 In Wien lernt Brehm den österreichischen Thronfolger Rudolf kennen.

1874 Brehm legt sein Amt als Leiter des Berliner Aquariums nieder. Er wohnt weiterhin in Berlin, verbringt aber die Sommermonate meist in Renthendorf.

1876 Reise nach Westsibirien mit Otto Finsch und Graf von Waldburg-Zeil-Trauchburg. Der erste Band der auf zehn Bände erweiterten zweiten Auflage des *Tierlebens* erscheint; das Werk ist 1879 abgeschlossen. Brehm arbeitet fortan als freier Schriftsteller und Vortragsreisender.

1877 Tod der Mutter.

1878 Im Frühjahr 15tägige Donaureise mit Kronprinz Rudolf. Am 18. September stirbt Brehms Frau Mathilde nach der Geburt des fünften Kindes.

1879 Zweite Spanienreise, zusammen mit Kronprinz Rudolf.

1883–84 Vortragsreise in Nordamerika.

1884 Im Sommer Übersiedlung nach Renthendorf. Dort stirbt Alfred Brehm am 11. November.

Bibliographie

A. E. Brehms Werk (Buchveröffentlichungen)

Reiseskizzen aus Nordostafrika, oder den unter ägyptischer Herrschaft stehenden Ländern Ägypten, Nubien, Sennahr, Rosseeres und Kordofahn. Gesammelt auf seinen in den Jahren 1847–1852 unternommenen Reisen von Alfred Edmund Brehm. 3 Bände. Jena 1855.

Das Leben der Vögel. Dargestellt für Haus und Familie. Glogau 1861.

Ergebnisse einer Reise nach Habesch im Gefolge Seiner Hoheit des regierenden Herzogs von Sachsen-Coburg-Gotha, Ernst II. Hamburg 1863.

Die Tiere des Waldes. Geschildert von A. E. Brehm und E. A. Roßmäßler. Band I: *Die Wirbeltiere des Waldes.* Leipzig u. Heidelberg 1864.

Illustriertes Tierleben. Eine allgemeine Kunde des Tierreichs von A. E. Brehm. 6 Bände. Hildburghausen 1864–69.

Bilder und Skizzen aus der Tierwelt im Zoologischen Garten zu Hamburg. Hamburg 1865.

Meine Stellung zum Zoologischen Garten in Hamburg und meine Entlassung. Hamburg 1866.

Führer durch das Berliner Aquarium. Eine kurze Beschreibung der in ihm zur Schau gestellten Tiere. Berlin 1869.

Gefangene Vögel. Ein Hand- und Lehrbuch für Liebhaber und Pfleger einheimischer und fremdländischer Käfigvögel. I. Teil, 2 Bände, Leipzig u. Heidelberg 1872–76.

Tierleben. Allgemeine Kunde des Tierreichs. 2. Auflage. 10 Bände. Leipzig 1876–79.

Neuere Auswahlbände

Vom Nordpol zum Äquator. Populäre Vorträge von Dr. A. E. Brehm. Hg. von Horst Brehm. Stuttgart–Berlin–Leipzig 1890.

Alfred Brehm: *Kleine Schriften.* Leipzig 1921.

A. E. Brehm: *Das Leben der Vögel.* 3 Bände. Bearbeitet und herausgegeben von Carl W. Neumann. Leipzig o. J. (1921).

Brehms Tiergeschichten. Ausgewählt und bearbeitet von Theodor Etzel. 2 Bände. München 1926 u. ö.

Aus A. E. Brehms Tagebüchern. Hg. von Otto Kleinschmidt, Leipzig u. Wittenberg 1951.

Brehms Weltreisen zwischen Nordkap und Äquator. Von ihm selbst erzählt. Hg. von Helmut Bode. Mannheim 1956.

Kuriose Tierwelt. Ergötzliche und seltsame Lesefrüchte aus Alfred Brehms »Tierleben«. Ausgewählt von Karl-Wilhelm von Wintzingerode-Knorr und Eugen Skasa-Weiß. München 1960.

Brehms Tiergeschichten. Erlebnisse, Beobachtungen, Erfahrungen. Unbekannte Schilderungen und Studien. Mannheim 1962.

Alfred Edmund Brehm: *Reisen im Sudan.* Hg. von Helmut Arndt. Tübingen 1975.

Illustrirtes Thierleben. Vollständige Faksimile-Ausgabe der 1. Auflage 1864 bis 69. 6 Bände. Stuttgart 1979.

Brehm's Thierleben. Auswahl aus der 2. Auflage 1876–79. 4 Bände. Berlin 1980.

Alfred Edmund Brehm: *Reise zu den Kirgisen. Aus dem Sibirientagebuch 1876.* Hg. von Hans-Peter Gensichen. Leipzig 1982.

Über A. E. Brehm

Das Brehmbuch. Zum 100. Geburtstag von Alfred Brehm herausgegeben von der Brehm Gesellschaft e. V. Berlin 1929 (darin u. a.: »Brehms Leben« von Carl W. Neumann, S. 13–84).

Brehm-Gedächtnisstätte zu Renthendorf. Führer durch das inzwischen als »Gedenkstätte« bezeichnete Brehm-Haus. Renthendorf o. J.

Buchda, Gerhard: »Die Stammtafel der Familie Brehm«. In: *Forschungen zur Thüringer Landesgeschichte* 1958, S. 412–37.

Ders.: »Testament und Nachlaß des Naturforschers Alfred Edmund Brehm«. In: *Rechtsgeschichte als Kulturgeschichte.* Aalen 1976.

Floericke, Kurt: *Tiervater Brehm. Seine Forschungsreisen – Ein Gedenkblatt zum 100. Geburtstag.* Stuttgart 1929.

Frank, Werner: *Brehms Illustrirtes Thierleben. Kommentar zur vollständigen Faksimile-Ausgabe der 1. Auflage.* Stuttgart 1979.

Hamann, Brigitte: *Rudolf – Kronprinz und Rebell.* Wien 1978 (bes. 4. Kapitel »Ornithologie«, S. 112–36).

Hegner, Erich: »Brehms Heimat erzählt«. In: *Ostthüringer Volksbote.* Gera 1948, S. 52–56.

Heß, W.: »Alfred Brehm«. In: *Allgemeine Deutsche Biographie.* Band 47. Leipzig 1903, S. 214–16.

Kleinschmidt, Otto (Hg.): *Bericht über die Brehm-Feier in Renthendorf am 10. November 1929.* Altenburg 1930.

Kleinschmidt, Otto: *Der Zauber von Brehms Tierleben*. Leipzig 1952.
Mueller, Wolf: »Zur Brehm-Bibliographie«. In: *Börsenblatt für den Deutschen Buchhandel (Frankfurter Ausgabe)*, Nr. 93, 20. November 1953, S. 582–84.
Schütz, Ernst: »Alfred Brehm (der Tierleben-Brehm) und John W. v. Müller aus Kochersteinsfeld«. In: *Jahreshefte der Gesellschaft für Naturkunde in Württemberg*, 1979, S. 294–312.

Bildnachweis
Alle Fotos mit freundlicher Genehmigung der Brehm-Gedenkstätte in Renthendorf. Alle anderen Illustrationen aus den Erstausgaben von Brehms Werken.

Ronald W. Clark

Charles Darwin

Aus dem Englischen von Joachim A. Frank
495 Seiten. Geb.

Der englische Biologe Charles Darwin (1809–1882) hat mit seiner Evolutionstheorie das Bild vom Menschen, von seiner Entstehung und seiner Stellung in der Natur, ähnlich dramatisch beeinflußt wie nach ihm der Wiener Psychologe Sigmund Freud mit seiner Psychoanalyse. Das Buch ist mehr als eine gründlich recherchierte Biographie im landläufigen Sinne. Es geht dem Autor um mehr als eine möglichst detaillierte Beschreibung von Leben und Werk des großen englischen Naturforschers, es geht ihm vielmehr, wie der Originaltitel andeutet, um »das Überleben des Charles Darwin«, um Wirkung und Fortwirkung der von Darwin entwickelten Evolutionstheorie. Clark rekonstruiert einerseits, anhand noch unausgewerteten Primär- und Sekundärmaterials, also biographischen Materials von Darwin selbst und von anderen, die Kindheit, die Studienzeit und die berühmte Forschungsreise und verfolgt andererseits Darwins Auseinandersetzungen mit dem Lamarckismus, seine langjährige Kontroverse mit Samuel Butler, dem frühen englischen Science-fiction-Autor, und sein eigenartiges Lavieren gegenüber religiösen Fragen. Doch darüber hinaus beschäftigt sich Clark auch mit der Entwicklung des »Darwinismus« bis in die heutige Zeit.

S. Fischer

fi 483/1